Eine Flanerie

ERSTE AUFLAGE: 2014

IN ZUSAMMENARBEIT MIT: WWW.VISIONBAKERY.COM

DRUCK UND BINDUNG: FREIBURGER GRAPHISCHE BETRIEBE, FREIBURG

GESTALTUNG UND SATZ: PÄTZOLD/MARTINI, BERLIN

COVER: GMUND, ACT GREEN COTTON

BUCHBLOCK: GEESE, ALSTER WERKDRUCK

ISBN: 978-3-945431-00-9

© Copyright kladde | buchverlag Pfaffenweiler/Freiburg

Alle Rechte vorbehalten, insbesondere das des öffentlichen Vortrags, der Übertragung durch Rundfunk und Fernsehen sowie der Übersetzung, auch einzelner Teile. Kein Teil des Werkes darf in irgendeiner Form (durch Fotografie, Mikrofilm und andere Verfahren) ohne schriftliche Genehmigung des Verlages reproduziert, digitalisiert oder unter Verwendung elektronischer Systeme verarbeitet, vervielfältigt oder verbreitet werden.

For Gmund Paper

WWW.KLADDEBUCHVERLAG.DE

BERLIN – GESCHICHTE IN GESCHICHTEN

kladde
eins

ULRICH PÄTZOLD

BERLIN —— GESCHICHTE IN GESCHICHTEN

kladde|buchverlag

INHALT

— VORWORT DES AUTORS —

**ÜBER DIE GESCHICHTE IN GESCHICHTEN –
DAS TOR IST GEÖFFNET**
In einer Stadt ist alles durch Menschenhand geschaffen, gewachsen, zerstört und hinfort gebaut. Verborgen oder in Erinnerungen geborgen sind in den Steinen die großen und kleinen Dramen, die sie durch die Zeiten tragen. Sehenden Auges wird, wer durch die Stadt geht und in ihren Steinen zu lesen lernt, in ihren Geschichten Schichten der Geschichte finden. Dann zieht die Stadt Menschen an sich, spricht mit ihnen in Erzählungen und verwandelt sich selber mit jedem, den sie an sich gezogen hat. 13

— GESCHICHTE IN GESCHICHTEN —

STOLPERSTEINE IM SCHEUNENVIERTEL
Das Scheunenviertel ist als ein eigenständiger Stadtraum entstanden. Seine Merkmale enthalten unübersehbar die kulturellen Spuren des jüdischen Lebens. Recherchen setzen Sichtbares oder nur noch Rekonstruierbares zu einander in Spannung und finden so zu Geschichten. Es wird besonders über den vergessenen Widerstand einfacher Leute berichtet, zum Beispiel eines Bürstenmachers und einer Prostituierten. Statt Banken- und Konzernzentralen prägen die neuen Kreativen die Mitte der Stadt.

29

HELDEN UNTER UND ÜBER DER ERDE

Im Mittelpunkt steht eine Reportage über die Sass-Brüder, die Ende der 20er Jahre erfolgreich Tunnel für ihre Bankeinbrüche gruben. Mit dem zeitgleichen Besuch von Charlie Chaplin wird das legendäre Polizeipräsidium als Gegenspieler lebendig. Der Tunnelbau ist auch in der Teilung der Stadt eine List der ehrgeizigen Illegalität. Ihre Geschichte wird im Mauermuseum an der Bernauer Straße erzählt.

43

UNTER STERNEN IM HEISSEN SOMMER

Das bürgerliche Viertel Friedenau hat eigentlich keine besonderen Sehenswürdigkeiten. Aber schaut man hinter die Hausfassaden, dann findet der Reporter den Charme, der viele Dichter, aber vor allem viele Sozialisten angezogen hat. Seine Geschichte beginnt mit der Aufhebung des Sozialistengesetzes 1891 und folgt den Spaltungen der Sozialisten zu Beginn des 1. Weltkriegs aus der Perspektive des nachbarschaftlichen Lebens in Friedenau. Danach kamen die Dichter und Schriftsteller. Einige von ihnen erlangten nach 1960 Weltruhm.

69

JENSEITS MENSCHLICHEN ERMESSENS

Am bewundernswerten Beispiel der Gabriele Stangl im Zehlendorfer Waldfriede-Krankenhaus, die dort die erste Babyklappe in Berlin eingerichtet hatte, wird diese Einrichtung mit den juristischen Argumenten konfrontiert, die gegen sie ins Feld gebracht werden. Parallel wird an zwei fürchterliche Tötungsfälle aus dem Jahr 2012 erinnert. Es soll deutlich werden, dass es eine Realität jenseits von Recht und Verwaltung gibt, in der nur menschliches Engagement helfen kann.

101

DIE SCHÖNHEIT DER NOFRETETE
Welche Hintergründe gibt es über das einzigartige Ausstellungsstück im Neuen Museum zu erzählen? Die kurze Echnaton-Episode in der langen ägyptischen Geschichte lässt einen Hype erkennen, der in ähnlichen Assoziationen mit der neuen Nofretete-Inthronisation in Berlin zusammengeführt werden kann. Nofretetes Schönheit strahlt über alle Zeiten. Die großen Heiligen des Altertums in den Museen entblättern viele Fragezeichen an die Geschichte.

117

FRÜHLINGSERWACHEN IM KIEZ
Die Eigentümlichkeit der Berliner Kieze ist nur vor dem Hintergrund einer gemeinsamen Identitätssuche ihrer Bewohner in der sich ständig verändernden Stadt zu verstehen, ist also eine Art der großstädtischen Heimatgeschichte. In manchen Kiezen wird die Wende der Stadt deutlich. Sie sind heute ganz anders als sie früher waren. Am Beispiel Prenzlauer Berg werden die Umwandlungen der Industriegeschichte zu einer neubürgerlichen Stadt besonders deutlich. Spöttisch die einen, selbstbewusst die anderen, viele bezeichnen den Kiez heute als neues Schwabenviertel.

145

EIN GESCHICHTSPARK UND DIE BERLINER STADTMISSION
Hinter dem Hauptbahnhof liegt ein Park, in dem früher das Zellengefängnis stand. Es ist verbunden mit zahlreichen politischen Prozessen der Vergangenheit und mit Namen großer Freiheitskämpfer, die in der deutschen Geschichte überwiegend vergessen wurden. Die Erzählung wird mit einer Geschichte verbunden, die örtlich zur Nachbarschaft des Parks gehört, dem Kältebus der Stadtmission, mit dem Obdachlosen in lebensgefährlichen Situationen geholfen wird.

163

MIT ZELAL UNTERWEGS INS BERLIN DER ZUKUNFT

Alle Berliner Epochen sind geprägt durch ihre Zuwanderungswellen, die Berlin und seine Geschichte immer wieder neu geformt haben. Zelal ist eine junge Frau, die in Kreuzberg am Kottbusser Tor aufgewachsen ist. Sie führt uns durch ihre Kind- und Schulzeit. Parallel werden die Hypothesen und Bewertungen von Thilo Sarrazin wiederholt. Einmal kommt es zu einem realen Aufeinandertreffen der beiden: eine ideale dramaturgische Vorgabe.

173

DIE STADT IN NEUEN KLEIDERN

Berlin ist bunt und in aller Welt bekannt für ihren Facettenreichtum. Die große Vielfalt der Stadt ist sowohl ein Thema für Intellektuelle als auch ein Alltagstest für seine Bewohner. Für das Bemühen um Vielfalt aus Vernunft steht das Haus der Weltkulturen, die ehemalige Kongresshalle. Wer weiß schon, was unter Anthropozän zu verstehen ist. Ausdruck eines überschäumenden Sinnesreichtums ist hingegen der Karneval der Kulturen. In der Wirklichkeit steht die Vereinigung von Vernunft, Herz und Sinne noch aus.

221

DAS GROSSE TREFFEN

Die Geschichte spielt im Bayerischen Viertel, das kaum mehr erkennen lässt, wie es mal ausgesehen hat und wie die Menschen in ihm gelebt haben. Doch die Spurensuche in gerade diesem Viertel ist bei vielen Bewohnern anrührend intensiv. Dort lebt auch eine Malerin, die verlorene Zeiten der Kunst in Gemälden neu erstehen lässt, um den Blick für Treffen über die Zeiten zu erschaffen. Sie wird als Metamorphose dieses Stadtviertels eingeflochten, in die Informationen über Entstehung, Zerstörung und Wiederaufbau.

239

HOMMAGE FRANZ HESSEL

Der heute weitgehend vergessene Dichter hat 1927 das wohl schönste Buch über Berlin geschrieben. Seinen Spuren und seiner Art der Wahrnehmung folgt diese Geschichte. Die äußeren Veränderungen einer Stadt erkennt am besten, wer in ihnen den Stein gewordenen Träumen und Geschichten seiner Kindheit nachspürt. Das Wechselspiel von alt und neu erlebt der Flaneur wie auf einer archäologischen Baustelle. Hessel wird zum Stadtführer aus alter Zeit, den man in neuer Zeit lieb gewinnen kann.

267

DINNER FOR TWELVE

E.T.A. Hoffmann hat in Träumen und Märchen eine wundersame Welt in realen Kulissen jenseits der realen Zeit erzählt. Diesem fiktiven Muster folgt die Geschichte, in der elf Persönlichkeiten der Berliner Geschichte in einer fiktiven Tafelrunde ihre Bemerkungen über sich, ihre Zeit und die Geschicke ihrer Stadt machen. Da flackern bürgerliche Eigenschaften von Menschen auf, die Berlin ebenso geprägt haben wie Könige und Kaiser. Spielort des Treffens ist natürlich der Gendarmenmarkt.

293

IM KREIS DER DICHTER

Friedrichshagen ist die Wiege des Naturalismus. Wie und wo die etwa hundert Literaten und auch Sozialisten in den 90er Jahren des 19. Jahrhunderts in Friedrichshagen lebten, wird auf diesem Stadtspaziergang erzählt. Als Parallelgeschichte werden Impressionen aus der Bürgerinitiative gegen den BER eingeflochten. Die Unterschiede der Bewegungen werden deutlich. Solche Erzählungen im Kopf machen neugierig, durch das beschauliche Friedrichshagen spazieren zu gehen.

313

DIE WELTVERBESSERUNG UND DAS MUSEUM

Erkenntnisse zu mehren, den Menschen zu nützen und die Welt besser zu machen, sind die Antriebskräfte für die Wissenschaften gewesen. Die Berliner Weltverbesserungsmaschine war eine Vision aus dem 17. Jahrhundert, deren Bestandteile in den Museen sichtbar sind. Der Hamburger Bahnhof war das Tor zur neuen Zeit, einer Maschine ähnlich. Als Symbol für die Unwägbarkeiten der Absurdität von Geschichte ist er nun wieder ein Ort für eine helle Zukunft geworden, zu der Berlin als Stadt der Wissenschaften zur Verbesserung der Welt beitragen kann.

335

— DANKE —

UNTERSTÜTZERINNEN UND UNTERSTÜTZER DES BUCHPROJEKTS ... 379

— ANHANG —

DER AUTOR ... 380
LITERATUR ... 381
BILDNACHWEISE ... 382

ÜBER DIE GESCHICHTE IN GESCHICHTEN –
DAS TOR IST GEÖFFNET

Ein Flaneur erzählt in Reportagen und Essays Geschichten aus Berlin. Aus Montagen der Zeit- und Ortsungleichheiten schimmert in diesen Geschichten die Geschichte, the spirit of the city, der Bewohner wie Touristen erfasst, wenn sie durch ihre Stadt gehen. Die Perspektiven des Autors sind bisweilen ungewöhnlich wie auch manche Orte und Menschen in der Stadt, über die er schreibt.

Er zieht nicht los, um nur zu besichtigen. Er zieht los, um sich von den Dingen ansprechen zu lassen. Das erzählende Ich tritt hinter dem zurück, was ihm erzählt wird. In Berlin ist vieles übereinander, nebeneinander, untereinander gebaut worden. Vieles erscheint potthässlich, vieles wunderschön. Den Steinen ist es gleichgültig, wer und was neben ihnen oder hinter ihnen steht, wie sie benutzt werden, welchen Eindruck sie machen. Sie fügen sich zu Schichten der gebrochenen Ästhetik, die typisch für diese Stadt ist. Doch sie sind keine Zufälle des Augenblicks. Orte der Stadt werden in Beziehung zu ihren Menschen und Geschichten gestellt. Dadurch werden Brüche deutlich, werden Wahrnehmungen mit Bedeutungen verbunden, die hinter ihnen stehen. Sichtbare Oberflächen geben die hinter ihnen ruhende oder brodelnde Geschichte preis.

Die Brüche haben eine eigene Faszination. Sie ziehen die Menschen an, lenken die Wahrnehmung auf sich. Anders ist es nicht zu verstehen, dass es so viele Touristen und neugierige Menschen nach Berlin zieht, die sich hier ein neues Lebensfeld versprechen. Es gibt natürlich reichlich zu besichtigen. Aber es gibt so viele Städte, deren Erscheinungsbild grandioser ist, die geprägt sind vom Jahrhunderte langen Wachsen ihrer Kulissen, in denen die Gebäude fließender zueinander finden, ihre Bewohner über viele Jahrhunderte das Erbe ihrer Ahnen übernommen haben. Das sind die Städte, in die man gerne zum Besichtigen fährt, weil einem Harmonien der Kontinuität und der Reichtum ungestörter Entwicklungen begegnen. Die Geschichte ist mit Berlin anders umgegangen als mit Paris, London oder Rom. Das spürt man bereits auf den ersten Blick. Es gibt auch Spuren aus der alten Zeit Europas. Aber geprägt ist Berlin durch die Beschleunigungen des städtischen Lebens im 19. und 20. Jahrhundert. Die zeigen sich in ihren Widersprüchen und in ihren verbindenden Linien.

Die vergleichsweise erst spät entstandene Stadt ist wie eine riesige Lagerstätte für die Archäologie der Geschichte. Sie ist nicht abgetaucht in museale Räume. Sie spricht quirlig und ungestüm aus den gegenwärtigen Versuchen der Bewohner, die meistens keine Ahnenreihen in ihren Wohnungen kennen, sich ihre Stadt neu machen. Aus diesem Laboratorium Berlin sind die Geschichten entstanden, die ein paar Fenster öffnen, hinter denen Geschichte aufleuchtet. Die Brüche in der Stadtlandschaft sind das Werk ihrer Geschichte. Schönheit und Hässlichkeit ihrer Straßen und Häuser liegen oft schamlos dicht nebeneinander. Putten tragen einen Balkon und müssen neben sich kalte Wände mit Fensterlöchern erdulden. Dem Betrachter erzeugen sie ein Wechselbad der ästhetischen Gefühle.

Hinter diesem Nebeneinander treiben Wurzelwerke der Vielfalt ihrer meistens neu zugezogenen Bewohner, mit denen sich die Stadt ihre Zukunft schafft. Es gibt nicht nur die Communitys unzähliger ethnischer Gruppen. Es gibt sie auch unter den Schwulen, als Mehrgenerationen-Gemeinschaften, in religiösen Gemeinden. Oft wohnen sie unter einem Dach, teilen sich die Straßen, kaufen in den gleichen Supermärkten und Läden.

Hinter den Brüchen flackern Lichter immer neuer Aufbrüche des Berlingefühls. Erst langsam zieht es die vielen Einzelnen in einen Sog.

Eine eigene Art der Wirtschaft schafft Dynamik. Analytiker vermessen die Entwicklung in komplexen Zahlenwerken. Die Richtung geht nach oben. Viele reiben sich die Augen, was in alten Fabriken oder Gewerbehöfen geschieht, experimentiert und geschaffen wird, in denen einst das Proletariat malochte. Die Stadt durchmischt ihre Bewohner gerade wieder neu. Die Bewohner bedienen sich der Stadt. Berlin als Zentrum für – eine Ergänzung dieses Satzes hat unzählige Varianten.

Nur als Zentrum, als Hauptstadt von Deutschland hat es Berlin schwer. Sein Rechtsstatus ist Bundesland und Hauptstadt. Als Bundesland ist es in der misslichen Situation, für alle seine Hinterlassenschaften, für die kulturellen und wissenschaftlichen Einrichtungen in der Stadt selber aufkommen zu müssen wie die Stadtstaaten Hamburg und Bremen. Aber als Hauptstadt hat sie davon ungleich mehr, teilweise glänzend und teuer, eine Hinterlassenschaft aus den Zeiten, als die Deutschen in ihr ihre Hauptstadt akzeptierten und stolz darauf waren. Da gab es als größtes Land in Deutschland noch Preußen, das fast alle diese Einrichtungen finanziell unterhielt, wie das Sachsen für Dresden oder Bayern für München noch heute tun. Preußen ist 1945 abgeschafft worden. Nun muss das Land Berlin die Stadt Berlin überwiegend allein finanzieren.

Die Schulden sind aus der Vergangenheit hoch gewachsen, und die Bundesländer ärgern sich über den hohen Finanzausgleich für das Land Berlin. Das sind die denkbar schlechten Rahmenbedingungen für eine Hauptstadt eines reichen Landes, die über die deutschen Grenzen hinaus eine größere Ausstrahlungskraft entwickelt als innerhalb Deutschlands.

— ÜBER DIE GESCHICHTE IN GESCHICHTEN —

Das preußische Berlin, das kaiserliche Berlin, die Metropole der Weimarer Republik, die Zentrale der Nazizeit, die Viermächtestadt, die Mauerstadt mit ihren Ost–West-Berührungen – diese Zuweisungen epochaler Identifikationen gelten in ihren kurzzeitig einbindenden Eindeutigkeiten nicht mehr.

Eine dem föderalen Deutschland angemessene Hauptstadtrolle in einem großen Europa und in den globalen Netzen von Wirtschaft und Kulturen haben die Berliner noch nicht gefunden. Berlin ist zwar wieder die Hauptstadt von Deutschland, aber das bewegt nicht die Türken in Kreuzberg, die in blitzsauberen Büros große Handelsgeschäfte dirigieren, nicht die Theatergruppe, die im Wedding ihre materielle Existenz ohne Förderung sichern muss, nicht die Projektgruppe mit 34 Mitgliedern aus acht Ländern, die sich für die geschäftliche Nutzung ihrer 23 technischer Patente gebildet hat.

Weit ausladend mitten in der Mark Brandenburg ist Berlin auf dem Weg zu einer neuen Stadt, regiert sich selbst wie ein Bundesland und bleibt immer weniger – im Vergleich zu anderen Städten – eine typisch deutsche Stadt. Ethnisch, kulturell und sozial entstehen neue Binnenräume. Nur Romantiker empfinden das bunte Treiben als Ausdruck einer neuen Multikultifolklore.

Was für die Steine gilt, gilt auch für die Menschen: Sie leben mehr nebeneinander als miteinander. Aber auch sie schlagen ihre Wurzeln in geschichtlichen Boden. Die Geschichte nährt sie sehr unterschiedlich, erzeugt die vielen Berlingefühle. Die statistischen Daten sind nur ein blasser Hinweis, wie verschieden die Stadt Gefühle und Blickfelder mit Lebensgeschichten auffüllt. Die Kräfte sind schwächer geworden, die Gleichschritt erzwingen, gleiche Ausrichtung der Augen bewirken und verbindliches Fühlen erwarten können.

Sobald die Stadt ihre neuen Menschen einsaugt, zieht sie die Zugezogenen in ihre Geschichte, macht aus ihnen Bewohner der Stadt. Die Buntheit erzeugt neue Brüche, verändert das ästhetische Erscheinungsbild, treibt in Widersprüche und in neue Utopien. Es verbindet aber auch und schreibt – noch chaotische Gegenwart – ein neues Stadtkapitel für die vor ihr liegende Zukunft. Berlin wird wieder Hauptstadt werden mit neuen Identitätsmustern nach Innen und nach Außen.

Es gibt so viele Fassaden, aus denen Geschichte und Geschichten schauen, die erahnen lassen, was als Vielfalt der baulichen und sozialen Räume empfunden wird, die eine Stadt prägen. Von ihnen muss man sich erzählen lassen. Was man erfährt, sieht und beobachtet, weitet sich in Perspektiven der Ferne und der Nähe, der Vergangenheit und der Zukunft. Dann werden Geschichten zu Übersetzungen der Sprache von Steinen, Häusern, Plätzen und Menschen. Dann werden Lebensräume als Geschichten mit Geschichte lebendig. Eine Wohnung gehört zu einem Haus, das Haus zur Straße, die Straße ist Teil des Kiezes, der in einem Bezirk gelegen seine eigene Geschichte und Bedeutung für die Stadt als Ganzes einbringt.

Die Lebensräume haben ihre eigenen Biografien, die sie so unterschiedlich gemacht haben. In ihren Biografien finden sich aber auch ihre Brüche, die sie alle gemeinsam haben. Es sind die Ruinen, Zustände der Zerstörung und der Erneuerung, die am gleichen Platz Aufstieg und Fall, Kommen und Gehen, Schreien und Schweigen bezeugt haben.

Städte verbergen ihre tiefere Geschichte in ihren Ruinen und hinter den Kulissen, die sie aus ihnen geschaffen haben. Wirkliche Ruinen gibt es in Berlin kaum noch. Aber da steht Vieles in Stein gebaut, das Zerbrochenes, nicht mehr Anschaubares und Erlebbares birgt. Taucht man durch die

— ÜBER DIE GESCHICHTE IN GESCHICHTEN —

augenblicklichen Fassaden in die Ruinen ein, ist das kein anheimelnder Spaziergang in die Wohnstube, die man einst verlassen hat.

Im Blick zurück findet man die verborgenen Dramen. Solche Dramen sind in Berlins Geschichte in mancher Beziehung heftiger, auch grausamer gewesen als anderswo. In ihnen sind Menschen abgeschoben und weggedrückt, angezogen und aufgesogen worden. In ihnen sind Lebensverhängnisse tödlich für die geworden, die nicht mehr den Sprung aus ihnen geschafft haben. Und nie war im Voraus zu erkennen, wie aus den Ruinen eine neue Geschichte wachsen würde, wer welche Zukunftsträume oder bittere Enttäuschungen finden würde, der in der verrückten Stadt seine Kräfte ausreizt und sein Glück durch die Tat sucht.

Solche Geschichten erzählen im Nachhinein die Straßen, Plätze, Häuser und Menschen, wenn man seine Sinne für sie öffnet. Das erleben Flaneure.

„Auferstanden aus Ruinen und der Zukunft zugewandt", begann die Hymne der DDR, deren Text ab 1972 offiziell nicht mehr gesungen wurde, weil er das „Deutschland, einig Vaterland" umschrieb.

Die hier vorgestellten Geschichten sind auf Spaziergängen entstanden, Fotomontagen der Sprache, mit denen das Gegenwärtige als Ergebnis der Brüche und der Sehnsucht nach Beständigkeit beschrieben wird. Erzählte Spaziergänge können die Leserinnen und Leser anregen, sich auf die Spurensuche in die Geschichte zu begeben.

Berlin war eine reiche Stadt. Sie taucht erst spät in Europa auf, und ihr explosiver Aufstieg mag etwas Parvenuhaftes gehabt haben. Im Zeitalter der Industrialisierung und der Zentrierung der Macht in den europäischen Staaten schuf sie ein städtebauliches und architektonisches Erscheinungsbild mit vielen schönen Fassaden und weltstädtischen Anlagen.

— DAS TOR IST GEÖFFNET —

Vor ihrem Niedergang war sie nach London und New York die drittgrößte Stadt auf der Erde. Wer durch die Straßen der Innenstadt und der bürgerlichen Viertel spazieren ging, konnte stundenlang die ineinander fließenden Fassaden der Häuser und Paläste der Macht, des Geldes, der Kultur, der Zerstreuung bewundern und den zur Schau gestellten Wohlstand ermessen, mit dem die Stadt in die Zukunft zog.

Doch es gab auch andere Viertel in der Stadt, und es gab die Höfe hinter vielen Fassaden, in denen immer die Armut zu Hause war. Reichtum musste geschaffen werden. Dazu brauchte man Maschinen und immer mehr Menschen, die in Massen in die Stadt zogen und in ihr oft unter erbärmlichsten Bedingungen lebten. Im Auseinanderbrechen der Gesellschaft in Klassen, in soziale Schichten mit ihren so unterschiedlichen Lebensbedingungen, unterschied sich Berlin im Zeitalter seiner kontinuierlichen Entwicklung als Industriestadt und als Zentrum des Deutschen Reichs nicht von anderen Metropolen der Welt.

Was Berlin anders gemacht hat als die vielen großen Städte in Europa waren der verheerende Krieg, dessen Aggressionszentrale in Berlin lag, die wüste Zerstörung am Ende des Krieges, die Teilung der Stadt und ihre Jahrzehnte dauernde Abkoppelung von Entwicklungen in den anderen großen Städten Europas. Banken und die großen Unternehmen verließen Berlin, verlegten ihren Sitz nach München, Frankfurt oder in andere Städte des Westens.

Der Aufstieg Frankfurts als Bankenstadt oder München als Industriestadt wäre nach dem Krieg nicht denkbar gewesen, hätte es nicht den Exodus aus der Berliner Zentrale gegeben. Unwiderruflich verloren waren auch die jüdischen Eliten, die in Berlin bis zur Nazizeit soviel Hervorragendes geleistet hatten.

Die Mehrzahl der in Berlin lebenden Nobelpreisträger war jüdischen Glaubens. In den Theatern, Museen, Filmstudios, Zeitungen und Orchestern, unter Schriftstellern, Wissenschaftlern, Regisseuren und Schauspielern hatten sie überdurchschnittlichen Anteil in den weltweiten Spitzenleistungen. Sie alle wurden verbannt oder ermordet. Nichts war wieder gut zu machen.

Eingemauert und in sich geteilt wurde das Überleben der Stadt in zwei Hälften zum Wettlauf gegen die Zeit. Ihres Mantels des reichen Preußens beraubt, waren nur noch zwei Unikate der faktischen Verarmung und Verödung in den grandiosen Kulissen der West-Ostteilung der Welt zu besichtigen. Neue Kapitalansiedlungen in Westberlin gab es kaum.

Vermögen und Reichtum schmolzen, und Westberlin lag am Tropf der Bundesrepublik, die von Bonn aus regiert wurde, zuletzt eingemauert auf 480 Quadratkilometern.

Die meisten Bewohner waren geblieben, wollten nicht weg oder konnten es sich nicht leisten.

In Scharen kamen noch bis 1961 die Flüchtlinge aus der DDR, aus der Zone, wie man hartnäckig sagte und schrieb. In die „selbständige politische Einheit Berlin", also Westberlin, kamen dann viele aus dem Ausland, auch viele aus dem Westen des Landes, die es in eine Stadt zog, in der das Kapital weniger bedeutete als die Freiräume, die sich in den politischen und wirtschaftlichen Nischen als Nährboden für die Kultur boten. Die Kultur blühte, und eine legendäre Vielfalt der Szenen wuchs im Windschatten der Geschichte.

Auf der anderen Seite der Mauer mühte sich die DDR, in der ihr gebliebenen Teilstadt eine sozialistische Hauptstadt aufzubauen, deren wirtschaftliche Grundlagen im Laufe der Zeit immer maroder wurden und 1990 implodierten. Die Ideologen und Mächtigen des Teilstaates waren überzeugt, ideell und materiell Sieger der Geschichte zu sein. Sie bauten nach Normen Neues, verachteten und vernachlässigten Altes als verhasste preußische Lasten und drängten die Menschen in die kleinen Räume des Privaten, um sie in den großen Räumen des Öffentlichen als Kulisse zu dirigieren.

Auch Ostberlin war eine überwiegend arme Stadt, die bürgerlichen Reichtum nicht zuließ und auf die Zurschaustellung des Kollektivs setzte. Eingemauert musste der Sozialismus seinen Siegeszug bürokratischer, dogmatischer und humorloser antreten als in Warschau, Prag oder Budapest.

Die Stadt wurde grauer, für Sanierungen gab es kein Geld, der braungraue Einheitsputz wie die Einheitsgerüche von Braunkohle und vom Reinigungsmittel der Gebäude taten das Übrige.

Touristisch zog es kaum jemand in diese Hauptstadt, in der sich dennoch viele Nischen der Subkulturen und der geistigen Verselbständigung unterhalb der Herrschaftsfassade entfaltet hatten.

Als lebendiges Denkmal der West-Ost-Teilung der Welt wurde ganz Berlin immer ärmer und Armut prägte anders als in Paris oder London, München oder Hamburg, Prag oder Budapest zunehmend das Bild der Stadt, seine Häuser und Anlagen, aber auch die Menschen, die sich in ihnen bewegten. Die Lebensverhältnisse waren für viele hart, das Miteinander war rau. Rücksicht war ein Wert, der vor allem von anderen eingefordert wurde.

Von 1914 bis 1989 war Berlin von einer normalen Entwicklung als Stadt abgeschnitten. Zwei Kriege dauerten zehn Jahre, zwei katastrophale Wirtschaftskrisen gab es in der Weimarer Republik, dann kamen zwölf Jahre Naziherrschaft, in denen vor allem der Krieg vorbereitet wurde, der dann fast sechs Jahre lang grausam wütete. Die totale Zerstörung und die Aufteilung in die vier Sektoren der Trümmerstadt folgten, dann Kalter Krieg und 28 Jahre Mauer zwischen den beiden Teilen von Berlin. Das hat nicht nur die vielen äußerlichen Spuren hinterlassen, die heute die Bilder der Stadt mitprägen. Durch das Wechselbad der politischen Verhältnisse sind vor allem auch die Menschen gegangen, wurden Opfer oder Täter, aber auch zum Überleben Getriebene, wenn sie sich weder den einen noch den anderen zuordneten.

Seit der Wiedervereinigung ist Berlin wieder zurück auf der Bühne der europäischen Normalität. Viele glaubten noch im Jahre 1990, dass die Stadt binnen kurzer Zeit ihre letzten 75 Jahre wie eine lästige Haut abstreifen könne, um im Eiltempo aufzuschließen mit all den Städten, denen für ihre Entwicklung mehr Kontinuität gegönnt war.

Ein riesiges Bauprogramm in den 90er Jahren, mit einem Heer von Baukränen vor allem in der Innenstadt, schürte die Illusion, mit der Euphorie, die in der Vereinigung des Landes und der Stadt ausgebrochen war, werde nicht nur das Gesicht Berlins alle anderen Städte überstrahlen.

Mit dem Bauboom veränderte sich das Bild der Stadt. So sind sogar manche hervorragenden Gebäude unter viel Durchschnittsarchitektur der Investoren entstanden. Vor allem glaubte man an die unwiderstehliche Sogwirkung der erneuerten Stadt für das Kapital, die Reichtum und Wohlstand nach sich ziehen würde. Erst 1999 zog das Machtzentrum der Politik wieder nach Berlin. Die Stadt wurde wieder politische Hauptstadt, aber andere Merkmale prägten Berlin als Hauptstadt ungleich stärker.

In die Vereinigung der Stadt gingen die Erbschaften ihrer langen Teilung ein. Berlin wurde nach dem Verlust seiner industriellen Basis im wieder vereinigten Deutschland die Hauptstadt der Sozialhilfeempfänger, der Kinderarmut, der sozialen Parallelwelten, der Unterfinanzierung der öffentlichen Investitionen, der Notzustandsberichte aus Schulen, Krankenhäusern, Pflegeeinrichtungen, Parkanlagen und Bauämtern. Der Hauptstadtmalus bestimmte den städtischen Alltag mehr als der Hauptstadtbonus. Erst zehn Jahre nach der Einrichtung der politischen Hauptstadt ändern sich die Linien der volkswirtschaftlichen Bilanzen und den aus ihnen abgeleiteten Prognosen.

Ab nun wächst die Wirtschaft in Berlin schneller als im restlichen Deutschland, die Arbeitslosigkeit sinkt stärker als anderswo, die Immobilienpreise klettern besorgniserregend nach oben. „Arm aber sexy"? Mit seinem alten Spruch kann der regierende Bürgermeister nicht mehr für seine Stadt werben.

Euphorie breitet sich aus, es gibt wieder Goldgräberstimmung mancherorts in der Stadt. Gemessen an dieser Euphorie ist Berlin immer noch eine in weiten Teilen unverhältnismäßig arme Stadt. Das Nachbeben ihrer Geschichte hält länger an als viele Experten berechnet hatten. Kapital und Reichtum haben die geschützten Mauern um München, Frankfurt, Stuttgart, Hamburg oder Düsseldorf bisher nur selten verlassen, um zurück in die Hauptstadt zu ziehen.

Es wird noch lange dauern, bis das Bruttoinlandsprodukt von Berlin dem dieser Städte nahe kommt. Nirgendwo sonst liegen die Spuren der Überlebensgeschichte so offen zu Tage wie in Berlin und können in fast jeder Straße besichtigt werden, wo selbst die Traufhöhe der Häuser zwischen den alten und den notdürftig nach dem Krieg zusammen geziegelten Häusern auseinander bricht und der schnelle Wechsel zwischen den liebevoll gestalteten Häuserfassaden und den nackten mit Fenstern bestückten Hauswänden überall ins Auge sticht. Was die Stadt zusammen hält, sind ihre Menschen.

Mit ihnen hat sie überlebt und hat sie immer wieder anziehen können. Sie prägen die neue Phase ihrer Entwicklung. Nicht mehr Fünfjahrespläne und das Verteilungsgeschick der politischen Subventionen bestimmen was aus Berlin wird, sondern die gärende Vielfalt einer Stadtbevölkerung, die heute gegenüber früheren Zeiten vollständig anders zusammen gesetzt ist und die Gefühle erst noch erleben muss, die sie mit ihrer Stadt als Hauptstadt verbinden.

Berlin ist wieder eine wachsende Stadt geworden. Immer mehr Ausländer und viele Neudeutsche aus vielen Ländern leben in der neuen Stadt mit ihren Wurzeln aus der Vergangenheit. Es gibt Verdrängungen, Ungerechtigkeiten, Ellenbogen. Geschichten erzählen zu selten von Menschen, die auf der Strecke geblieben sind, keinen Anschluss gefunden haben, auf soziale Hilfen angewiesen bleiben.

Immer neue Subkulturen entstehen und ernähren nach wie vor die großen Einrichtungen der Kultur, erzeugen eigenwillige Formen der Zwiesprache unter Menschen, ähnlich den legendären Zeiten der 20er Jahre des vorigen Jahrhunderts. Der Schmelztiegel läuft auf hohen Temperaturen. Auch wirtschaftlich regen sich immer mehr Entrepreneure, die den Normen des Großkapitalismus entflohen sind und virtuelle Welten innerhalb und außerhalb des Internets zu erschaffen suchen.

Es kommen immer mehr Menschen nach Berlin, die Ideen haben, wie jenseits und unterhalb der großen Kapitalgesellschaften Intelligenz, Wissen und Fähigkeiten unternehmerisch eingesetzt werden können. Berlin ist Startup-Hauptstadt geworden. In den IT-Laboren gelten die Maßstäbe von New York, London oder Paris, nicht von Schleswig-Holstein oder Thüringen.

Aufs Ganze gesehen geht es aufwärts. Aus den Narben der Geschichte und ihren einzigartigen Hinterlassenschaften erarbeitet sich die Stadt eine wirtschaftlich bessere Zukunft auf eigenen Grundlagen. Die Hauptstadt sollte nicht länger Bundesland sein sondern wirklich die Hauptstadt der Freiheit in einem demokratischen Deutschland werden können.

Man muss es nur sehen wollen, was eine Stadt alles erzählen kann. In vierzehn Geschichten werden einige Ausschnitte des städtischen Panoramas vorgeführt, in dem Perspektiven, Zusammenhänge und nicht zu verbindende Brüche aufgeschrieben worden sind, was zu sehen ist, wenn man sich von den Dingen erzählen lässt.

Ergänzt werden die erzählten Geschichten mit Bildern, die das Hintergründige mit dem Vordergründigen verbinden. Die meisten Bilder sind Fotos, die in dem Augenblick der Annäherung an Umgebungen und einzelne Protagonisten entstanden sind, die zu den Geschichten gehören. Denn der wahrhafte Protagonist der Geschichte wie der Geschichten ist die Stadt. Aus ihr stammen die Bilder in den Köpfen, wenn von Berlin die Rede ist. Eingebettet in das Erzählen, das beim Flanieren entsteht, sind sie Teil der sehr privaten Aneignung der Stadt, die jeder auf seine Weise erleben kann, der mit wachen Augen durch sie hindurch läuft.

— ÜBER DIE GESCHICHTE IN GESCHICHTEN —

— DAS TOR IST GEÖFFNET —

BILD LINKE SEITE · ... *Auferstanden aus Ruinen* ...
Gewachsene Straße in Kreuzberg
BILD RECHTE SEITE · ... *Und der Zukunft zugewandt* ...
Kronen des Potsdamer Platzes

STOLPER STEINE IM SCHEUNEN VIERTEL

— STOLPERSTEINE IM SCHEUNENVIERTEL —

Das Scheunenviertel ist Teil der Spandauer Vorstadt. Das Viertel lag bis zum Anfang des 19. Jahrhunderts außerhalb der Stadt. Es hat keine Verwaltungsgrenzen, erzeugt aber mit seinen Gebäuden und seiner melancholischen Geschichte ein eigenes Gefühl mitten in der Mitte von Berlin. Seine Fläche ist eher ein Dreieck. Vom Hackeschen Markt aus gesehen liegt es zwischen der Oranienburger Straße, der Linienstraße und der Rosenthaler Straße. Durch das Viertel schlendern täglich tausende Menschen, viele Berliner, noch mehr Touristen. Liebevoll nennen sie es Altberlin, was natürlich historisch nicht stimmt. Aber in der Tat erscheint hier die Stadt älter und nicht so hoch gewachsen wie in den benachbarten Vierteln der Stadt. Im Zuge der Industrialisierung wurde dieses Wohngebiet dicht bebaut und rückte mit der Zeit immer mehr in die Mitte der Stadt. Einwanderungen aus dem Osten Europas und die nahen Fabriken machten es zum Armenviertel, auch zum zwielichtigen Hinterhof der aufstrebenden Metropole und Reichshauptstadt. Hier lebte Franz Biberkopf im Roman BERLIN ALEXANDERPLATZ, den Alfred Döblin 1927 geschrieben hatte.

Im Scheunenviertel lebten vor allem sehr viele Juden. Einige wohnten schon früh in seinen Straßen, waren bürgerliche Preußen, manchmal wohlhabend, auf alle Fälle bodenständig. Seit 1866 beherrschte die prachtvolle Kuppel der riesigen Neuen Synagoge an der Oranienburger Straße die nahen und weiten Sichtachsen, Stolz der jüdischen Gemeinde in Berlin und eine architektonische Zierde der Stadt. Die Synagoge war mehr als ein Gotteshaus. Sie war auch ein großes Bildungszentrum, umgeben von kulturellen Einrichtungen, die deutlich machten, welchen Anteil Juden an dem rasanten Aufblühen der Stadt bis 1933 hatten.

Das Scheunenviertel wurde zu Beginn des 20. Jahrhunderts zum sozialen Brennpunkt. In der Folge der antisemitischen Pogrome in Russland und Polen strömten Tausende verarmte Flüchtlinge nach Berlin. Abschätzig wurden sie die Ostjuden genannt. Um die Neue Synagoge herum war das Wohnen billiger als in der übrigen Stadt, und die Brüder und Schwestern im Glauben waren nah. Man lebte dicht gedrängt in den Häusern, auch illegal. Man war arm wie eine Kirchenmaus und weitgehend sich selbst überlassen mit den geretteten und oft so traurigen Traditionen des Ghettolebens in den osteuropäischen Ländern. Viele nach Berlin gewanderte Juden mussten sich in der großen weiten Welt völlig verlassen fühlen. Auch unter den ansässigen Juden fanden sie wenig Unterstützung und über die Zugezogenen gab es viel Streit. Die große Gemeinde zerfiel in Fraktionen.

Wer heute durch die August-, Tucholsky-, Krausnick-, Sophienstraße oder die sie verbindenden Höfe schlendert, ahnt nicht, wie es hier früher ausgesehen hat. Auch ist kaum mehr zu erkennen, wie völlig herunter gekommen dieses Viertel zu DDR-Zeiten gewesen ist. In den Großplanungen für eine sozialistische Stadt waren auch hier Plattenbauhochhäuser vorgesehen, ähnlich den Klötzen rund um den nahen Alexanderplatz. Gründlich saniert und herausgeputzt sind jetzt die Häuser und Höfe, gemütlich und eine Weide für die Augen, fast wie in einer in sich ruhenden Kleinstadt. Viele Galerien und Ateliers gibt es entlang den Straßen. In den hinteren Höfen, oft so groß wie kleine Dörfer, gibt es kleine Läden und Werkstätten, immer wieder Gastronomie. Ein witziges altes Ballhaus ist wieder eine Attraktion im Viertel. Koschere Lebensmittelläden und koschere Restaurants machen deutlich, dass erneut viele Juden hierher gezogen sind.

Fast jedes Haus birgt Geschichte und Geschichten. Manche werden auf Tafeln angedeutet, die neben den Hauseingängen angebracht sind. Auf einer Tafel ist zu lesen: DIE ERSTE RABBINERIN DER WELT, REGINA JONAS 1902 BERLIN – 1944 AUSCHWITZ.... FÄHIGKEITEN UND BERUFUNGEN HAT GOTT IN UNSERE BRUST GESENKT UND NICHT NACH DEM GESCHLECHT GEFRAGT. SO HAT ein jeder die Pflicht, ob Mann oder Frau, nach den Gaben, die Gott ihm schenkte, zu wirken und zu schaffen. Die meisten Hinweise aber sind in die Bürgersteige als 10 mal 10 cm große Messingplatten eingelassen: Stolpersteine, die Namen enthalten und vom Verschwinden in der Deportation und in den Gasöfen der Konzentrationslager künden. Glaubt man einer Umfrage, dann haben 80 Prozent der befragten Besucher des Scheunenviertels diese so dicht gepflasterten Stolpersteine nicht wahrgenommen oder wissen nicht, warum die glänzenden Plättchen in die grauen Bodensteine eingefügt sind.

Der 1947 in Berlin geborene Künstler Günter Demning hatte das Projekt Stolpersteine in den 1990er Jahren ins Leben gerufen. Erste Stolpersteine verlegte er ohne Genehmigung der Behörden 1997 in Kreuzberg. Daraus wurde eine breite Bürgerbewegung, und auch die Behörden spielten schließlich mit. Inzwischen gibt es in Deutschland rund 35.000 solcher Steine, alleine in Berlin über 5.000, viele von ihnen im Scheunenviertel. Die Steine nennen Namen. Sie erinnern an die Vertreibung und Vernichtung der Juden, der Sinti und Roma, der politisch Verfolgten, der Homosexuellen, der Zeugen Jehovas, der Euthanasieopfer in den 12 Jahren Nazizeit. Einen Stolperstein herzustellen und zu verlegen kostet 120 Euro. Die Steine werden von Hand in Demnings Werkstatt in Berlin-Buch angefertigt.

Besonders angenehm und wohltuend schmeichelt es den Sinnen, läuft man gemächlich durch den engeren Kiez des Scheunenviertels. Da gibt es die Auguststraße und die Große Hamburger Straße, die Gipsstraße, Sophienstraße und die Krausnickstraße. Bewundernd erblickt man die beiden dominanten Gebäudekomplexe an der Großen Hamburger, das katholische St. Hedwigs-Krankenhaus und die evangelische Sophienkirche. Wie durch ein Wunder wurden beide Bauten durch die verheerenden Bombardierungen der Mitte von Berlin weitgehend verschont. Die Kirche in der damaligen Spandauer Vorstadt wurde 1713 geweiht. Der markante barocke Kirchturm stammt aus dem Jahr 1734. Ihr gegenüber liegt das Krankenhaus, mit seinen Backsteinfassaden und einem weitläufigen Innenhof, 1850 wie ein Märchenschloss errichtet. Läuft man die Große Hamburger noch ein paar Schritte weiter in Richtung Oranienburger, findet man den alten jüdischen Friedhof von Berlin. Mordechai Model kaufte 1675 das Gelände, das damals noch vor den Toren der Stadt lag, um es als Begräbnisstätte für die wachsende jüdische Gemeinde zur Verfügung zu stellen. Bis zur Schließung des Friedhofs 1827 sollen dort mindestens 7.000 Juden begraben worden sein, auch Moses Mendelssohn, der große Philosoph der Aufklärung und Vorbild für den weisen Nathan in Lessings berühmt gewordenem Drama. Sein Grabstein schmückt noch den Friedhof, und immer liegen kleine Steine auf ihm. Nach der Schließung des Friedhofs wurde 1829 am Ausgang zur Oranienburger Straße das erste Altersheim der jüdischen Gemeinde eingerichtet. Es wurde dann erweitert, und der Eingang lag ab 1844 an der Großen Hamburger Straße neben dem Friedhof.

1942 beschlagnahmte die Gestapo das Gebäude. In ihm errichtete sie ein Sammellager, aus dem 55.000 Berliner Juden in die Konzentrationslager Auschwitz und Theresienstadt verschleppt wurden. Nach getaner Arbeit wurden Haus und Friedhof von der Gestapo gründlich verwüstet und zerstört. Auf dem Boden des ehemaligen Altersheims steht jetzt die Skulptur von Willi Lammert JÜDISCHE OPFER DES FASCHISMUS, noch zu DDR-Zeiten geschaffen. Kaum waren die großen Deportationen in der Großen Hamburger abgeschlossen, gab es für die Gestapo noch das Problem der Mischehenjuden zu erledigen. Dafür hatte sie in der nahe gelegenen Rosenstraße das jüdische Wohlfahrtsgebäude besetzt und in dem Haus über 2000 Personen für den Abtransport „eingesammelt". Offensichtlich gab es in der Gestapo-Verwaltung

Definitionsunklarheiten über den Begriff Mischehe. Wichtiger aber wurde, dass es Ende Februar und Anfang März 1943 vor dem Gebäude die größten Protestdemonstrationen gegeben hatte, die je im Nazireich zu registrieren waren. Mehrere hundert Frauen mit wechselnden Teilnehmerinnen protestierten gegen die Deportationen, blockierten die Straßen und forderten lautstark die Freilassung ihrer inhaftierten Männer. Die Gestapo musste alle Männer aus der Rosenstraße an ihre Frauen zurück geben. Einen ähnlich lautstarken und beharrlichen Straßenprotest hatte es im Nazireich nie gegeben. Margarethe von Trotta hat das Drama 2003 verfilmt. Während auf der Rosenstraße die Frauen protestierten, wurden gleichzeitig 6000 Männer, überwiegend aus dem Bayrischen Viertel in anderen Sammellagern der Stadt inhaftiert und zur sofortigen Ermordung nach Birkenau verschleppt.

Es gibt zu den Vorgängen in der Rosenstraße eine bemerkenswerte Eintragung des Propagandaministers Joseph Goebbels vom 6. März 1943, die er unmittelbar nach schweren Bombenangriffen auf Berlin in sein Tagebuch geschrieben hatte: *„Gerade in diesem Augenblick hält der Sicherheitsdienst es für günstig, in der Judenevakuierung fortzufahren. Es haben sich da leider etwas unliebsame Szenen vor einem jüdischen Altersheim abgespielt, wo die Bevölkerung sich in größerer Menge ansammelte und zum Teil sogar für die Juden Partei ergriff. Ich gebe dem SD Auftrag, die Judenevakuierung nicht ausgerechnet in einer so kritischen Zeit fortzusetzen. Wir wollen uns das lieber noch einige Wochen aufsparen; dann können wir es umso gründlicher durchführen.“* Und dann weiter: *„Die Evakuierung der Juden aus Berlin hat doch zu manchen Misshelligkeiten geführt. Leider sind dabei auch die Juden und Jüdinnen aus privilegierten Ehen zuerst mit verhaftet worden, was zu großer Angst und Verwirrung geführt hat.“*

Bekannt geworden ist erst sehr spät und mit wenig öffentlicher Anteilnahme, dass es im Scheunenviertel großen Mut Einzelner gegeben hat, Nachbarn und Freunden jüdischen Glaubens zu helfen. Schicksale, wie das der Anne Frank, gab es auch in Berlin. Jedoch auch jüdische Familien, die am Ende des Krieges weiterleben konnten. Manchen gelang es in Kellern dem Naziinferno zu entkommen. Auch im nahen St. Hedwigs-Krankenhaus wurden Juden versteckt. Von 1942 bis 1945 halfen besonders der Arzt Erhard Lux und die Ordensschwester Marianne Habig vielen Menschen, den Häschern zu entkommen.

Auf der anderen Straßenseite der Großen Hamburger steht dem Krankenhaus schräg gegenüber das Jüdische Gymnasium, ebenfalls ein Gebäude mit Stadtgeschichte. 1862 wurde es von Moses Mendelssohn neben der Sophienkirche als jüdische Oberschule gestiftet. Die Mendelssohns waren nicht nur eine sehr große Familie mit vielen Wissenschaftlern und Künstlern. Joseph Mendelssohn hatte 1795 ein Bankhaus aufgebaut, das binnen kurzer Zeit eines der mächtigsten Finanzinstitute in Preußen wurde. Das 1815 bezogene Stammhaus in der Jägerstraße steht noch und wurde das Zentrum des späteren Bankenviertels. Reich wurde die Privatbank vor allem durch ihre Staatsanleihen an die russischen Zaren. Ohne Entschädigung wurde die Bank 1938 liquidiert. Liquidator war der spätere Chefberater von Bundeskanzler Konrad Adenauer. Hermann Josef Abs verleibte die Mendelssohn-Bank der Deutschen Bank ein. Adenauer und Abs behielten Zeit ihres Lebens ihre Aversionen gegen Preußen.

Die Nazis machten auch aus der jüdischen Schule eine Deportationssammelstelle und beseitigten alle Spuren von den mit vielen Symbolen jüdischer Traditionen ausgestatteten Wänden. Man kann es kaum glauben, aber eine Inschrift, die noch heute im alten Stein über dem früheren Eingangsportal eingraviert ist, hatten sie übersehen: KNABENSCHULE DER JÜDISCHEN GEMEINDE.

Neben der Schule umrahmen prächtige hoch gebaute alte Wohnhäuser den Hof der Sophienkirche. Auf dem Bürgersteig vor diesen Häusern sind die vielen Stolpersteine nun nicht mehr zu übersehen. Die kleinen goldglänzenden Messingplatten funkeln, wenn die Sonne auf sie scheint. 55.000 Juden wurden aus diesen Straßen deportiert. Nur ganz wenige behalten hier ihre Namen:

>   FLORA UND LEO ARONBACH
>   JAMES DEUTSCH
>   REGINA UND EMANUEL FINK
>   JOHANNA KLUM
>   ASTRA, META UND MAX RAESENER
>   ALICE UND GERTRUD ROSENBERG
>   ELIS UND ROSA SCHNELLER
>   WOLF SEGAL
>   MELANIE UND MAX SITTNER
>   CHARLOTTE WOLFF

Durch die sanierte, so ruhige Sophienstraße gelangt man entlang von Cafés, Restaurants, Galerien und schmucken Läden in einer hellen Gegenwart in die laute und geschäftige Rosenthaler Straße. Auch dort gibt es die Spuren aus der fürchterlichen Nazizeit. Dort hatte Otto Weidt in der Nummer 39 seine Werkstatt für die Herstellung von Bürsten und Besen. Bei ihm arbeiteten vornehmlich jüdische Mitbürger, viele von ihnen sehbehindert oder taubstumm. Um sie in der Verfolgungszeit und während der Deportationen materiell am Leben zu erhalten, machte Otto Weidt Schwarzmarktgeschäfte, bestach Gestapo-Mitarbeiter, besorgte gefälschte Papiere und organisierte Verstecke. Man weiß das von der Schriftstellerin Inge Deutschkron, die als Jüdin unter falschem Namen in seinem Büro gearbeitet hatte und überleben konnte. Sie wusste auch zu erzählen, wie eng diese Art des Widerstands mit dem „Miljöh" verbunden war, das Döblin in seinem Roman Alexanderplatz beschrieben hatte.

— BERLIN, GESCHICHTE IN GESCHICHTEN —

BILD OBEN · Stolpersteine vor der Sophienkirche

BILD RECHTE SEITE OBEN · Die Synagoge –
auch heute ein Wahrzeichen für die Stadt

BILD RECHTE SEITE UNTEN · Moses-Mendelssohn-Gymnasium

BILD SEITE 38 · *Kriegsbahnhof – Deportation der Juden aus Berlin.*
Radierung von Gisa Hausmann

— STOLPERSTEINE IM SCHEUNENVIERTEL —

1940 hatte sich Otto Weidt, der Bürstenfabrikant, mit Hedwig Porschnik zusammen getan. Hedwig wohnte damals mit ihrem Mann Walter in einer winzigen Mansarde in der Alexanderstraße direkt gegenüber dem berüchtigten Polizeipräsidium, das ebenfalls genauestens in Döblins Roman portraitiert wird. Die 1900 in Schöneberg geborene Hedwig Völker galt als Prostituierte, die 1926 den jüngeren Walter Porschütz geheiratet hatte, einen Kellner, der arbeitslos geworden war. Ihre Methoden in ihrem Gewerbe entsprachen nicht dem Bürgerlichen Gesetzbuch. 1934 wurde sie wegen Erpressung mit zehn Monaten Gefängnis bestraft. Als sie Otto Weidt kennen lernte, nutzte sie ein weit gespanntes Netzwerk an Helferinnen und Helfern, um Freundinnen und Freunde vor den 1941 bis 1943 voll entbrannten Verschleppungen und Vernichtungen zu retten. Sie war es vor allem, die sich in den Schwarzmarktgeschäften auskannte und diese undurchschaubaren Transaktionen für die gefährliche Untergrundarbeit der Werkstatt von Otto Weidt zu nutzen verstand.

Im Mai 1944 flog sie durch gefälschte Lebensmittelkarten für Speck auf, die sie einem Bekannten zugesteckt hatte, der verfolgt wurde. Sie kam vor Gericht, wurde verurteilt und inhaftiert und erlebte das Kriegsende im Gefängnis. Nach dem Krieg verarmte sie mit ihrem Mann völlig und lebte wieder in Schöneberg. Ihr Antrag auf Entschädigung als politisch Verfolgte wurde 1956 von Joachim Wendt abgelehnt, eben dem Richter, der schon 1944 über sie zu Gericht gesessen hatte. Nun stellte er 1956 fest, dass der Einsatz von Frau Porschütz ungeeignet gewesen sei, das nationalsozialistische Regime politisch zu unterhöhlen. Die Verurteilung 1944 wegen Kriegswirtschaftsverbrechen lasse *„auf ein derartig niedrigeres sittliches und moralisches Niveau schließen, dass auch bei einer in diesem Falle sowieso aus sachlichen Gründen nicht erfüllten Voraussetzung für eine Anerkennung diese nicht gegeben wäre. Der Antrag auf eine Beihilfe als politisch oder rassisch Verfolgte stellt* *ein Ehrendokument dar und kann nur für entsprechende Persönlichkeiten ausgestellt werden."* Nach weiteren zwei Jahren meinte der Berliner Innensenator, Grund des Bescheides sei ausschließlich das *„unsittliche Verhalten"* der Hedwig Porschütz gewesen. *„Die Antragstellerin ist in früheren Jahren gewerbsmäßig der Unzucht nachgegangen und hat auch bis zu ihrer Verurteilung 1944 trotz ihrer Ehe Umgang mit fremden Männern unterhalten."*

Hedwig Porschütz starb 1977 in einem Altersheim. Ihr Grab auf dem Dorfkirchfriedhof in Schöneberg wurde 2000 aufgelassen. Von ihr existiert kein Bild, kein Foto. 2001 wurde das Urteil des Richters Wendt posthum aufgehoben und Hedwig Porschütz – wie auch vorher schon Otto Weidt – in das Verzeichnis der Berliner Gedenktafeln aufgenommen.

Wenige Schritte die Rosenthaler Straße runter kommt man wieder auf den Hackeschen Markt, an dessen Nordseite die mächtigen Fassaden der Hackeschen Höfe aufragen. Sie wurden 1906 eröffnet. Das riesige Arsenal erstreckt sich zwischen der Rosenthaler- und der Sophienstraße und ist um acht Höfe gebaut mit viel Raum für Wohnungen, kulturelle Einrichtungen, kleinen Läden und Restaurants. Auch hier findet man sie, die Stolpersteine, so für Paula Davidson und ihren erst 1943 geborenen Sohn Uri, die beide in Auschwitz ermordet wurden.

Doch in den Höfen ist die Vergangenheit vollständig Renaissance für das ganz gegenwärtige Leben voller Schaulust und Unterhaltung geworden.

HELDEN UNTER UND ÜBER DER ERDE

Der Winter im ersten Monat des Jahres 1929 bot den Berlinern ein grandioses Schauspiel. Vor ihren Augen spielte sich ein Krimi ab, der in die Geschichte eingehen sollte. Ein paar Fragmente dieses Krimis sind im Museum des Berliner Polizeipräsidenten am Platz der Luftbrücke zu besichtigen. Im Winter 1929 geschah einer der größten Coups im Leben der legendären Brüder Franz und Erich Sass, von der Öffentlichkeit fast sehnsuchtsvoll erwartet und nun tatsächlich schaurige Wirklichkeit geworden. Fotos und Berichte im Museum können die Emotionen nur erahnen lassen, die der spektakulärste Raub in der Geschichte Berlins in der Öffentlichkeit erregte.

Am 30. Januar 1929 wächst vor einer Absperrung einer Zweigstelle der Discontobank am Wittenbergplatz, Ecke Kleiststraße eine Traube von Männern und Frauen. Hälse strecken sich, als könne man irgendetwas Geheimnisvolles oder Schauerliches in der Bank erblicken. Das Raunen in der angespannten Menge ist förmlich zu hören, mit dem ungeheuerliche Nachrichten weiter gereicht werden. Es ist ein kühler und trüber Tag. Schneematsch liegt an den Straßenrändern. Die Männer tragen Hüte, Frauen dicke Mäntel und Kopftücher. Auf einigen Mündern ist ein zartes, zaghaftes Lächeln zu erkennen, Neugier steht den Menschen ins Gesicht geschrieben. Die Augen sind fest auf die Tür der Bank gerichtet, vor der Ordnungshüter Wache stehen. Nichts Genaues weiß man nicht, Gerüchte werden ausgetauscht, Vermutungen als gesicherte Informationen weiter getragen. Schier unglaubliche Sätze geistern von einem zum anderen und werden, kaum ausgesprochen und gelauscht, erregend gruselig gefühlt.

Die Tat liegt schon drei Tage zurück, niemand hatte sie zunächst bemerkt. Erst an diesem Morgen ist sie Gewissheit geworden und wird nun erlebt, als dampfende, noch heiße Spur. Was die Menschen elektrisiert, ist die Wahrscheinlichkeit, dass die Brüder Sass wieder zugeschlagen haben. Tatsächlich waren drei Tage vorher

Franz und Erich in den hoch gesicherten Stahlraum im Keller der Bank eingestiegen und hatten 179 der 181 Schließfächer geknackt und leer geräumt. Als man schließlich drei Tage später das Deliktum in Augenschein nehmen konnte, fand man außer dem Chaos der leeren Fächer nur zwei leere Weinflaschen. Geschätzte zwei Millionen Reichsmark waren geraubt worden. Vielleicht waren es auch mehr. Denn in den Fächern wurde viel Geld gebunkert und gelagert, das aus zwielichtigen Quellen stammte oder unterschlagen worden war. Keiner sollte von diesen Schätzen wissen, schon gar nicht das Finanzamt oder die Polizei. So haben sich sehr viele der Geprellten nach dem Raub sicherheitshalber gar nicht erst gemeldet, um ihre Schäden im Einzelnen nachzuweisen. Die Sass-Brüder, so wurde in den späteren Prozessen klar, wollten nicht einfach nur Geld. Sie wollten es vor allem von denen, so behaupteten sie, die es der Allgemeinheit vorenthalten hatten.

Aber von Prozessen kann noch lange keine Rede sein. Noch gibt es in den Köpfen der Schaulustigen kaum mehr, als ihnen die Fantasie vorspielt, die sich mit dem Namen Sass in wunderlicher Weise sofort regt. Das Gedränge vor der Bank wird immer größer. Keinerlei Einbruchspuren sind zu sehen, nur das rotweiße Absperrband vor der Eingangstür. Hinter den hohen Fenstern leuchtet das Licht in dem vollständig intakten Kassenraum. Noch zwei Tage lang nach dem Raub sind die Bankgeschäfte ganz normal weiter gelaufen. Keiner der Angestellten hatte gemerkt, was sich da im Keller im Hochsicherheitstrakt abgespielt hat.

Erst Tage später stellt ein Bediensteter fest, dass die dicke Tür zum Stahlraum nicht zu öffnen ist. Sie scheint von innen blockiert zu sein. Der Bedienstete macht Mitteilung. Man rechnet mit einem technischen Defekt in der Verschlussanlage, denn es sind keine Spuren zu erkennen, die auf ein gewaltsames Einwirken auf die Stahltür hinweisen. Selbst die Spezialisten der zur Hilfe gerufenen Firma Arnheim&Tresor sind schnell am Ende mit ihrem Latein. Nichts geht, nichts ist zu machen. Die Tür ist nicht zu bewegen. Es dauert noch einmal Stunden, bis zwei Maurer einen Durchbruch in der starken Betonaußenwand geschafft haben. Was sich ihren Blicken dargeboten hatte, sei unbeschreiblich, erzählte man sich draußen auf der Straße.

Die Ermittlungen später ergaben, dass die Täter einen Schacht genutzt hatten, der den Raum künstlich mit Luft versorgte und sich schräg nach oben schlängelte und auf dem Hinterhof der Bank endete. Die Täter hatten einen Tunnel vom Nachbarhaus in die Tiefe gegraben, der just in diesem Schacht endete. Wochenlange Arbeit war dazu notwendig gewesen. Sie hatten ihre Arbeit so perfekt gemacht, dass selbst dieses Tunnelkunststück den Ermittlern erst nach längerer Zeit der Inspektionen aufgefallen war. Um in den Schacht zu gelangen, war lediglich ein 50 mal 70 Zentimeter großes Loch gestemmt worden, durch das dann die Täter ihre Beute über einen relativ langen Zeitraum entsorgen konnten, gewissermaßen bei laufendem Geschäftsbetrieb.

Unter den polizeilichen Ermittlern war auch der Kriminalsekretär Max Fabich. Als Sekretär war seine Stellung in der polizeilichen Hierarchie nicht gerade hoch. Aber er durfte sich als der eigentliche Spezialist in Sachen Sass empfinden, weil er gelernt hatte, deren Handschrift bei der Spurenbewertung zu lesen. Er hatte bereits über mehrere Jahre Untersuchungsergebnisse ausgewertet, die aus seiner Sicht eindeutig auf das Wirken von Franz und Erich Sass hinweisen. Und auch jetzt am 30. Januar war sich Max Fabich sicher, dieses Husarenstück der Einbruchskunst konnten nur die Brüder Sass zustande gebracht haben. Dieses tat er auch sofort und gleichen Tages dienstlich wie öffentlich kund. So war die fiebernde Neugier der Menschen vor der Bank an diesem kalten Januarmittag als Frage zu verstehen, ob man dieses Mal nun endlich die Helden einer fantastischen Raubkriminalität fassen und dingfest machen würde.

Max Fabich hatte seine Akte Sass bei der neuen Untersuchung im Keller der Discontobank am Wittenbergplatz fest im Griff und alle Indizien im Kopf, die er aus früheren Fällen dem Täterprofil der Sass-Brüder zugeordnet hatte. Seit 1927 hatte es in Berlin in kurzer Folge spektakuläre Einbrüche gegeben, deren Methoden auf gleiche Vorgehensweisen hinwiesen, obgleich am Tatort nie irgendwelche Fingerabdrücke gefunden wurden. Stets ging es um Banktresore, und stets war als Werkzeug ein Schneidbrenner der Firma Fernholz im Spiel. Der erste Einbruch geschah in der Berliner Bank in Moabit, in direkter Nachbarschaft zur Wohnung der beiden Sass-Brüder. Da waren die Brüder bereits bis zu den Tresoren gelangt, mussten aber lernen, dass ihr Schneidbrenner erlahmte, wenn der Sauerstoff im Raum zu knapp wurde. Immerhin waren sie die Pioniere für ein Instrument, das vorher noch keiner auf einem Raubzug eingesetzt hatte. Fabich war ihnen auf der Spur, weil er sie als Käufer dieses Gerätes festgestellt hatte. Aber er konnte nicht beweisen, dass sie tatsächlich mit eben diesem Instrument in der Bank hantiert hatten.

Beweise fehlten ihm auch nach dem zweiten großen Versuch der Sass-Brüder, der nachts zum 4. Dezember 1927 gestartet wurde. Da hatten sie einen Tunnel zum Keller der Dresdner Bankfiliale am Savignyplatz in Charlottenburg gegraben. Die Arbeit war überaus sauber. Keine Fingerabdrücke, keine lauten Wanddurchbrüche, sorgfältiges Aufpulen der Ziegel, nicht mehr als unbedingt nötig. Doch das Werk konnte auch hier nicht abgeschlossen werden. Die Brüder beobachteten die Polizei, die sich versteckt auf die Lauer gelegt hatte. Bevor die Beamten zuschlagen konnten, hatten sie ihre Arbeit abgebrochen und waren spurlos verschwunden.

Tagelang hatten die Vorarbeiten zum nächsten Bruch am 28. März 1928 im Reichsbahngebäude am Schöneberger Ufer nahe dem Gleisdreieck gedauert. Dieses Mal gruben sie sich von einem

Raum im Erdgeschoss nach oben in den ersten Stock, wo der Tresor stand. Sie bohrten nachts das quadratische Loch so geschickt, dass sie es mit einer Attrappe zudecken konnten, die tagsüber bei den Mitarbeitern keinerlei Aufsehen erregte. Allerdings wurde diese Aktion durch einen Nachtwächter verdorben. Der hielt die Bohrgeräusche für Katzengeschrei und machte Licht, um die Tiere zu verscheuchen. Da waren die Brüder bereits schon wieder verschwunden. Max Fabich fand den Schneidbrenner, die Seriennummer ausgefeilt. Da wusste er, es könne sich nur um die Sass-Brüder handeln.

Wenige Wochen später war sich die Polizei sicher, die Brüder bei einem Einbruch in der Budapester Straße in flagranti erwischen zu können. Es gab wieder Bohrgeräusche, Bewohner waren aufmerksam geworden, die Polizei kam. Man fand wieder die typischen Wanddurchbrüche und es roch noch nach dem Brenner. Wie ein Labyrinth waren Attrappen aufgestellt. Die Sass-Brüder indessen hatten sich in Luft aufgelöst.

Am 20. Mai 1928 dann ihre bis dahin spektakulärste Tat. Sie hatten sich den Tresor im Landesfinanzamt Alt-Moabit ausgesucht. In ihm ruhte ein Millionenschatz der Reichsfinanzkasse als nächste Rate, die an Frankreich als Reparationskosten für den Ersten Weltkrieg auszuzahlen war. Die Sass-Brüder mussten sich an zwei Wachleuten mit zentnerschwerem Gerät vorbeischmuggeln, um sich an ihre Arbeit machen zu können.

Die Wachleute merkten nichts. Alles lief nach Plan, und die beiden Sass hatten den Tresor bereits aufgeschweißt. Im Wachzimmer war die Alarmanlage. Erich hatte die notwendige Aufgabe zu lösen, den Draht der Anlage durchzuschneiden. Das sollte während eines Rundgangs der Wächter geschehen. Doch unvermutet kam ein Wächter zurück. Erich konnte sich gerade noch weg ducken und die Brüder mussten wieder einmal ohne Beute fliehen. Werkzeuge, die sie zurücklassen mussten, waren für Max

Fabich Beweise für seine Täterhypothese. Die reichten aber auch in diesem Fall nicht für eine Anklage aus.

Auch Max Fabich hatte im Laufe der Zeit immer mehr Achtung vor der Qualität und Professionalität dieser zwei Verbrecher gewonnen. Es hatte ihn nicht überrascht, dass endlich einmal, wie jetzt am Wittenbergplatz, ein Raubzug mit einem Erfolg der beiden Verbrecher enden würde. Mit innerer Bewunderung und voll Staunen registriert Fabich nun die Spuren, drei Tage nach der Tat. Dieses Mal ist alles perfekt gelaufen. Logistik und Ausführung sind noch beeindruckender als alles, was er früher zu Protokoll nehmen musste. Schnell ist sich Fabich sicher, ein solches Meisterwerk können nur Franz und Erich Sass zustande bringen. Und er ahnt, dass sie sich dieses Ruhmes auf ihre Weise brüsten werden. Denn es gibt keine Beweise, obgleich er sich seiner Vermutungen sicher ist.

Keine Werkzeuge werden gefunden, keine Fingerabdrücke, nicht einmal an den leeren Weinflaschen, die im Tresorraum gefunden werden. Er hat nichts in den Händen außer seiner Täterhypothese. Mag diese auch noch so wahrscheinlich sein, der Staatsanwaltschaft reicht das nicht. Die Zeitungen schreiben fast begeistert über dieses Räuberstück genialer Krimineller. Sass ist längst ein öffentlich hoch gehandelter Name. Die Brüder sind Stars, und eigentlich sind alle der Meinung, es können nur die Brüder gewesen sein, die nun auf einer dicken Beute sitzen. Die Schaulustigen raunen sich bereits zu, man habe die Brüder festgenommen. Aber ob es dieses Mal reichen würde? Sie haben ihre Zweifel.

Im Museum ist die Geschichte Sass und die Polizei ausgestellt. Der Kriminalsekretär Fabich hatte alles getan, was seine Funktion als Kriminalpolizist von ihm forderte. Er war den Tätern auf der Spur, weil er sich in die Gedanken und Methoden versetzen konnte, mit denen die Täter ihr Handwerk ausübten.

Er war sich auch sicher, dass die Täter Insiderwissen über die Anlagen ihrer Einbruchsorte haben mussten, was ohne Verbündete in den Gebäuden kaum zu erlangen war. Fabich empfand Respekt und Bewunderung für die Intelligenz und die handwerklichen Fähigkeiten der von ihm Gejagten. Sie entzogen sich ihm nicht, und er hätte sie leicht für ein Gespräch von Experte zu Experte besuchen können. Er konnte sie auch immer mal wieder für Tage festsetzen lassen. Aber er konnte nichts beweisen, was der Prüfung der Juristen mit ihren Paragraphen standhielt. So waren auch dieses Mal die beiden Brüder schnell wieder freie Männer.

Zur Geschichtsschau des Sass-Falles im Polizeimuseum gehören auch zahlreiche Zeitungsartikel aus jenen Tagen. Die Gebrüder Sass erfreuten sich bester Kontakte zur Presse, gaben gerne exklusive Interviews und spielten ihre Rolle als Volkshelden perfekt. Millionen Menschen in Deutschland waren arbeitslos, Kleinkriminalität war an der Tagesordnung. Da passte ein Krimi, in dem Täter ihre Raubzüge wie Possen inszenierten. Die im Dunklen sieht man nicht, war die Botschaft. Und man kann sie nicht fassen, war die nüchterne Realität.

Es war gerade ein halbes Jahr her, dass am 31. August 1928 am Schiffbauer Damm die Dreigroschenoper von Bertolt Brecht uraufgeführt worden war. Sofort wurde sie im märchensüchtigen Berlin der 20er Jahre ein Renner. Einen Jonathan Peachum erdichteten sich die Brüder für das Publikum und schlüpften in seine Rolle. Die Dreigroschenoper wurde in wenigen Monaten zum erfolgreichsten Theaterstück der Weimarer Republik. Die Brüder Sass waren die erfolgreichsten realen Ganoven in der gleichen Zeit. Aufsehen und Aufmerksamkeit von Theater und Realität flossen in der Berichterstattung ineinander.

Die Helden ließen es sich nach der Räumung des Tresorraums in der Discontobank nicht nehmen, Glamour und Selbstsicherheit in der ruchlosen Geschichte zu zeigen. Auf Zeitungsbildern sieht man sie als elegante Herren, die in den besten Etablissements der Stadt als Entertainer hätten auftreten können. Jung und bestens gekleidet schienen sie ihren Starkult genüsslich öffentlich auszuschlachten. Die Helden geben nach ihrer schnellen Freilassung mangels Beweisen schon am 6. April 1929 eine rauschende Pressekonferenz, zu der sie ins vornehme Lutter&Wegner am Gendarmenmarkt einladen. Umhegt von ihrem Anwalt, der sich später das Leben nehmen wird, lassen sie all ihren Charme spielen und kredenzen den Journalisten Sekt und wohl bereitete Speisen, durch und durch Gentlemen, die eloquent die Ungerechtigkeiten dieser Welt zu beklagen wissen und von anstehenden Verträgen für fantastische Filmverpflichtungen berichten.

Max Fabich sitzt dagegen in seinem eher grauen Büro. Das Polizeipräsidium von Berlin ist mitten in den 20er Jahren eine mächtige Behörde. Die brodelnde Weltstadt beflügelt die Tüchtigkeit ihrer großen Kriminalapparate. Nach Reformen und mit neuen Strukturen gilt sie als eine der modernsten Polizeiorganisationen in der damaligen Welt. Die strikte Trennung zwischen den Ermittlern, der Kripo, der Staatsanwaltschaft und den Gerichten ist erst in der neueren Zeit der Geschichte Schritt für Schritt vollzogen worden.

Im Museum des Polizeipräsidenten in den Gebäuden des ehemaligen Flughafens Tempelhof ist zu erfahren, dass es erst seit 1885 einen eigenen polizeilichen Erkennungsdienst gibt, in dessen Folge sich die polizeilichen Spezialabteilungen für Mord, Raub oder Einbruch entwickelt haben. Im Museum agiert die Polizei in einer ständigen Bewegung ihrer Organisationsstrukturen. Ständig ändern sich die gesetzlichen Grundlagen ihrer Arbeit. In kurzen zeitlichen Abständen muss sich die Organisation einem anderen politischen System anpassen. Immer wieder werden die Aktionsräume für die professionelle Polizeiarbeit verändert. Ein Landeskriminalamt gibt es für Max Fabich noch nicht. Schlussfolgerungen aus den Ermittlungen muss der Sekretär für sich allein ziehen. Er fühlt sich in der Polizei zwar als Einziger den Sass-Brüdern ebenbürtig. Aber er war kein Held für die Öffentlichkeit und er wird von den Medien in ihren Krimis kaum erwähnt. Max Fabich wartet auf seine Chance.

Ein Kriminalsekretär hat innerhalb der Polizeihierarchie nicht viele Möglichkeiten seine Strategien durchzusetzen, wenn sich seine Vorgesetzten sein Ermittlungswissen nicht zueigen machen. Im Falle der Sass-Brüder hat er wenig Rückendeckung in der Behörde. Die große Polizeiorganisation will nicht als Verlierer dastehen. Sie hält es für richtig, zu Protokoll zu geben, dass noch ermittelt und jeder Spur nachgegangen wird. Der selbstsichere Max Fabich ist also kein starker Mann. Als strenger Katholik weiß er zudem, dass ihm Karriere und Aufstieg verwehrt bleiben werden. Die Konfession spielt für die Personalpolitik noch eine erhebliche Rolle. Sein Ehrgeiz ist also uneigennützig und einzig in der Verstrickung in die Einbruchsfälle begründet. Aber als Einzelkämpfer schwärmt er für einen anderen Polizisten, der mit der Aura eines großen Einzelkämpfers ausgestattet ist. Für seine Arbeit hat er im Polizeipräsidium einen ranghohen Kollegen als Vorbild, der Ernst August Ferdinand Gennat heißt. Gennat ist der Star in der zentralen Mordinspektion der Stadt. Gennats Abteilung erzielt die traumhafte Aufklärungsquote von 95 Prozent, mehr als die 87 Prozent, die heute mit ungleich differenzierteren Methoden erreicht werden. Dagegen bleibt die Inspektion Raub, in der Fabich arbeitet, mit 52 Prozent weit zurück. Dieser ungleiche Erfolg wurmt ihn und spornt ihn an. Er möchte der Gennat der Aufklärung großer Raubzüge werden.

Gennat genießt den Ruf, einer der begabtesten und erfolgreichsten Kriminalisten in Deutschland zu sein. Er ist ein Meister des Profiling, verfügt über ein hervorragendes Gedächtnis und hat ein ausgeprägtes psychologisches Einfühlungsvermögen. Das sind genau die Fähigkeiten, über die auch Max Fabich zu verfügen glaubt. Max Fabich ist von sich überzeugt. Es gibt Kollegen, die empört über das provozierende Auftreten der Sass-Brüder sind und die Höflinge in den Zeitschriften und Zeitungen nicht verstehen können. *„Ich könnte denen bei solchen Sektfrühstücken rechts und links in die Fresse schlagen"*, hört er sie in seinem Büro wüten, wenn sie Neues aus der Presse erfahren müssen. Dann lächelt Fabich und antwortet ihnen mit einem Gennat-Satz: *„Wer mir einen Beschuldigten anfasst, fliegt! Unsere Waffen sind Gehirn und Nerven!"* Er ist sich sicher, mit seinen Waffen die Täter noch zur Strecke zu bringen.

Das Polizeimuseum wäre besser gegenüber vom Columbiadamm in den alten Backsteingemäuern der Friesenstraße untergebracht geblieben. Die der Renaissance mit drei hohen Giebeln nachempfundene Burganlage schreibt ebenfalls einen wichtigen Abschnitt in der Berliner Polizeigeschichte. Aufgebaut wurde das mächtige, Furcht einflößende Areal 1895 als Kaserne für das Königin-Augusta-Garde-Grenadier-Regiment Nummero 4. Gesimse dieser Kaserne sind wie bei einem Schloss im hellen Sandstein ausgeführt, während die riesigen Gebäudekörper wie die großen Fabriken, Krankenhäuser, Schulen oder Verwaltungseinrichtungen mit hellroten Backsteinziegeln verkleidet wurden. In der Weimarer Zeit nutzte die berittene Schutzpolizei die Kaserne. Die Nazis siedelten dann später wegen des gegenüber liegenden Tempelhofer Flughafens dort ihre Wachregimenter der Luftwaffe an und bauten auf dem Freigelände einen riesigen oberirdischen Luftschutzbunker, den die nach dem 2. Weltkrieg eingezogenen Amerikaner sprengten. Amerikanische Soldaten wohnten in dieser riesigen Gebäudeanlage, bevor sie im Kontrollrat 1947 durchsetzten, dass die Friesenstraße Sitz des Polizeipräsidiums für Berlin werden sollte. 1948 fanden hier 9.491 Polizeibeamte, 2.200 Wachpolizisten und 971 Hilfskräfte ihre Dienstzentrale.

Dann kam die politische Teilung der Sektorenstadt, der Kalte Krieg begann. Den Anfang nahm diese Epoche der Stadt mit der Spaltung der Polizei in Ost und West mit radikalen administrativen Folgen. Eine Gedenktafel am Gebäude Friesenstraße, Ecke Jüteborgstraße erinnert: *„Am 28. Juli 1948 begann an dieser Stelle ein wesentlicher Abschnitt der Nachkriegsgeschichte der Berliner Polizei. Bei der Spaltung der Stadt wurde hier vorübergehend das Polizeipräsidium eingerichtet."* An jenem 28. Juni 1948, vier Tage nach dem Start der Luftbrücke, gab der neue, nun nur noch für Westberlin zuständige Polizeipräsident bekannt: *„Vom heutigen Tag an sind nur die vom Polizeipräsidium in der Friesenstraße und den ihm nachgeordneten Stellen getroffenen polizeilichen Entscheidungen und Anordnungen verbindlich."* Da donnerten bereits in Minutenabständen die Rosinenbomber über die Dächer der Friesenstraße, die nach der Sperrung der Landwege nach Berlin durch die Sowjetunion die westliche Hälfte der Stadt über die Luft bis zum 27. August 1949 versorgen mussten. Vor dem Flughaften Tempelhof ist den Rettern der Stadt mit der „Hungerharke" ein Luftbrückendenkmal gesetzt worden.

Tunnel in den Berliner Sand zu buddeln, ist offensichtlich eine Spezialität, die der Geschichte der Stadt einige Kapitel der besonderen Art beschert hat. Vereine haben sich inzwischen gebildet, die diese Unterwelten wieder entdecken, sie wieder beleben und staunenden Besuchern und Touristen oft das Gruseln und Erschauern mit Gänsehaut bescheren können.

Am bekanntesten sind Tunnel und ihre Geschichten, die mit dem Bau der Sperranlagen und Mauer verbunden sind, die am 13. August 1961 von der damaligen DDR mitten durch die Stadt gezogen wurden. Der erste Mauertunnel wurde im November 1961 gegraben, der letzte 1982. Nur 20 Prozent der Tunnelbauer waren erfolgreich. Sie haben über 300 Menschen die Flucht in den Westen der Stadt ermöglicht. Viele Tunnelprojekte sind gescheitert, manche endeten tragisch. Auch die Stasi war voller Tunnelspezialisten und trieb ein bitteres Katz und Maus Spiel mit Fluchthelfern und Fluchtwilligen.

Auf einem 1,4 Kilometer langen Grenzstreifen der ehemaligen Mauer ist heute entlang der Bernauer Straße die Gedenkstätte Berliner Mauer aufgebaut worden. Wenngleich einige der Mauerteile noch den originalen Zustand zeigen, hat das Gebiet kaum mehr Ähnlichkeiten mit der einstmals so trostlosen grauen Realität in dieser Gegend. Sieben Untertunnelungen gab es auf diesem kleinen innerstädtischen Abschnitt. Zwei erfolgreiche und spektakuläre Tunnel tragen geheimnisvoll nach der Zahl der durch sie geflüchteten Menschen die Nummern 29 und 57. Die Mauer an der Bernauer Straße war besonders absurd. Die Häuser gehörten zur Osthälfte von Berlin, der Bürgersteig vor ihnen war aber schon westliches Hoheitsgebiet. Fotos von Sprüngen aus den Fenstern auf den rettenden Bürgersteig gingen über die ganze Welt. Von den Tunnelgräben, die von den Kellern in Häusern der Bernauer Straße zu Kellern in Häusern der Schönholzer und Strelitzer Straße reichten, erfuhr zunächst keiner etwas, selbst nicht die Stasi oder die Volkspolizei.

Die kurze Geschichte des Tunnels 57 zeigt, wie Mut und List kurze Zeit die staatliche Macht mit Militär, Polizei und Geheimdienst überlisten können, um dann aber elend zu scheitern. 142 Meter war der Tunnel lang und 12 Meter tief. Im April 1964 beginnt Wolfgang Fuchs mit 32 Freunden die Buddelarbeiten, die am 2. Oktober beendet sind. 120 Namen stehen auf der Liste von Wolfgang Fuchs. Die Flüchtlinge werden durch Kuriere benachrichtigt, und die Aktion beginnt am 3. Oktober. In zwei Tagen kriechen 57 Flüchtlinge durch den engen Tunnel unter der Mauer nach Westberlin. Was Fuchs nicht weiß: Auch zwei inoffizielle Mitarbeiter der Stasi haben sich auf die Liste geschmuggelt. Sie sind abends am 3. Oktober an der Reihe. Am Einstieg angekommen sind sie nicht allein, Soldaten der Grenztruppen tauchen auf und dringen in den Tunnel ein. Die Fluchthelfer erkennen sofort die tödliche Situation und ziehen sich so schnell wie möglich zurück. Unter ihnen ist auch der Student Christian Zobel, bewaffnet mit einer Pistole. Um die Fluchthelfer zu decken, schießt er in Richtung Einstieg im Keller der Bernauer Straße 97. Der Soldat Egon Schulz wird an der Schulter getroffen und fällt zu Boden. Er steht wieder auf und wird nun tödlich durch den Schuss aus einer AK-47 eines hinter ihm stehenden Soldaten getroffen, der gerade eine Salve auf die fliehenden Fluchthelfer abgibt.

Die DDR wird am nächsten Tag in ihren Zeitungen die Version verbreiten lassen, Westberliner Terroristen hätten einen Grenzsoldaten erschossen. Die Lage im dunklen Tunnel war völlig unübersichtlich. Auch Christian Zobel muss das Gefühl haben, sein Schuss könne Egon Schulz tödlich getroffen haben. Diese Möglichkeit lastet auf ihm bis zum Ende seines Lebens. 1980 stirbt er, ohne dass der Fall aufgeklärt worden ist. Erst nach der Wende wird aus den Unterlagen des Ministeriums für Sicherheit klar, dass nicht sein Schuss tödlich war sondern der aus dem Gewehr des anderen Grenzsoldaten. Der Tunnel hat viel Geld gekostet, viel mehr als Studenten aufbringen können. Es kam von Medien und von Filmgesellschaften. Der größte Einzelbetrag von 60.000 DM kam von einer Personengruppe, die Gelder aus dem CDU-geführten Bundesministerium für gesamtdeutsche Fragen in das Fluchtunternehmen geschleust hatten. Als Gegenleistung hat das Ministerium über diese Gruppe Personen auf die Fluchtliste gesetzt, die als CDU-Sympathisanten in der DDR bekannt waren. Mit dem Tunnel 57 geht die unterirdische Fluchtgeschichte der Bernauer Straße zu Ende. Die DDR-Sicherheitskräfte treiben nun einen Tunnel diagonal in das Gebiet der Bernauer Straße. Sie durchschneiden auf diese Weise alle quer liegenden unterirdischen Verbindungen.

— HELDEN UNTER UND ÜBER DER ERDE —

BILD LINKE SEITE · Franz und Erich Sass bei der Arbeit
BILD OBEN · Die Brüder Sass, Ganoven aus dem Fotoalbum

— BERLIN, GESCHICHTE IN GESCHICHTEN —

BILD OBEN · Auf dem Weg zum Tresor
BILD RECHTE SEITE OBEN · Es ist vollbracht
BILD RECHTE SEITE · Zur Fahndung ausgeschrieben

— HELDEN UNTER UND ÜBER DER ERDE —

Eine geologische Kuriosität hat es in der Bernauer Straße möglich gemacht, Tunnel tief genug in die Erde zu treiben, ohne mit nassen Füße im Grundwasser abzusaufen, das im Berliner Sand bis dicht an die Erdoberfläche kriecht. Ausgerechnet an dieser Stelle der Mauer gibt es entlang einer leicht ansteigenden Anhöhe eine lehmige Sohle, die das Grundwasser tief nach unten drückt und auf diese Weise einen trockenen Tunnelbau ermöglichte. Man kann das auf der Gedenkstelle heute noch gut besichtigen. Denn auf dem Grenzstreifen stand als einziges Gebäude die ehemalige Oswald-Brauerei, von der DDR als Posten über und unter der Erde genutzt. Die Brauerei hatte ein großes unterirdisches Gewölbe. Neben dem Gewölbe und von diesem einsehbar liegt der Brauereibrunnen. Das alles ist heute freigelegt von Schutt und Geröll und kann besichtigt werden. Der Verein Berliner Unterwelten pflegt die Anlagen und veranstaltet Führungen. Auf dem historischen Schauplatz blickt man in die Finsternis des Brunnens. Da ahnt man, wie tief damals gegraben werden konnte, um unentdeckt von einem Berlin ins andere Berlin kommen zu können. Die hier abzweigende Straße heißt bezeichnenderweise Brunnenstraße. Die Nummer 141 war früher die Adresse der Brauerei und ist längst oben und unten vom tonnenschweren Schutt der Vergangenheit befreit. Das neue Berlin glänzt an gleicher Stelle jetzt über der ehemaligen Mauer und dem Stacheldraht. Eine moderne, etwas andere Fabrik ist entstanden, die Factory. In der Factory arbeiten erfolgreiche Startup-Unternehmen junger Menschen aus der IT-Branche. 45 Firmen sind zu zählen mit über 500 Arbeitsplätzen.

Tunnelgräber waren auch die Nazis, als sie mit ihrer Reichsanstalt für Luftschutz in die Friesenstraße zogen. Zwischen 1936 und 1938 buddelten sie auf dem Gelände Tunnel als Musteranlagen für den Luftschutz, da sie schon damals wussten, dass sie schon bald in ihren fürchterlichen Krieg ziehen würden. Weil 1946 Amerikaner in den Gebäuden wohnten, wurden die unterirdischen Anlagen nicht, wie sonst üblich, gesprengt. Die den Amerikanern folgende Polizei nutzte die mit Stahl ausgeschlagenen Tunnel als Schießstände. Die knallenden Geräusche da unten mussten gruselig gewesen sein. Tausende Einschlaglöcher sind heute zu besichtigen, wenn die Kriminaltour Berlin zu ihren Führungen in diese Unterwelt lädt.

Das Polizeimuseum gab es schon 1931, als Charlie Chaplin in Berlin weilt und dem Polizeipräsidium einen Besucht abstattet. Da ist der Fall der Brüder Sass noch nicht entschieden und Max Fabich wird von Chaplin sicher nicht befragt. Aber an den Besuch des Museums erinnerte sich Charlie Chaplin mit schauderndem Grausen: *„Ich war dankbar, als ich das Haus verlassen konnte,"* notierte er, nachdem er die *„Photographien von Ermordeten, Selbstmördern und menschlichen Entartungen und Abnormalitäten jeder erdenklichen Art"* erkundet hatte. Chaplin war zur Premiere seines Films CITY LIGHTS nach Berlin gekommen. Er ist ein Meister der psychologischen Dramaturgie, mit der er, durchaus ähnlich wie Bertolt Brecht, die dunklen Abgründe der Gesellschaft in den Spielstätten von Armut und Verbrechen ausleuchtet. Er ist aber auch ein großer Bewunderer der Berliner Polizei, von der er sich zu seinen Filmgeschichten inspirieren lässt. Die Geschichte von Franz und Erich Sass wäre für ihn eine hervorragende Filmgeschichte gewesen. Aber die Großen des Präsidiums reden mit ihm lieber über die Erfolge als über die nicht aufgeklärten Fälle.

Die Brüder Sass wären ein Chaplinthema gewesen. Der Komiker hätte lebhaft in einem solchen Film über die Wohnung der beiden Jungen erzählt, die 1904 und 1906 auf die Welt gekommen waren. Der Lohnschneider Andreas Sass und seine Frau, die Wäscherin Marie Sass hatten fünf Kinder. Die große Familie lebte auf 40 Quadratmetern im Hinterhof des Hauses Birkenstraße 57 in Moabit nahe am Kriminalgericht und dem angrenzenden riesigen Untersuchungsgefängnis. Es gab ständig kleinere und größere Delikte von Franz und Erich. Polizei und Fürsorge gehen als ständige Besucher in der Wohnung Sass ein und aus. Einbruch, das lernen die beiden Brüder sehr schnell, ist ein Handwerk, das gelernt sein will.

Chaplin hätte sich viel Mühe gegeben, hinter dem rauen Kern des Alltagslebens und der schroffen Sprache der Akteure die Achtung in der Familie und in der Nachbarschaft nachvollziehbar auszumalen, derer sich die beiden Jungen in zunehmendem Maße erfreuen dürfen, je perfekter sie ihr Handwerk zu beherrschen lernen. Er hätte gezeigt, wie der soziale Respekt mit den klaren Wertentscheidungen der beiden Ganoven korrespondiert: Nimm von keinem, der zu wenig hat und teile deine Beute mit denen, die sie genauso bitter brauchen wie du selbst. Chaplin hätte eine soziale Geschichte erzählt und nicht einfach die Figuren von Gelegenheitsverbrechern vorgeführt, die mit komischen Kunststücken das staunende Publikum zum Lächeln verführen konnten. Er hätte auch nicht einfach einen Krimi gedreht, an dem die Spannung reizt, wie am Ende der Täter zur Strecke gebracht wird. Er hätte in eine patriarchalische Welt geführt, in der die strengen Regeln auch ganz weit unten im Miljöh gelten. Er hätte gezeigt, wie da jemand zum Helden werden kann, der Kriminalität beherrscht und sein Standesbewusstsein offen zeigen kann, weil er einen klaren Ehrenkodex als soziale Verbindung zu seinen Bewunderern aufrecht erhält. Täter einer Legende konnten die Brüder Sass nur werden, weil sie ihren Verstand und ihr Können für solche Raubzüge gebrauchten, mit denen keine Menschen physisch oder psychisch geschädigt wurden. Wenn dabei Geld verschwand, so durfte man darüber hämisch lachen, solange es nicht das eigene war.

Franz und Erich Sass haben sich feiern und bewundern lassen, weil sie nichts zu verstecken hatten außer das erbeutete Geld.

Sie wurden von ihresgleichen angebetet, weil die Polizei keine Beweisstücke für eine Verurteilung fand. Für alle gab es das sichere Einverständnis, dass die Sass-Brüder gerissene Raubdiebe sind. Das wusste die Polizei, das wussten die Zeitungen, das wussten die Hinterhofbewohner in Moabit, im Wedding oder in Neukölln. Aber ihnen dennoch nicht richtig auf die Schliche gekommen zu sein, das wurmte die Einen, während es die Anderen stolz machte. So konnten Franz und Erich nach dem Raub in der Discontobank am Wittenbergplatz wie Operettenkönige bei Lutter&Wegner auftreten, Meister eines räuberischen Handwerks, vor dessen Effizienz sich keiner fürchten müsse, der es mit seinem wenigen Hab und Gut nie zu einem Schließfach oder Tresor bringen würde.

Die Geschichte der Brüder Sass wird in einem hervorragend geschriebenen Buch des Journalisten Ekkehard Schwerek erzählt. In ihm wird detailliert nachgezeichnet, wie die Öffentlichkeit mitzitterte, ob und wann es den Verbrechern an den Kragen ging. Ebenso spannend wird die Arbeit von Kriminalsekretär Max Fabich recherchiert, wie die beiden ihre Ermittler immer wieder in die Irre geführt und falsche Spuren gelegt haben. Bankdirektoren, Amtspersonen, Betrogene, Empörte, die kleinen Leute aus Moabit, Journalisten, Marktschreier werden lebendig in dieser Geschichte über die ungeordnete Zeit der 20er Jahre. Dieses Kaleidoskop der Menschen in dem aufwühlenden Fall Sass lässt verstehen, dass der Autor am Ende meint, es sei eigentlich schade, dass es heute nicht mehr diese „echten Gauner" gebe. Solche wie die beiden Sass sind wohl *„ausgestorben wie die Maikäfer, Plagegeister gewiss, aber eben auch Pläsier."*

Charlie Chaplin verließ die Stadt ohne Filmstory der Sass-Brüder. Die aber präsentierte 2001 der Regisseur Carlo Rola, mit den starken Schauspielern Jürgen Vogel und Ben Becker in den Rollen der Brüder und Henry Hübchen in der Gegenrolle des Max

Fabich. Es ist ein wunderbarer Film, der inzwischen selbst im Archiv, in einem Museum liegt. Die Charaktere der Geschichte sind nicht mit dem Spiel der Leinwandakteure identisch. Aber Schauspieler wie diese drei können blendend und einfühlsam ein Gefühl für die Charaktere derer schaffen, die sie spielen.

Der Kriminalsekretär Max Fabich wäre beinahe doch noch ein Polizeiheld geworden. Einem spektakulären Triumph ganz nahe, muss er dann doch wieder eingestehen, verloren zu haben, ein tragischer Held. In den Weihnachtstagen 1929 spielen sich auf dem Charlottenburger Luisenfriedhof in der Nacht seltsame Dinge ab. Wieder geht es unter die Erde. Zwei Männergestalten, in der Dunkelheit kaum zu erkennen, werden von Anwohnern beobachtet, die Polizei wird benachrichtigt. Fabich bekommt die Sache auf den Schreibtisch und denkt sofort an seinen Fall. Sein Gefühl sagt ihm fast sicher, jetzt kannst du endlich zuschlagen. Vor sich sieht er schon die Schlagzeilen, dass es ihm nicht nur gelingt, die Sass-Brüder auf frischer Tat geschnappt zu haben, er würde nun endlich auch gleich noch das Versteck für das Raubgut aus der Discontobank finden. Am nächsten Tag observiert er die Stelle auf dem Friedhof, präpariert seinen Einsatz für die kommende Nacht. Für Fabich ist klar, er hat den Einstieg ganz nach der Handschrift der Brüder gefunden. Jetzt heißt es nur noch Abwarten und Zuschlagen, am besten gleich in der nächsten Nacht. Tatsächlich kommen die beiden, als seien sie mit Fabich verabredet. Der hat seine Leute hinter der Remise am Friedhofseingang versteckt. Franz schleicht sich auf den Friedhof. Nichts verrät ihm die nahen Polizisten. Aber Franz wittert sie mit einem siebten Sinn in ihrem Versteck und entdeckt die Falle. Mit wenigen Sprüngen ist er über der Friedhofsmauer und verschwindet mit Erich im undurchdringlichen Dunkel der Nacht. Fabich ist mal wieder nur zweiter Sieger. Ihm bleibt nur, das bereits weit fortgeschrittene Loch in der Erde zu bewundern. Die Wände sind säuberlich mit Holz ausgeschlagen, der Einstieg unerkennbar getarnt. Aber das Loch ist leer.

Die Brüder fliehen vom Friedhof geradewegs in das Büro ihres Anwalts, wo nach zwei Stunden auch Fabich mit seinen Helfern eintrifft. Der Anwalt erdichtet den Brüdern ein so perfektes falsches Alibi, dass die Polizei unverrichteter Dinge wieder von dannen ziehen muss. Nicht einmal eine Untersuchungshaft wegen Verdunklungsgefahr kommt in Frage. Ab diesem nächtlichen Treffen werden die Brüder eine Zeitlang nicht mehr in Berlin gesehen. Sie verschwinden im nun wirklichen Untergrund der Stadt, weil ihnen die Luft zu heiß geworden ist und sie erkennen müssen, dass Max Fabich nicht locker lassen wird, wenn er erstmal heraus gefunden hat, welch falsches Alibi sie ihm aufgetischt haben.

Dann kommen die Nazis an die Macht und Fabich wird von ihnen kalt gestellt, nicht entlassen zwar, aber aus der Inspektion Raub in den Wachdienst abgeschoben. Franz und Erich Sass setzen sich aus Berlin ab, meiden die neuen Gauner. Sie siedeln nach Kopenhagen über. Dort versuchten sie das alte Spiel in neuer Umgebung. 1934 knacken sie den Tresor einer Zigarettenfabrik und kurze Zeit später den Tresor einer Bankfiliale. Beide Male sind sie erfolgreich. Zum Verhängnis wird ihnen etwas anderes. Sie werden wegen falscher Ausweispapiere erwischt. Man kommt ihren Raubzügen auf die Spur, kann ihnen die beiden Einbrüche anhängen. Sie wandern für vier Jahre ins dänische Gefängnis.

Nach der Verbüßung ihrer Strafe werden sie 1938 nach Deutschland abgeschoben. Max Fabich hat sich nicht mehr in das Verfahren der Gebrüder Sass eingemischt. Auch als Zeuge taucht er nicht mehr in den Akten auf. Wahrscheinlich ahnt er, welchen Weg seine beiden Gegenspieler vor sich haben. Dieser Weg ist mit seinem polizeilichen Ethos nicht mehr zu vereinbaren. Am 27. Januar 1940 wird über die Sass-Brüder das Urteil verhängt: 11 und 13 Jahre Zuchthaus. Zwei Monate später werden sie der Gestapo übergeben und von Berlin ins Konzentrationslager Sachsenhausen verschleppt. Dort wartet der spätere Auschwitzkommandant Rudolf Höss auf die Delinquenten und lässt sie aus kurzer Hand erschießen. In das Sterbebuch des zuständigen Standesamtes Oranienburg wird eingetragen: *„Auf Befehl des Führers erschossen."*

Nachtrag: Tunnelbauten für Raubzüge hat es in Berlin nach den Taten der Brüder Fritz und Erwin Sass immer wieder gegeben.

Am 6. November 1951 drangen mehrere Täter über einen Tunnel in die Eisenbahnverkehrskasse der Reichsbahndirektion Unter den Linden, Ecke Charlottenstraße ein und schweißten den Tresor auf.

Am 27. Juni 1995 gelangten vier Bankräuber nach monatelanger Grabung durch einen Tunnel in die Commerzbank-Filiale Schlachtensee. 16 Geiseln wurden genommen und mit der Polizei wurde mehrere Stunden verhandelt. In dieser Zeit wurden die Schließfächer geleert. Die Täter entkamen mit ihrer Beute durch den Tunnel.

Am 13. Januar 2013 steht die Polizei vor einem Rätsel. In dem stark gesicherten Tresorraum der Volksbank in Steglitz sind 300 von 600 Schließfächern aufgebrochen. Entdeckt wird ein 45 Meter langer Tunnel, der zu einer Tiefgarage auf der anderen Seite der Straße führt. Von den Tätern gibt es keine Spur.

UNTER STERNEN IM HEISSEN SOMMER

— UNTER STERNEN IM HEISSEN SOMMER —

Es ist ein schöner heißer Sommertag. Der Asphalt brennt in der Mittagszeit und lässt die Luft darüber flimmern. Die Schritte gehen nur noch sehr langsam. Eine seltene und unheimliche Ruhe liegt über der Stadt. Gleißend hell brennt die Sonne, die Horizonte strecken sich weit in den blauen Himmel. Wem es möglich ist, packt ein paar Sachen und flieht ins Grüne, in die stadtnahen Wälder, an die Seen. Erst dort wieder tiefes Aufatmen. Das Leben erwacht hinter dem Horizont, gebettet in der Natur im Hier und Jetzt.

Es gibt eine Alternative, Schatten und Erholung zu finden. So paradox es ist, birgt gerade die Hitze geplagte Stadt weitläufige Quartiere für schattige und unterhaltsame Spaziergänge. In ihnen an solchen Tagen zu verweilen, löst den Stress und weitet die Lust, auf Spuren zu wandeln, die zu den merkwürdigen Behausungen des menschlichen Geistes führen. Nicht jedes Stadtviertel ist dazu gleichermaßen geeignet, hat entweder von dem einen zu viel oder vom anderen zu wenig. Eigentlich bleiben die üblichen touristischen Trampelpfade an einem solchen Tag außer Betracht. Wen treibt es schon in das Epizentrum der erbarmungslosen Hitzewärme in die Friedrichstraße zum Verweilen! Von ihrem Bahnhof fahren gleich zwei S-Bahnzüge über die verschiedenen Trassenlinien raus an den Wannsee. Im Zehnminutentakt sind sie dann der Adriaexpress von Berlin.

Steigt man in den kühlen Keller des Bahnhofs, gelangt man zur unterirdischen Wannseebahn der S 1. Im Getümmel auf dem engen Bahnsteig überwiegen die angestrengten, aber auch freudigen Gesichter der Badefreunde. Die kühle Tunnelluft liegt auf der erhitzten Haut und presst erbarmungslos den Schweiß aus den Poren. Was für eine bunte Mischung der Bekleidungen es an solchen Tagen gibt! Nun drängen sie dicht beieinander sitzend und stehend in die Bahn. Einige Kilometer lang fährt sie innerstädtisch noch unter der Erde, geschützt von der Sonne. Sämtliche

Oberlichter sind geöffnet. Der Fahrtwind ist zugig kühl. Aber die Wagen sind fahrende Backöfen, glühen noch im dunklen Tunnel zwischen den kühlen Steinen. Hält der Zug auf den Bahnhöfen, steht die Luft postwendend, schlägt das zugige Binnenklima in Sekunden in stehende schwüle Hitze um. Ausweichen und Bewegen ist unmöglich. Der Zug ist rappelvoll. Es wird geduldig geschwitzt wie in der Sauna. Für die meisten gibt es nur ein Ziel: raus aus der Stadt, dem Wannsee entgegen.

Bald schon taucht die Bahn aus der Tiefe ins helle Sonnenlicht. Die Stadt gleitet ebenerdig Straße für Straße vorbei. Nach zwei Stationen erreicht man den Bahnhof Friedenau. Nur wenige steigen aus. Dabei beginnt hier eine Oase der innerstädtischen Sommerfrische. Vom Bahnhof bis zum Friedrich-Wilhelm-Platz an der Bundesallee reicht dieses Schatten spendende Viertel mit seinen unzähligen Geschichten hinter den Gärten, Mauern und Fenstern seiner Häuser. Der Zug fährt weiter, gefüllt mit den vielen Menschen, die mit sich und gemeinsam gegen die tropische Wärme kämpfen, um die weitere Fahrt zu überstehen, ihrem Naturparadies entgegen, das sie mit den Vielen aus der Stadt teilen werden, die es in die S-Bahnen getrieben hat.

Zugegeben, auch in Friedenau ist es an einem solchen Sommertag in den Mittagsstunden erbarmungslos heiß. Eine Klimaanlage für Stadtteile gibt es noch nicht. Auch hier sind die Straßen wie ausgestorben, scheint die Zeit zu dämmern. Aber es geht sich leichter unter prächtigen alten Straßenbäumen. Die grünen Kronen scheinen sich für die Spaziergänger noch weiter gespannt und aneinander gelehnt zu haben. Die Häuserzeilen liegen zurück genommen meistens hinter gepflegten Vorgärten, zur Straße mit hohen, oft kunstvollen Eisengittern gezäunt. Unter den Bäumen, im Schatten der Häuser und umgeben von Büschen und Blumen geht es sich angemehm, und die Sinne beginnen ihr Zwiegespräch mit den Steinen und Namen, die nun zu den

Begleitern in der müßiggängerischen Ruhe zu erzählen beginnen. Die Augen wandern hinauf an den Häusern, lesen die Namen der Straßen. Die Ohren hören das Rascheln in den Bäumen und die zwitschernden Vögel. Aus den Gärten strömt der Duft vom Sommerflieder, von Rosen und anderen Blumen. Eine wohltuende Entdeckungsreise beginnt. Prunkbauten gibt es keine, und es gibt nichts Spektakuläres zu besichtigen. Der Stadtteil hat es kaum in die Touristenführer geschafft. Die Straßen verströmen gediegene Harmonien zwischen den individuell gestalteten Häusern. Er lässt den Besucher an einem hellen warmen Sommertag eintauchen in eine dem Scheine nach heile Welt des gehobenen Bürgertums, das seine Sorgfalt den vielen Details widmet, mit denen die Grundstücke gesegnet sind. Die Pflege des Eigenen, verbunden mit den Gaben der Natur vermitteln das Gefühl, hier wohnen Menschen, die sich zu Hause fühlen.

Friedenau ist in der Fläche ein kleiner Stadtteil im Bezirk Tempelhof-Schöneberg. Wie eine kleine Stadt durchzieht ihn eine breite Hauptstraße, an der auch das Rathaus mit dem markanten Turm liegt. Seine äußeren Grenzen sind Dämme aus Bahn, Stadtautobahn und die Bundesallee. Vom schäbigen Innsbrucker Platz bis zum Bundesplatz sind es in nord-südlicher Richtung kaum zwei Kilometer, und wer von Ost nach West läuft, hat einen noch kürzeren Weg. Doch was für Geschichten bergen die Straßen dieses Viertels! Es wird vor der anmutig Schönen eher verschwiegen, dass in der Fregestraße 76 der Nazipropagandaminister Joseph Goebbels lebte. In diesem Haus schrieb er seine Rede für den einst nicht weit entfernt gelegenen Sportpalast, in dem er am 18. Februar 1943 mit heiser schreiender Stimme das deutsche Volk zum „Totalen Krieg" aufrief. Zur gleichen Zeit gründete Edith Wolff wenige Häuser weiter in der Bundesallee 79 mit untergetauchten jüdischen Freunden die Widerstandsgruppe Chug Chaluzi. Erika von Brocksdorff versteckte in ihrer

Wohnung Wilhelmshöher Straße 17 in einem Koffer die Funkzentrale der Widerstandsgruppe, zu der auch Hans Coppi und Adam Kuckhoff gehörten. Sie wurden erwischt. Mit der jungen von Brocksdorff wurden am 13. Mai 1943 weitere 13 Widerstandskämpfer ohne Prozess hingerichtet. Ein paar Häuser weiter: Die Gebäude Wilhelmshöher Straße 17 – 20 wurden als sogenannte Einküchenhäuser errichtet. Das war ein Konzept der Sozialdemokratin Lilly Braun, die sich seit 1900 sehr praktisch für die Frauenemanzipation engagiert und energisch eine Wohnungsreform mit Gemeinschaftseinrichtungen für verschiedene Familien und Singles quer durch die Generationen vertreten hatte. Die Friedenauer Häuser wurden im Volksmund Zentralküchenhäuser genannt. Der wunderbare weitläufige Platz vor dem ehemaligen Friedenauer Gymnasium, der heutigen Friedrich-Bergius-Sekundarschule, wurde nach dem Juristen Friedrich Justus Perels benannt. Er war Justiziar der Bekennenden Kirche in Berlin, wurde im Herbst 1944 im Zusammenhang mit dem 20. Juli von der Gestapo verhaftet und kurz vor Kriegsende am 23. April 1945 im Tiergarten erschossen. Am Bekanntesten dürfte in Friedenau der Grabstein von Marlene Dietrich sein. Sie wurde begraben auf dem kleinen, mit herrlichen Bäumen und imposanten Grabmälern ausgestatteten Friedhof an der Stubenrauchstraße. Andere Prominente sind ihre Nachbarn: Der Fotograf Helmut Newton und der Komponist Ferrucci Busoni. Eine große berühmte Friedenauer Frau war auch die Dada-Künstlerin Hannah Höch. Ihre Wohnung lag im sogenannten Malerviertel östlich der S-Bahn, in der Rubensstraße 66, nahe am Dürerplatz.

1915 verliebte sich die damals 26jährige Hannah Höch in den Künstler Raoul Hausmann, mit dem sie sieben Jahre zusammen lebte. Beide entwickelten die Fotomontage für die grafische Kunst und fanden Anschluss im dadaistischen Zirkel, den es in Berlin gab. Dada – das klang damals so: *„Dada: das ist die voll-*

endete gütige Bosheit, neben der exakten Photographie die einzig berechtigte bildliche Mitteilungsform und Balance im gemeinsamen Erleben - jeder, der in sich seine eigenste Tendenz zur Erlösung bringt, ist Dadaist. In Dada werden Sie Ihren wirklichen Zustand erkennen: wunderbare Konstellationen in wirklichen Materialien, Draht, Glas, Pappe, Stoff, Papier sind miteinander so verbunden wie Sie ihre eigene, geradezu vollendete Brüchigkeit und Ausgebeultheit empfinden. Sie haben eine Botschaft: Wir schaffen eine Kunst, mit der wir zum ersten Mal die nackte Existenz zeigen. Es gibt keinerlei Verdrängungen und Angstobstinationen. Wir haben uns weit entfernt von der Symbolik, dem Totemismus; elektrisches Klavier, Gasangriffe, hergestellte Beziehungen, Brüllende in Lazaretten, denen wir erst durch unsere wunderbaren widerspruchsvollen Organismen zu irgendeiner Berechtigung, drehender Mittelachse, Grund zum Stehen oder Fallen verhelfen." (Raoul Hausmann, 1. Dadamesse, Berlin 1920).

Man kann sich nur schwer vorstellen, wie in einem so bürgerlich einfachen Haus derartig überspannte Vorstellungen zum Lebensernst geworden sind. Leichter kann man sich vorstellen, dass Hannah Höch nach der Zeit mit Raoul Hausmann die niederländische Schriftstellerin Til Brugmann zur Geliebten nahm. Die beiden hatten sich 1926 bei Kurt und Helma Schwitters kennen gelernt, den Dada-Päpsten jener Zeit. Es gibt ein gemeinsames Buch mit Grotesken von Til und Illustrationen von Hannah unter dem Titel SCHEINGEHACKTES. Nico, der Wirt im Haus der Hannah Höch, lächelt, wenn man ihn nach Scheingehacktem fragt. Man ist nicht der erste mit einer so komischen Frage. Sein Espresso ist vorzüglich. Auch an die vielen kleinen Erfrischungsmöglichkeiten haben die Friedenauer gedacht, als sie begannen, ihre Stadt zu bauen. Ein Feld für die Avantgarde zu schaffen, war sicher nicht die Absicht des aus Holstein stammenden Kaufmanns und Großgrundbesitzers Johann Anton Wilhelm von Carstenn, der 1865 die Gemarkungen des Dorfes Friedenau vor den Toren Berlins erwarb in der weisen und berechnenden Weitsicht, dass schon bald die Stadt über seinen Grund expandieren würde. Nach englischem Vorbild wollte er eine Landhauskolonie bauen lassen mit einem symmetrischen Straßennetz. Das Straßennetz gliedert heute noch Friedenau. Die Käufer der Grundstücke mussten sich verpflichten, individuell gestaltete Villen oder Landhäuser zur Eigennutzung zu bauen. Nach dem Krieg mit Frankreich ging es 1871 richtig los. Es wurden reihenweise schmucke Einfamilienhäuser gebaut, die meistens jedoch schnell wieder eingerissen wurden. Berlin brauchte Wohnraum, sehr viele Wohnungen. Die Auflagen wurden gelockert, und schnell begriffen die Grundstückseigentümer, dass große Mietshäuser viel ertragreicher wurden. 1912 wohnten in Friedenau bereits 43.000 Menschen in einem etwa gleichen Baubestand, in dem heute nur noch 28.000 Menschen zu Hause sind. Die Kriegsschäden haben sich in Grenzen gehalten. Nur vereinzelt mussten alte Häuser abgerissen werden, welche man durch schmucklose Neubauten ersetzte.

Wer wissen will, wie große Teile Berlins zu Beginn des 20. Jahrhunderts aussahen, sollte durch Friedenau laufen. Allerdings waren damals mehr Menschen auf den Straßen als heute an einem heißen Sommertag. Die Häuser haben, anders als in den Berliner Innenstadtbezirken, keine Hinterhöfe, sind luftiger und individueller gebaut. Fast alle haben Vordergärten und grüne Höfe mit hohen Bäumen nach hinten. Es gab fast einen Glaubenskampf, ob man Häuser ziegeln oder verputzen solle. Einträchtig stehen Repräsentanten beider ästhetischer Vorlieben nebeneinander. Die Eigentümer wurden als Rohbauer oder als Putzbauer bezeichnet. Die meistens vier- bis fünfstöckigen Häuser waren gut ausgestattet, hatten schon große Bäder und Toiletten in den Wohnungen und hatten, damals etwas sehr Modernes und Kostspieliges: Aufzüge. Geradezu idealtypisch findet man in den großen Wohnungen das „Berliner Zimmer". Es ist ein großer Raum mit einem Fenster auf den Hof oder in den Garten, der als Durchgang die repräsentativen Räum des Vorderhauses zur Straßenfront mit dem nach hinten abbiegenden schmaleren Seitenflügeln verbindet, die vor allem für sanitäre Anlagen, kleine Räume für das Hauspersonal und die Küche genutzt wurden und zu einem eigenen, bescheidenen Treppenhaus führten, das dem Dienstpersonal vorbehalten war. Wegen seiner Größe nutzte man das Berliner Zimmer als Empfangs- und Aufenthaltsraum vorwiegend zu repräsentativen Zwecken. Seine Bedeutung hatte als Erster der zuständige Stadtplaner Karl Friedrich Schinkel festgelegt und hatte dazu seinen Architektenkollegen einschlägige Erlasse für die Bauordnung in die Pflichtenhefte geschrieben. Aber erst 1920 wurde Friedenau auch politisch in das neue Groß-Berlin eingemeindet.

Nach dem Ersten Weltkrieg wurde Berlin eine arme Stadt. Der prunkvolle großbürgerliche Baustil fand abrupt sein Ende, auch weil inzwischen andere ästhetische und funktionale Philosophien heran gewachsen waren, die im WERKBUND und später im BAUHAUS ausschlaggebend wurden. In dieser Zeit baute die Stadt Berlin eine ihrer schönsten Siedlungen in Berlin-Friedenau, die Ceciliengärten. Errichtet wurden sie zwischen 1922 und 1927. Im lang gestreckten Innenpark sprudelt aus einem Brunnen eine hohe Fontäne. Auf den reich gegliederten Rasenflächen stehen Skulpturen. Bänke laden zum Plaudern unter Nachbarn ein. Die Siedlungshäuser schmücken zurückhaltende Verzierungen der Fassaden im Art Déco-Stil. Der mächtige Atelierturm wacht am Eingang im Süden über die Bewohner und ihre Häuser. Sorgfältig sind die Baumaterialien ausgewählt und erzeugen den Eindruck des Wohnens in der Weite einer kunstvoll gestalteten Natur, die dem Besucher wie ein Freilichtmuseum erscheinen mag. Wegen der herrlichen Bepflanzungen der Gärten ist die Siedlung heute ein geschütztes Gartenbaudenkmal.

— BERLIN, GESCHICHTE IN GESCHICHTEN —

— UNTER STERNEN IM HEISSEN SOMMER —

BILD LINKE SEITE OBEN · Das Kautsky-Haus in der Saarstraße
BILD LINKE SEITE UNTEN · Nachbarhaus von Rosa Luxemburg in der Wielandstraße
BILD OBEN · In den Ceciliengärten

Wer über die Autobahn in Richtung Zehlendorf und Charlottenburg nach Berlin fährt, den begrüßt am Zehlendorfer Kleeblatt an der Stadtgrenze die freundliche Plastik eines Berliner Bären. Die Skulptur ist das Werk von Renée Sintenis, einer großen Bildhauerin, die lange Zeit in Friedenau wohnte. Kostbarer noch sind die dem Autobahnbär nachempfundenen Goldenen Bären der Filmfestspiele Berlinale von Renée Sintenis. Nach ihr ist ein kleiner kreisrunder Park zwischen den Achsen Handjerystraße und Schmargendorfer Straße benannt. Unter hohen Bäumen lässt es sich hier gut ausruhen, und man kann die Bilder an den Augen vorbei ziehen lassen, die der Spaziergang von Häusern großer Künstler, Politiker, Wissenschaftler und Schriftsteller hinterlassen hat. Denn Friedenau, eine kleine Stadt in einer großen, kann sich vieler berühmter Namen aus der Vergangenheit rühmen.

Gleich neben dem Platz in der Stubenrauchstraße 47 wohnte Harry Frommermann. Am 18. Dezember 1927 sucht er im Berliner Lokal-Anzeiger nach sangesfreudigen Männern. Es melden sich fast 100 Männer, nicht unbedingt mit ausgeprägten musikalischen Talenten ausgestattet. Doch da steht auf einmal Robert Biberti in der Mansardentür. Sein Auftreten, sein Charme, seine Stimme lassen die Wände des Treppenhauses vibrieren. Er wird von Frommermann sofort begeistert aufgenommen. Was für ein außergewöhnlicher Bass! Und wie er mit seiner Stimme spielen kann! Robert Biberti teilt Harrys Begeisterung für die Revellers, den Spaß, unterhaltsame Lyrik zu singen. In der Mansarde wird hart geprobt. Geld muss durch Chorsingen in den Höfen und auf den Straßen verdient werden. Dann kommt der große Durchbruch. *„Veronika, der Lenz ist da, die Mädchen singen Tralala, die ganze Welt ist wie verhext, Veronika, der Spargel wächst, ach du Veronika, die Welt ist grün, drum lass uns in die Wälder ziehn."* So trällerte das Sextett am 28. September 1928 eine Varieté-Einlage im Großen Schauspielhaus. Für jeden gab es 20 Mark Gage.

Die Comedian Harmonists waren geboren. Eine riesige Karriere stand ihnen bis zur Nazizeit ins Haus. Drei der sechs jungen Sänger waren Juden. Ab dem 1. Mai 1934 gab es Aufführungsverbot. Die jüdischen Mitglieder Frommermann, Collin und Cykowski emigrierten.

Angesichts der gutbürgerlichen Prägung mag es verwundern, dass einer der erinnerungsreichsten Wege durch die Geschichte der Sozialisten und Sozialdemokraten durch Friedenau führt. Das Proletariat wohnte nicht in diesem Stadtteil. Es gab keine Fabriken, kaum Gewerbebetriebe. Und doch ist die Liste der Namen lang, die sich dem Klassenkampf und den sozialen Problemen lebenslang gewidmet hatten, um die Folgen der Aufteilung von Kapital und Arbeit zu mindern oder gar aufzuheben. Die Taschenuhr von August Bebel, die voller Stolz von jedem Vorsitzenden der SPD weiter getragen wird, tickte schon in Friedenau. Der Handwerker August Bebel war ein hoch gebildeter Mann, der 1890 aus dem sächsischen Leipzig nach Berlin, ab 1903 an den Innsbrucker Platz in die Hauptstraße 97 gezogen war, wo er bis kurz vor seinem Tod 1913 lebte. Er zog den bürgerlichen Berliner Westen vor, weil man dort besser als irgendwo in Leipzig wohnen könne, wie er an Wilhelm Liebknechts Frau Nathalie schrieb.

Mag sein, dass ihm auch seine Nachbarin Nathalie in Leipzig großen Eindruck gemacht hatte, als er seinen Bestseller DIE FRAU UND DER SOZIALISMUS geschrieben hatte. Die Liebknechts und Bebel waren enge Freunde, politische Gestalter der frühen Sozialdemokratie. Gemeinsam waren sie im ersten Vorstand der Sozialdemokratischen Arbeiterpartei. Mehr noch als all seine Genossen hat Bebel früh und energisch darauf gedrungen, Frauen vollständig gleichberechtigt wie die Männer in das öffentliche, wirtschaftliche und politische Leben zu integrieren. Bebel sorgte dafür, dass dieser Grundsatz in der Partei lebendig blieb. 1890 wurde das Sozialistengesetz im Deutschen Reich aufgelöst, die Partei konnte sich wieder legal und öffentlich organisieren. Das erste SPD-Programm der neuen Zeit wurde in Friedenau geschrieben. Auch in diesem sogenannten Erfurter Programm von 1891 spielten Bebels Grundsätze der Frauenemanzipation eine wichtige Rolle. Das umfangreiche und klassenkämpferische Parteiprogramm hatte August Bebel gemeinsam mit Karl Kautsky ausgearbeitet. Der wohnte ebenfalls in Friedenau, fast nebenan in der Saarstraße, später in der Wielandstraße. Gleich im Nachbarhaus in der Wielandstraße 23, vorher in der Cranachstraße 56, wohnte die große Sozialistin Rosa Luxemburg. Sie laufen über die gleichen Straßen, kaufen in den gleichen Läden ein, kennen die gleichen Gaststätten, treffen sich sonntags beim Kuchen von Luise Kautsky. Bebel hat starke Bilder im Kopf, wenn er an seine Nachbarinnen Rosa und Luise denkt. Er ist sich sicher, der Sozialismus kann nur mit der umfassenden Emanzipation der Frauen voran gebracht werden.

Die Kautskys waren 1890 nach Friedenau gezogen. Nach dem Umzug aus der Saarstraße in das Eckhaus Wielandstraße/Wilhelm-Hauff-Straße leben sie in einer großen bürgerlichen Wohnung. Karl Kautsky ist ein etwas verschlossener, ständig in Büchern vertiefter Mensch. Er muss viel Schreiben, um sich finanziell über Wasser halten zu können. Ein Volkstribun ist er nicht. Aber er wird zur Autorität der Parteibegriffe, wächst in die Rolle des Cheftheoretikers der Sozialdemokratie. Sein Medium ist die Zeitschrift NEUE ZEIT. Er selbst übt keine Parteiämter als Funktionär aus. Aber es gibt ab 1891 kein Parteiprogramm, das nicht maßgeblich über seinen Schreibtisch läuft, der im bürgerlichen ruhigen Friedenau steht. In zweiter Ehe heiratet er die gebürtige Luise Ronsperger. Mit ihr bekommt er in Friedenau drei Söhne. Die Wohnung ist groß genug für die Familie, für die Treffen mit den Freunden und für die Zentrale der ideologischen Parteiarbeit. Luise ist auch seine Sekretärin. Sie wird als eine überaus kommunikative Frau von Freunden und Nachbarn in der Friedenauer Umgebung wahrgenommen. So liegt es nahe, dass sie ein besonders inniges Verhältnis mit Rosa Luxemburg entwickelt, die noch ein paar Straßen entfernt wohnt. Aber in der Nachbarschaft gibt es unter den Genossen nicht nur Freundschaft. Karl bekämpft als marxistischer Theoretiker publizistisch heftig seinen Parteigenossen Eduard Bernstein, dem er „Revisionismus" vorwirft. Revisionismus wird einer der nachhaltigsten Kautsky-Begriffe. Räumlich trennt sie nicht viel. Eduard Bernstein wohnt nur paar Schritte von den Kautskys entfernt auch in Friedenau.

Seine gesamten 82 Lebensjahre verbringt der 1850 geborene Bernstein in Schöneberg und Friedenau. Auf dem Friedenauer Friedhof Eisackstraße liegt er begraben. Auch er wird ein berühmter Sozialdemokrat. 1891 arbeitet er noch eng zusammen mit Kautsky am Erfurter Programm. Entsprechen die Lebensverhältnisse in der Arbeiterklasse 1891 aber wirklich den Beschreibungen in der Partei und sind die Therapievorschläge des Programms wirklich dazu angetan, ein besseres Leben in der Demokratie herbei zu führen? Bernstein bekommt immer mehr Zweifel. Die Wege der beiden großen Parteitheoretiker trennen sich. Fraktionierungen, Teilungen, persönliche Fehden ziehen sich durch die Parteiorganisation. Bebel und Bernstein begegnen sich in dem ruhigen Friedenau immer kühler. Deutlich unterschiedlich werden die demokratischen Grundsätze ausgelegt, wie die Bolschewisierung in Russland einzuschätzen ist. Die Unterschiede, welche Rolle das Proletariat als künftig herrschende Klasse spielen soll, können wie im Brennglas in dem kleinen Kosmos der Sozialisten von Friedenau studiert werden.

Unter den Bäumen auf dem Sintenisplatz an einem heißen Sommertag erscheint das alles weicher und abgehobener als es seiner Zeit wirklich gewesen ist. Mit müdem Lächeln schauen die prächtigen Häuser auf ihre einstigen Bewohner, und in den Blättern der Bäume zwitschern die Vögel, als sei es müßig, zu lange dabei zu verweilen, was die Sozialisten damals an gleicher Stelle umtrieb.

Eduard Bernstein ist kein Freund von Rosa Luxemburg. Frauen müssen sich seinem Weltbild nach nicht in den Vordergrund drängen, wie sie es tut. Er mag die Frau aus dem Osten nicht, die seiner Meinung nach von Massenbewegungen träumt, ohne die Wünsche der Massen richtig zu kennen. Rosa setzt auf die Organisation der Arbeiter, um die Putsche von militaristischen Minderheiten zu verhindern. Die Verfolgungen der russischen Geheimpolizei in Warschau sitzen ihr tief in den Knochen und auch in Deutschland will sie auf keinen Fall eine Diktatur im Namen des Proletariats. Sie hat Lenin kennen gelernt und misstraut seinen revolutionären Strategien zutiefst. Sie setzt auf Generalstreiks und auf die Barrikaden der Massen. Die ehrgeizige, rhetorisch blendend begabte und in ihrer Schönheit stark ausstrahlende Frau wirkt als Dozentin an der Reichsparteischule der SPD in der Lindenstraße 3. Um die deutsche Staatsbürgerschaft zu erhalten, geht sie 1898 eine Scheinehe mit Gustav Lübeck ein, lebt aber nicht mit ihm zusammen.

Als sie 1899 in die Wielandstraße 23 neben die Kautskys zieht, ist sie eine der ersten Frauen, die in Berlin eigenständig einen Mietvertrag abschließt. Viele rümpfen die Nase, wenn die selbstbewusste Frau mit dem breiten Hut durch ihr Viertel läuft. So ein öffentliches Auftreten einer so bürgerlich aussehenden schönen Dame ist vielen Friedenauern nicht geheuer. Manchmal wird man Zeuge, wie Luise Kautsky und Rosa Luxemburg spätabends singend durch die Friedenauer Straßen ziehen. Sie sind herzliche und innige Freundinnen. Distanzierter gegenüber Rosa bleibt Karl Kautsky. Er steht Rosa Luxemburg theoretisch zwar sehr nahe, will sie aber als ebenbürtige Ideologin und Wissenschaftlerin nicht unbedingt auf Augenhöhe anerkennen. In letzter Instanz entscheiden auch nach Kautskys Weltbild die Männer in der Partei. Aber auch Luxemburgs Kurs wird Kautsky immer weniger als Autorität akzeptieren. Der Bruch wird unvermeidbar. Die Spaltung der Partei in der Folge des 1. Weltkriegs wird Karl Kautsky Rosa Luxemburg nicht verzeihen. Die Frauenfreundschaft zwischen Luise und Rosa hält bis zum grausamen Tod von Rosa Luxemburg. Sie hat tiefere Wurzeln als die Dogmen in der Parteigeschichte.

Mit wenigen anderen Abgeordneten stimmt Luxemburg gemeinsam mit Karl Liebknecht, einem Sohn von Bebels Freund Wilhelm Liebknecht aus Leipzig, im Reichstag gegen die Kriegskredite, die der Kaiser fordert. Sie folgt der Linie, die sie mit den französischen Sozialisten abgesprochen hatte, dass einer möglichen Mobilisierung in den beiden Ländern mit einer breiten Bewegung durch Generalstreiks entgegen zu treten sei. Diese Haltung wird mit der offiziellen Sozialdemokratie, die einen Burgfrieden mit der Regierung über den Eintritt in den Krieg abschließt, zunehmend unvereinbar. In Frankfurt am Main ruft sie Hunderttausende zur Kriegsdienst- und Befehlsverweigerung auf. *„Wenn uns zugemutet wird, die Mordwaffen gegen unsere französischen oder andere ausländische Brüder zu erheben, so erklären wir: ‚Nein, das tun wir nicht!'"*, ruft sie in die Menge. Die Reaktion der kaiserlichen Macht bleibt nicht aus. Von der Staatsanwaltschaft wird sie wegen *„Aufforderung zum Ungehorsam gegen Gesetze und Anordnungen der Obrigkeit"* angeklagt und 1914 zu einem Jahr Gefängnis verurteilt. Die Unterstützung von Seiten der sozialdemokratischen Genossen hält sich in Grenzen. Für viele bleiben Franzosen trotz aller Internationalität Erzfeinde.

Eingesperrt wird sie im Frauengefängnis in Friedrichshain, Barnimer Straße. Die Briefe aus dieser Zeit werden später von Luise Kautsky herausgegeben und veröffentlicht. Der Burgfrieden der SPD mit der Reichspolitik des Krieges wird Luxemburgs schweres Trauma. Ihre Versuche, die Partei zum Umdenken zu bewegen, scheitern. Nach der Entlassung aus Friedrichshain wird sie für drei Jahre unter „Sicherungsverwahrung" erneut ins Gefängnis in Breslau gesteckt.

Die Oktoberrevolution 1917 in Russland begrüßt sie, warnt aber vor Lenins politischer und diktatorischer Strategie. In dieser Umbruchzeit entsteht ihr berühmter Satz: *„Freiheit ist immer Freiheit des Andersdenkenden."* Mit Karl Liebknecht gründet sie den „Spartakusbund" und hofft auf die Wirksamkeit eines großen politischen Streiks der Arbeiter, eine Illusion, wie sich bald herausstellen wird. Das neue Kampfblatt heißt nun DIE ROTE FAHNE. Aufrufe für die Ausrufung einer Räterepublik werden von Liebknecht und Luxemburg im Bierkeller der Bötzowbrauerei im Prenzlauer Berg geschrieben. Mit ihrer neuen Zeitung kämpft sie nun auch offen gegen die Sozialdemokratie. Am 1. Januar 1919 gründen Liebknecht und Luxemburg mit ihren Spartakisten die Kommunistische Partei Deutschland, Rosa Luxemburg schreibt das Parteiprogramm. Doch der eingeleitete Volksaufstand scheitert. Freikorps marodierender Soldaten durchziehen auch unter Duldung der Sozialdemokraten die Stadt.

Es gibt für die Freikorps, die als Bürgerwehr auftreten, „Steckbriefe" für gesuchte Revolutionäre, auch für Luxemburg und Liebknecht. Am 15. Januar 1919 werden beide in der Mannheimer Straße 27 in Wilmersdorf fest genommen, ins Eden-Hotel verschleppt und schwer misshandelt. Das Kommando führte Waldemar Pabst. Dann werden sie an den Ausgang des Hotels getrieben, wo der Soldat Otto Wilhelm Runge auf sie wartet. Er schlägt Rosa Luxemburg mit dem Kolben seines Gewehrs bewusstlos. Die beiden Opfer werden auf ein Lastauto geworfen, auf dessen Trittbrett der Leutnant Hermann Souchon springt und beide mit einem aufgesetzten Schläfenschuss erschießt. Ihre Leichen werden in den Landwehrkanal geworfen.

Dieser verhängnisvollste Abschnitt in der Geschichte der Sozialisten in Deutschland hatte Nachwirkungen bis zum Erstarken der Nationalsozialisten. Doch den Gewinn der Macht durch die Nazis mussten die einstigen Weggefährten von Rosa Luxemburg in Friedenau nicht mehr erleben. Die Täter: Pabst ist aktiv im rechten Kapp-Putsch, geht als Austrofaschist nach Österreich, kehrt rechtzeitig als Berater zu Hitler nach Berlin zurück, nunmehr Direktor bei Rheinmetall. Hitler beruft ihn in seinen Stab auf den Obersalzberg.

Nach dem Krieg mischt er in der Schweiz im Waffenhandel mit, kehrt mit gleicher Berufung 1955 nach Deutschland zurück, wo er unbehelligt bis 1970 in Düsseldorf lebt. In einem bundesamtlichen Bulletin vom 8. Februar 1962 wird die Ermordung als *„standrechtliche Erschießung"* bezeichnet mit der Begründung, Deutschland habe nur auf diese Weise *„vor dem Kommunismus gerettet"* werden können. Das Standrecht stammt aus dem Militärrecht und geht davon aus, dass ein ordentliches Verfahren aus Mangel an Zeit oder Gelegenheit nicht möglich ist, und dass in einem „Kurzen Prozess" ein abschreckendes Beispiel für andere gesetzt wird.

Hermann Souchon wird im Prozess über die Morde nur als Zeuge geführt. Er flieht 1920 nach Finnland und wird dort Bankkaufmann. Unter Hitler kehrt er nach Deutschland zurück und wird Oberst in der Luftwaffe. Nach einer ARD-Dokumentation von Dieter Ertel wird zwar ein Prozess gegen Souchon gestartet, aber es gelingt seinem Anwalt, beim Gericht ein Urteil gegen den produzierenden Süddeutschen Rundfunk zu erwirken, nach dem der Sender die Behauptung zu widerrufen habe, Souchon habe die beiden erschossen. 1982 verstirbt er als angesehener Offizier.

Und die Nachbarn, die Friedenauer Sozialisten? August Bebel war schon 1913 gestorben, am Ende gesundheitlich schwer angeschlagen und mit schwindendem innerparteilichen Einfluss. Er war die Lichtgestalt der Sozialdemokratie gewesen, vielleicht weil er ihre bittere Spaltung nicht mehr mittragen oder ertragen musste. Willy Brand hat über ihn einmal gesagt: *"August Bebel starb wie ein Kaiser. Und er war es ja auch gewesen – lange zu Lebzeiten: ein Kaiser der Arbeiter und der kleinen Leute."* Willy Brandt war sehr stolz darauf gewesen, Bebels Taschenuhr tragen zu dürfen. Bebels Leitspruch galt auch weiter für die Sozialdemokratie: *"Miteinander schaffen wir es."*

Karl Kautsky haben die Vorgänge in der Sowjetunion zutiefst irritiert. In seiner DIKTATUR DES PROLETARIATS rechnet er 1920 in harten Worten mit dem sowjetischen Weg zum Sozialismus ab. Seine Autorität in der Partei schwindet aber in dem Maße, wie theoretische Schriften für die sozialistische Praxis nachrangiger wurden. Nach dem Krieg wird er für einige Monate im Außenministerium Staatssekretär. 1924 zieht er nach Wien um, unterstützt nun zunehmend den parlamentarisch-reformerischen Weg der Sozialdemokratie. Nach dem Einmarsch der Nationalsozialisten in Österreich emigriert er 1938 in die Niederlande, wo er am 17. Oktober in Amsterdam stirbt.

Zeit ihres Lebens hat Luise Kautsky zu ihrer Freundin Rosa Luxemburg gestanden. Auch politisch hat sie Zeit ihres Lebens viele Entscheidungen ihrer Freundin nachvollzogen, obgleich sie die Positionen von Rosa Luxemburg nicht immer teilen konnte. Mit der Besetzung der neutralen Niederlande durch die deutschen Truppen schließt sich auch die Schlinge für die Sozialistin und Jüdin Luise Kautsky. Bis Juni 1944 gelingt es ihr, sich unter falschen Personenangaben in Amsterdam zu verstecken. Sie wird als Achtzigjährige aufgegriffen, kommt in verschiedene Lager und wird am 3. September mit 100.000 Juden total erschöpft in die Vernichtungslager nach Auschwitz verschleppt. Dort erkennen sie einige Häftlinge und schaffen es, sie vor dem kurzen Weg in die Gaskammer zu bewahren und im Lager zu verstecken.

Ihr Biograf Günter Regneri erzählt über die kurze Lagerzeit, wie stark und liebevoll sie mit den Mithäftlingen umgeht, sie tröstet, ihnen Menschlichkeit gibt. Letzte Begleiterin ist die Wiener Ärztin Ella Lingens, die selber Häftling in Birkenau ist. Ella Lingens schmuggelt sie ins Krankenrevier. Aber die alte Frau Kautsky ist körperlich schon zu schwach und stirbt Anfang Dezember. Die Mitgefangene Lucie Adelsberger schreibt über das Sterben der Luise Kautsky: *„Am 28. November 1944 wurde der Krankenbau vom Frauenkonzentrationslager nach dem früheren Zigeunerlager, kaum zwei Kilometer weit entfernt, verlegt. Der Rummel und die damit verbundene Unruhe haben ihr, trotzdem sie vorsichtig im Krankenwagen transportiert wurde, den letzten Schock gebracht. Anfang Dezember wurde Dr. Lingens nach Dachau versetzt. Wenige Tage später schlief Luise Kautsky ein, gegen Mittag, so friedlich, dass ich kaum die genaue Zeit auf dem Totenschein vermerken konnte. Sie lag noch einen Tag aufgebahrt auf ihrem Lager. Am nächsten Morgen haben wir, die Blockälteste und deren Vertreterin, die Pflegerin und ich, sie persönlich zur Leichenkammer getragen."*

In der Saarstraße 14, dem ersten Friedenauer Wohnsitz der Kautskys haben DIE FALKEN ihre Berliner Bildungsstätte eingerichtet und nennen das Haus offiziell jetzt das Luise&Karl Kautski-Haus. Hier ist auch die Bundesgeschäftsstelle der Sozialistischen Jugend Deutschlands DIE FALKEN mit einer Bibliothek und einem Archiv untergebracht.

Eduard Bernstein war nicht erst seit der Spaltung im Ersten Weltkrieg der entschiedene Antipode zu Rosa Luxemburg. Die Beiden personifizieren den Revisionismusstreit, der die SPD seit 1891 nach der Aufhebung des Sozialistengesetzes begleitet hat. Bernstein brachte die marxistische Orthodoxie ins Wanken, weil er statt auf Revolution auf einen Weg der demokratischen Reformen setzte. August Bebel und Eduard Bernstein waren zwar gute Freunde, aber Bebel wollte ihn sogar zeitweise aus der Partei ausschließen, weil er durch Bernsteins Thesen die Grundlage seiner sozialistischen Partei bedroht sah. Da war Bebel ganz auf Kautskys Linie, für den der grundsätzliche Konflikt zwischen Kapital und Arbeit nicht durch Reformen aus der Welt zu schaffen sei.

Der Konflikt eskalierte und dürfte die Gespräche in der privaten Friedenauer Umgebung nicht unerheblich beeinflusst haben. Bernstein findet nämlich zunehmende Unterstützung durch die Gewerkschaften, denen gegenwärtige Verbesserungen ihrer Lage wichtiger sind als Versprechungen für eine ferne Zukunft. Rosa Luxemburg lehnt Eduard Bernstein kategorisch ab. Auf der anderen Seite bleibt ihre Argumentation davon abhängig, die Unterstützung der Gewerkschaften zu finden. Denn wie anders sollten die Massen in ihrem Sinne einen Generalstreik, einen politischen Streik ausrufen? Ob es überhaupt private Kontakte zwischen Luxemburg und Bernstein gegeben hat, ist unbekannt. Bebel wird im Laufe der Zeit immer mehr zu einem Strategen des Ausgleichs. Er weiß um die reale Stärke der „Revisionisten", muss aber auch die emotionale Stärke der „Orthodoxen" im Auge behalten, deren Positionen zudem lange Zeit auch seine eigenen sind. Tatsächlich aber eskalieren beide Strömungen immer stärker. Bebels Ziel bleibt es, die Partei auf einen Kurs zu führen, auf dem sie nicht durch Massendemonstrationen erpressbar wird. Auf dem Magdeburger Parteitag 1911 gibt es dann eine breite Mehrheit, mit der das Konzept der Massenstreiks, nach den Vorstellungen von Rosa Luxemburg als politische Waffe der Revolution eingesetzt, abgelehnt wird.

Es gibt im auslaufenden Kaiserreich für die Sozialisten aus Friedenau aber auch eine breite Basis des Konsenses für die Politik ihrer Partei. Einig sind sie sich in der Bekämpfung der imperialistischen Politik der Reichsregierung. Für die Partei war vor allem das starke Auftreten ihrer Fraktion im Reichstag wichtig. Einer der stärksten Redner im Parlament ist August Bebel. Immer wieder werden Menschenrechtsverletzungen in den Kolonien angeprangert. 1900 wird die Entsendung deutscher Truppen nach China zur Niederschlagung des Boxeraufstandes scharf verurteilt. Ebenso entschieden werden die Methoden gebrandmarkt, mit denen der Reichskommissar Carl Peters in Deutsch-Ostafrika gegen die einheimische Bevölkerung vorging. Der Aufstand der Nama und Herero im damaligen Deutsch-Südwestafrika erschien den Sozialisten berechtigt. Seine Niederschlagung nannten sie Völkermord. Eduard Bernstein unterstützte Bebel im Reichstag, sogar bei seinem Antrag im Jahr 1902, den § 175 im Strafgesetzbuch abzuschaffen und so die Diskriminierung der Homosexuellen zu beenden. Der Antrag scheiterte aber bereits in der eigenen Fraktion.

Eduard Bernstein widmet sein 18. Kapitel der Schrift DIE DEUTSCHE REVOLUTION aus dem Jahr 1921 der Ermordung von Rosa Luxemburg und Karl Liebknecht. Über seine ehemalige Gegnerin und Nachbarin in Berlin schreibt er: *„Das andere Opfer des sich neu erhebenden Militarismus, Rosa Luxemburg, ist lediglich als die selbstlose Kämpferin für eine Idee gefallen, der sie ihr ganzes Ich gewidmet hatte. Auch sie hat in der Einschätzung der Tragkraft der Revolution geirrt, und ihre im Krieg erschienene glänzend abgefasste Schrift über die Krise in der Sozialdemokratie zeigt auch, warum sie irren musste. Vor ihrem geistigen Auge stand und in ihrer Seele lebte ein aus der Abstraktion abgeleitetes Proletariat, dem das wirkliche Proletariat nicht entsprach. War sie doch, wie ihre hinterlassenen Briefe zeigen, im letzten Grunde eine durchaus dichterische Natur. In ihr hat der Sozialismus eine hochbegabte Mitstreiterin verloren, die der Republik unschätzbare Dienste hätte leisten können, wenn nicht falsche Einschätzung der Möglichkeiten sie ins Lager der Illusionisten der Gewaltpolitik geführt hätte. Aber auch wer um dessentwillen im Parteikampf ihr Gegner war, wird das Andenken dieser rastlosen Kämpferin in Ehren halten."* Eduard Bernstein starb am 18. Dezember 1932.

BILD OBEN · Dichterhäuser in der Niedstraße

Ziehen diese Erinnerungen unter den Bäumen in einem kleinen Park im kleinen Friedenau durch den Kopf, so erscheinen sie weit entfernt von der Idylle, in die sie eingebettet sind. Die Häuser sprechen von der Behaglichkeit, in ihnen zu wohnen. Mit Erfolg werben sie um Menschen, die es sich leisten können, dort ein zu ziehen. Sie laden ein mit verspielten Proportionen der Gesimse und Giebel, mit schmucken Fassaden, auf denen bärtige Männer Balkone tragen und stämmige Säulen in die Eingänge weisen, auf denen Dachfirste den Vögeln eine gute Aussicht bescheren und Blattwerkgirlanden um Fenstersimse ranken. Sandsteinreliefs mit Putten und Engeln lockern Ziegelwände auf und Stuckornamente wachsen aus leuchtenden Putzbedeckungen zwischen hohen Fenstern und mit Schmiedeeisengitter gezäunten Balkons. Die Straßen geben den Blick frei auf grüne Parks, und Blumen wachsen in den Gärten. Viele kleine Geschäfte gibt es, von denen keiner weiß, wie mit ihnen die Inhaber überleben, und an Cafés und Restaurants ist kein Mangel. Hier lässt sich gut leben. Das war schon früher so, das ist auch heute so.

Nicht nur Sozialisten lebten hier in ihrer bürgerlichen Existenz, ordentlich, wie es die ungeschriebenen Gesetze solcher Orte vorgeben. Auch andere Politiker lebten kürzer oder länger in tiefer häuslicher Ruhe in Friedenau. In der Fregestraße 80 erinnert ein Denkmalschild am Hauseingang an Theodor Heuss und seine Frau Elly. Sie wohnten in dem Haus von 1919 bis 1930. Begeistert von der Wohnung schreibt Elly in einem Brief 1919: *„Ich lebe so still und häuslich, genieße das grüngoldene Sonnenlicht, das die hohen Bäume vor unseren Fenstern schenken, und merke nichts von Berlin."*

Heuss wird nach dem 2. Weltkrieg der erste Bundespräsident in Deutschland, gehört zu den Liberalen seit der Weimarer Republik und hat seine politische Karriere 1919 als Stadtverordneter in Berlin begonnen. „Papa Heuss", wie man in den 50er Jahren den

1864 geborenen Schwaben liebevoll wegen seiner Zigarren und seiner Vorliebe für gute Weine nannte, ist vor allem engagiert im Aufbruch für die Moderne in der Architektur, im Design, in der Gestaltung des Lebensumfeldes. Der gelernte Journalist und Redakteur wird Geschäftsführer und Vorstandsmitglied des Deutschen Werkbundes. 1918 präsentiert er eine Dokumentation für ein „Haus der deutsch-türkischen Freundschaft" in Istanbul. Den Wettbewerb gewinnt er allerdings nicht. Das Haus wurde aber auch nie gebaut. In seiner Friedenauer Zeit ist er Leiter und Dozent der Deutschen Hochschule für Politik in Berlin und gibt von 1923 bis 1926 die Zeitschrift DIE DEUTSCHE NATION heraus. Am 23. März 1933 stimmt Heuss zusammen mit den anderen Abgeordneten seiner Partei für das Ermächtigungsgesetz im Reichstag, das Adolf Hitler den Weg für sein Regime frei gibt. Persönlich hatte er sich vorher in seiner Fraktion gegen die Zustimmung ausgesprochen. Aber die Parteiräson besiegte ihn.

Heuss liebt die Sprache, die Künste und die Literatur besonders. Vielleicht wurde diese Liebe in seinen Friedenauer Jahren besonders stark. Denn in Friedenau wohnen die Künstler in großer Zahl dicht beieinander, in den schönen großzügigen Wohnungen, in den ruhigen Straßen. So bleibt denn nach der Erholung im Park mit den verzwickten Geschichten in der deutschen Politik, noch ein Stück Straße ganz eigener Prägung abzulaufen. Wenige Meter vom Sintenisplatz die Handjerystraße in nördlicher Richtung gegangen, biegt rechts und links die Niedstraße ab. Sie gilt als die kleine Literaturmeile von Friedenau und weist mit ihren zahlreich erhaltenen Landhäusern, großen Mietshäusern, wuchtigen Straßenbäumen und weitläufigen Gärten in dichter Folge alle einladenden Merkmale des Stadtteils aus.

Stellvertretend für die vielen Dichter und schreibenden Geister von Friedenau sind die drei aus der Niedstraße zu erwähnen: Erich Kästner, Uwe Johnson und Günter Grass, verbunden mit einer Zeit, die vom Beginn des 20. Jahrhunderts bis in die Gegenwart reicht. Wie in der wirklichen Archäologie liegen Zeugnisse unvermittelt, das Ältere vom Neueren überdeckt, aufeinander. So auch im Haus Niedstraße 5. Hier stand bis Ende der 20er Jahre eine einstöckige Villa. In ihr experimentierten in der Mechanischen Werkstatt Grüttner&Lütgert die Brüder Siegmund und David Ludwig Loewe mit Radiofrequenzen, die sie in Elektonenröhren bannten, mit deren Hilfe sie Radiogeräte produzieren konnten. Ihre erste Firma gründen sie in dem kleinen Haus im Januar 1923 als Loewe Radiofrequenz GmbH, die Keimzelle aus der das spätere Weltunternehmen Loewe Opta wuchs.

Das Haus wurde bald verlassen und abgerissen. Ein neues, schlichtes, aber mit einer freundlichen Fassade gestaltetes Miethaus entstand, in dem Elfriede Mechnig wohnte. Sie war die Sekretärin von Erich Kästner, einem Junggeselle. Mit seinem Kinderbuch EMIL UND DIE DETEKTIVE, das 1929 auf den Markt kommt, beginnt der kometenartige Aufstieg dieses Schriftstellers, der damals seine Kinderbücher gerne im Keller neben dem Deutschen Theater bei einem Glas Rotwein schrieb. In der Niedstraße bei Elfriede Mechnig hat der in der nahen Prager Straße wohnende Dichter sein Arbeitsbüro und mit ihr nicht nur eine überaus tüchtige Sekretärin, mit der er ihre Wohnung teilt. Zwischen 1927 und 1933 erscheinen seine bekanntesten Bücher. Er ist ein kritischer Zeitschriftsteller auch auf der Weltbühne und schreibt für liberale und linke Zeitungen. Als die Nazis an die Macht kommen, sind seine Bücher die ersten, die unter großem Gejohle auf den Scheiterhaufen landen. Ausgeschlossen aus dem Schriftstellerverband werden Veröffentlichungen von ihm verboten.

Dass er nicht wie so viele andere Schriftsteller, Künstler, Wissenschaftler, Journalisten emigrierte, dürfte auch seiner Freundin Elfriede Mechnig und dem Nest, das er in ihrer Wohnung in der Niedstraße hatte, zu verdanken sein. Sie ist es, die eine hochkomplizierte Korrespondenz unter diversen Pseudonymen organisiert, mit denen Kästner sogar der UFA Drehbücher für Filmproduktionen unterjubeln kann, wie noch 1942 für den Münchhausenfilm. Auf jeden Fall darf angenommen werden, dass die Kindergeschichte PÜNKTCHEN UND ANTON ohne die geborgene Ruhe der Zweisamkeit in der Niedstraße nie entstanden wäre. Gerne lässt sich Kästner die Hand führen beim Schreiben seiner Geschichten. *„Wollen Sie mir helfen, berühmt zu werden?"* fragt Erich Kästner Elfriede Mechnig in Berlin im Oktober 1928. Er ist es geworden, nicht zuletzt auch durch sie. Die gemeinsame Arbeit wird von ihm liebevoll „& Co." genannt. Sie hat Zeit seines und ihres Lebens angedauert. Elfriedes Aktenmaterial von 1930 bis 1980 über Kästners Arbeiten, aber auch über Werke vieler anderer Schriftsteller füllen zwölf Meter und liegen in der Akademie der Künste am Pariser Platz vor dem Brandenburger Tor.

„Inzwischen planlos, ging er lange durch eine Gegend, deren Hausfronten von Bäumen bis zum dritten und vierten Stockwerk verdeckt waren, in den Vorgärten erinnerten Rasensprenger an Zungenfehler, Kaffeegesellschaften auf Balkons und Veranden stellten geordnete Verhältnisse aus, Kinder und Hunde erzeugten kleinen, isolierten Lärm. Das dichte, verschattete Laub hängte einen langen Tunnel über den ungleich flirrenden Asphalt, wenig Passanten kamen ihm entgegen wie spazieren, Paare mit Kinderwagen suchten die Fassaden nach leeren Fenstern ab." So könnte es gewesen sein, als Uwe Johnson 1959 durch West Berlin streifte auf der Suche nach einem neuen Zuhause. Bis 1968 wohnt er hier, der Dichter, der eher in düsteren Stimmungen schrieb. Die Textpassage stammt aus seinem Roman ZWEI ANSICHTEN (1965). Die neue Wohnstraße erwähnt er auch in seinen JAHRESTAGEN als die *„kleine Straße mit den alten Landhäusern, den bürgerlichen Mietbauten, den fülligen Bäumen"*. Ganz oben im Haus findet er in der Nummer 14 seine Mansarde mit zwei Zimmern, Küche und Korridor, in die das Licht nur durch

die Dachfenster fällt. Sein Vormieter war übrigens nicht weniger berühmt. In den Räumen hatte der expressionistische Maler Karl Schmidt-Rotluff gewohnt. Kaum eingezogen, schreibt Johnson seine berühmten Romane über die neueste deutsche Geschichte als hintergründige Literatur aus dem Erleben der deutschen Teilung, die MUTMASSUNGEN ÜBER JAKOB (1959) und DAS DRITTE BUCH ÜBER ACHIM (1961). Vor seinem Auszug aus der Niedstraße hat Uwe Johnson noch eine heikle Geschichte zu bewältigen. Er arbeitet 1967/68 in New York an seiner Trilogie JAHRESTAGE. Den Schlüssel für seine Wohnung hatte er Hans-Magnus Enzensberger gegeben, der nebenan in der nahen Fregestraße 19 wohnt. Hans-Magnus gibt den Schlüssel weiter an seinen Bruder Ulrich, damals voller Herzblut bei der APO, der Außerparlamentarischen Opposition in Berlin. Ulrich zieht als Untermieter in die Wohnung ein. Um sich versammelt er eine Schar anarchistischer junger Studenten. „Die direkte Aktion" ist ihre neue politische Botschaft. Sie nennen sich Kommune 1. Fritz Teufel ist dabei und Rainer Langhans, Uschi Obermeier allerdings noch nicht. In den vier Wänden von Uwe Johnson planen sie das sogenannte „Pudding-Attentat", das auf den amerikanischen Vizepräsident Hubert Humphrey am 6. April 1967 ausgeübt wird.

Die Nachricht mit wüsten Verzerrungen bis zum Sprengstoffattentat geht schnell um die Welt und erreicht auch Uwe Johnson. Seine ruhige Wohnung in Friedenau ein Nest des Terrorismus! Er ist empört und ist abgeschnitten von den Gesprächen mit seinen Freunden und Nachbarn. Es dauert nicht lange, bis er kündigt und die Wohnung auflöst. Die Friedenauer Poeten geraten nun scharf ins Visier der sensationshungrigen Journalisten. Literatur und Politik werden immer mehr als verzahnt wahrgenommen, zumal Johnsons Nachbar in der Niedstraße 13 Günter Grass heißt und kräftig die Trommel für Willy Brandt schlägt. Von 1963 bis zum Ende des Jahrhunderts, bis wenige Jahre vor der Verleihung des Literatur-Nobelpreises 1999 lebt und arbeitet der Schriftsteller, Grafiker und Bildhauer Günter Grass in diesem schönen, kleinen Landhaus. Den Tipp für dieses Haus hatte er übrigens von Uwe Johnson erhalten. Grass hat es gekauft und es gehört ihm noch heute. Was er hier alles gedacht, geschrieben, gezeichnet und behauen hat, oft grob, oft zart, ist ein weites Feld. Auch dieses Haus hatte schon seine Geschichte vor Günter Grass. Zu Kaisers Zeiten hatte es der damals berühmte Marinemaler Hans Bohrdt bauen lassen mit Wohnräumen unten und einem großen Atelier unter dem Dach. Wie in alten Hafenhäusern war am Dach ein Kran angebaut. Denn Bohrdt füllte riesige Leinwände, die vor allem am Hof hoch begehrt waren. Kaiser Wilhelm pilgerte zum Erwerb ebenso zu seinem Maler nach Friedenau hinaus wie sein Bruder Prinz Heinrich, der mit der Mütze. Dieses Haus gehört nun Günter Grass, zum Arbeiten ebenso geeignet wie zu temperamentvollen Diskussionen und kulinarischen Feiern. *„Es war einmal ein Butt. Der glich dem aus dem Märchen. Als er eines Tages von Frauen, die ihn gefangen hatten, vor ein Tribunal gestellt wurde, wollte er kein Wörtchen sagen, nur flach, stumm, vielfältig gerunzelt und uralt in seiner Zinkwanne liegen. Doch weil ihn sein dröhnendes Schweigen auf die Dauer langweilte, begann er immerhin mit den Seitenflossen zu spielen. Und als ihn die Anklägerin, Frau Sieglinde Huntscha, ohne Umstände fragte, ob er das plattdeutsche Märchen 'Von dem Fischer un syner Frau' bewusst in Umlauf gesetzt und so seine nachgewiesene, seit der Jungsteinzeit anhaltende Beratertätigkeit verharmlost, ins Gegenteil gekehrt, also bösartig verfälscht und tendenziös, auf Kosten der Fischersfrau Ilsebill, zugespitzt habe, konnte sein Schiefmaul nicht anders."*

„Der Butt" (1977) gehört zu den großen Romanen von Günter Grass und wurde in Friedenau geschrieben. Man riecht förmlich die Schwaden von Gerüchen des gebratenen Butts und des Hammels, steht man vor dem Grass'schen Haus mit der hübschen

Terrasse vorne und dem weiten Garten hinten. Eingekauft wird gerne mit Freunden auf dem Wochenmarkt vor dem Friedenauer Rathaus. Heilbutt und Hammel mit viel Kräutern und Knoblauch sind die bevorzugten Spezialitäten. An Besuchen mangelt es nicht. Neben seinem Freund Uwe Johnson wohnen nahebei die Schriftstellerfreunde Max Frisch, Nicolas Born, Ernst Jandl, Jurek Becker, Günter Kunert und viele andere. Selbst Ingeborg Bachmann kommt gelegentlich als Gast.

Die Dichte der Bewohnung von Friedenau durch Schriftsteller, vor allem durch die zeitkritisch engagierten und oft auch den politischen Alltag durch eigene Statements anreichernden Kollegen, zieht 1972 auch den Schweizer Max Frisch nach Friedenau. Da mietet er sich in der Sarrazinstraße 8 mit neuem Hauptwohnsitz ein. Er ist da immerhin schon 61 Jahre alt. Frisch verheiratet mit der 28 Jahre jüngeren Germanistin Marianne Oellers reizt ihn der *„postmoderne Aufbruch einer jungen Generation in Berlin"*. Bis 1980 bleiben die beiden in Berlin. Der stets auf Distanz zu Parteien bedachte Max Frisch wird ein Freund von Helmut Schmidt, hält sogar 1977 eine Rede auf dem SPD-Parteitag. Er passt in das Friedenauer Intellektuellenmilieu. 1974 reist Frisch in die USA und hat in dem Dorf Muntauk eine Affäre mit der 32 Jahre jüngeren Alice Lock-Carey. Diese Affäre nimmt er zum Anlass seiner autobiografischen Erzählung MONTAUK (1975), in der er sich vor allem mit Beziehungsproblemen beschäftigt, auch mit seiner Ehe mit Marianne Oellers und deren Affäre mit dem amerikanischen Schriftsteller Donald Barthelme. Die Veröffentlichung führte zu einem handfesten Ehestreit, der schließlich mit der Scheidung 1979 endet. Die Friedenauer Wohnung wird aufgelöst.

Mit vielen Friedenauern verbindet ihn tiefe Freundschaft. In seiner Montauk-Erzählung schreibt er über sein neues Zuhause: *„Friedenau: … genau die Art von Wohnung, die wir in Zürich vergeblich gesucht haben: Einfach, aber mit hohen Zimmern. So sind* *wir denn in Berlin.*" Er lobt die *"unvergleichliche Luft der Stadt, in der man wacher ist als anderswo ... Grunewald, Krumme Lanke, Schlachtensee, Wannsee, eine Landschaft, die mich schon heute ... mit sicherem Heimweh erfüllt. Was ist es? Die Kiefern im Sand, der Himmel zwischen den Kiefern, die Luft, die spröde Weite – jedenfalls fühle ich mich unbändig wohl, man kennt sich selber nicht, oft versteige ich mich zu der fixen Idee, dass ich in dieser Luft ein ganz anderer, ein durchaus fröhlicher und sprühender Kerl geworden wäre.*" Die Zeit großer Dichterinnen und Schriftsteller ist in Friedenau nie zu Ende gegangen. 2009 geht der zweite Nobelpreis für Literatur in eine Wohnung in Friedenau, an die Dichterin Herta Müller in der Menzelstraße, in der die aus Rumänien nach Berlin gezogene Schriftstellerin mit der wunderbaren Sprache zurückgezogen mit ihrem Lebensgefährten wohnt. Der Preis würdigt sie, weil sie, so die offizielle Begründung, *"mittels der Verdichtung der Poesie und Sachlichkeit der Prosa Landschaften der Heimatlosigkeit"* eine Sprache gegeben habe. Das passt doch zur Geschichte der vielen Umherziehenden und Friedenau. Im Stadtteil kennen Herta Müller sehr viele. Ihre Bücher liegen in den Buchhandlungen dort, wo die Bestseller liegen. Sie ist eine Ikone der Friedenauer. Es gibt im Stadtteil ein Literaturhotel mit einem Uwe-Johnson-Saal. Es sollte ein weiterer Salon eröffnet werden, ein Herta-Müller-Saal.

Zentrum der heutigen Friedenauer Schriftsteller und ihrer Leser ist die quicklebendige Nicolaische Buchhandlung in der Rheinstraße 65. Sie leitet Burckhardt Widera. Wenn es ein großes Lesepublikum für die Dichterinnen und Dichter gibt, die um die Ecke nebenan wohnen und arbeiten, dann sind es die Menschen in Friedenau. Burckhardt Widera schwärmt: *"In Friedenau lohnt es sich, einen Buchladen mit anspruchsvoller Belletristik zu führen. Die Bewohner sind hier sehr auf Kultur ausgerichtet.*" Aber in der Idylle schöner Geschichten einer großen Geschichte gibt es auch schrille Töne bis in die Gegenwart. Die Straßen verbinden auch Friedenau mit der übrigen Stadt. In dem Teil von Friedenau, dessen Straßen nach großen Malern benannt sind, lebt auch der Rabbiner Daniel Alter. Am 28. August 2012 verlässt er mit seiner sechsjährigen Tochter an der Hand seine Wohnung. Vor der Haustür lauern ihm junge Männer auf, fragen ihn, ob er Jude sei. Das bejaht er. Sofort schlagen die Männer auf ihn ein, treten ihn, brechen ihm das Jochbein, verletzen sein Gesicht ohne jede Rücksicht auf das junge Mädchen neben ihm. Die Täter lassen den Rabbiner am Boden liegen und verschwinden. Die Fahndung bleibt erfolglos. Auf dem Schreibtisch des Rabbiners im Centrum Judaicum der Neuen Synagoge liegen Stapel an Drohbriefen und Schmähschriften. Er hat sich nicht verkrochen, lebt weiter in der Stadt und engagiert sich gegen Antisemitismus und Rassismus, lebhaft, geduldig, beharrlich. Stets trägt er auf dem Kopf seine Kippa, auf den Straßen allerdings verborgen unter einem Basecap.

Wenn die Steine reden und erzählen, vergehen die Stunden schnell. Die Schatten der Bäume sind länger geworden, die heiße Sonne verströmt nun milde Wärme. Die Straßen füllen sich langsam wieder mit Menschen. In den Cafès und Restaurants erfrischen sie sich, sitzen auf den Stühlen um die Tische in den Gärten oder auf den Bürgersteigen. Ohne Erschöpfung entspannt sich die Aufmerksamkeit für die vielen Geschichten. Der Alltag in der Jetztzeit breitet sich aus. Die Abendzeit beginnt. Vor dem S-Bahnhof ist es nun voll wie auf einer Piazza einer kleinen italienischen Stadt. Die Bahn fährt wieder überfüllt zurück in die Stadt. In ihr liegt noch schwer die Hitze des Tages. Die Menschen sind ruhig und ermattet vom Bad im Grünen und am Wasser. Rot verbrannte Haut bei vielen, müde Augen, Erschöpfung. Nun tummeln sich auch in Friedenau wieder die Touristen. Schon bald geht es wieder in den Tunnel mit dem kühleren Zugwind.

JENSEITS MENSCHLICHEN ERMESSENS

— JENSEITS MENSCHLICHEN ERMESSENS —

Gabriele Stangl ist Seelsorgerin, Pastorin im Krankenhaus Waldfriede, Argentinische Allee, gegenüber dem U-Bahnhof Krumme Lanke, draußen im Südwesten von Berlin in Zehlendorf. Häuser und Villen, umgeben von gepflegten Gärten und mächtigen Bäumen sind harmonisch in den Märkischen Wald gebaut. Entlang der breiten Allee lässt es sich runter zum Mexikoplatz und darüber hinaus bis zur Potsdamer Chaussee angenehm spazieren gehen – durch ein gediegenes Viertel einer weitläufigen bürgerlichen Stadtlandschaft mit prächtigen Villen und Siedlungen, Gärten, Wäldern und in ihnen eingebettete Seen.

Gabriele Stangl hat ihre Berufung in diesem schönen Krankenhaus gefunden. 1996 kam die gebürtige Österreicherin in die Zehlendorfer Einrichtung. Da war sie 34 Jahre alt. Menschen nahe zu sein, um ihnen Angst zu nehmen: diese außerordentliche Fähigkeit bewertet sie als ein Geschenk, für das sie tiefe Dankbarkeit empfindet. Was ihr als menschliche Begabung geschenkt worden ist, gibt sie mit voller Hingabe an ihren Beruf weiter. Für ihre Patienten ist sie immer da, nimmt sich die Zeit für sie rund um die Uhr. In ihrer Arbeit mit jungen Müttern gerät sie an Grenzen, die an sozialen und psychischen Abgründen auch von ihr nicht überwunden werden können. Dann ist die Verzweiflung so groß, dass diese Frauen nicht mehr erreicht werden, Wärme und Sprache nicht mehr fließen.

Im Jahr 2000 hört sie von einem Hamburger Projekt, für Mütter, die nicht mehr weiter wissen, eine Babyklappe einzurichten, der sie in ihrer Ausweglosigkeit anonym ihr Kind überlassen können. Gabriele Stangl weiß, wie Frauen in eine solche Situation geraten können, sie kennt den Wert der Anonymität, mit dem eine letzte Verbindung eine Chance behält. Sie entwickelt für ihr Krankenhaus ein Konzept aus anonymer Beratungshilfe und Babyklappe, überzeugt die Ärzte, gewinnt den Chefarzt für ihre Initiative. Schon das ist in einer ordentlichen medizinischen Einrichtung beinahe ein Wunder. Bedenken müssen anderswo überwunden werden. Die Widerstände sind vor allem in den Behörden am Anfang riesengroß. Das Jugendamt stellt sich quer. Doch ein Lernprozess kommt in Gang. Inzwischen arbeitet sie mit den Ämtern sehr konstruktiv zusammen. Es gibt Erfolge menschlicher Überzeugung jenseits von Formularen. Babyklappen sind nämlich eine heikle Sache. Eigentlich darf es sie gar nicht geben. Es gibt kein Gesetz, in das sie hinein passen, also gibt es auch keine Verwaltungsvorgaben. Gabriele Stangl setzt ihr Projekt mit Gottvertrauen, starker Kraft und viel Diplomatie durch. Die Behörden beginnen zu kooperieren. Die erste Babyklappe in Berlin wird von ihr eingerichtet.

Das Krankenhaus liegt in einem weitläufigen Park, der in ein Waldstück rund um den kleinen Vierlingsee übergeht. Überquert man am U-Bahnhof Krumme Lanke die breite Allee, geht man am mannshohen Zaun rechts entlang, um dann in die Vierlingstraße zu kommen. Dort gibt es im Zaun eine kleine Pforte, die nicht von einer Videokamera überwacht wird. Ein Weg führt auf die Rückseite des Gebäudes A des Krankenhauses Waldfriede. Da entdeckt man sie, den Blicken zunächst verborgen, dann aber mit Hinweisen von Schildern neben dem Fenster auf einer kleinen Terrasse: Wie ein übergroßer Briefkasten sieht sie von außen aus. Öffnet man sie, indem man die Klappe nach unten zieht, findet man einen gewärmten Kasten, ausgelegt mit einer kleinen gelben Matratze und Decken an den Wänden, auf denen freundlich die Sonne lacht, die auf einen grünen Baum und einen braunen Hügel scheint, um den herum kleine Wichtelmänner mit roten Mützchen ziehen. In der Kiste liegt ein verschlossener Briefumschlag. Den kann der Überbringer an sich nehmen, findet in ihm Informationen, auch solche, die für eine spätere Kontaktaufnahme mit dem Krankenhaus werben. Man legt das Baby in die Kiste, schließt dann wieder die Klappe. Eine nicht beschreibbare Trennung wird vollzogen. Ungesehen kann man das Krankenhausgelände über den gleichen Weg oder durch den weiten Garten mit Bäumen und Büschen verlassen. Auf der Geburtsstation wird durch die Aktion ein Alarm ausgelöst. Nach wenigen Minuten holt eine Krankenschwester das kleine Bündel. Die Versorgungen beginnen.

Babyklappe ist kein schönes, aber inzwischen eingebürgertes Wort. Gabriele Stangl spricht lieber von ihrer Babywiege, und Babywiege steht auch auf dem Kasten geschrieben. Die Einrichtung und ihre Funktionen erscheinen kühl durchdacht. Es ist schwer, über sie zu reden, überhaupt eine Vorstellung zu bekommen, was diese Klappen mit dem Leben von Menschen verbindet. Gabriele Stangl kann darüber reden, mit heißem Herzen und mit klarem Verstand. Es gibt verzweifelte Mütter, die hier ihr Baby ablegen, ohne dass es irgendeine Spur zur Mutter, zu den Eltern gibt. Die Klappe kann endgültig trennen. Adoptiveltern gründen für die Kleinen die neuen Familien, und manche Kinder werden nie wissen, wer ihre leibliche Mutter, wer ihr leiblicher Vater wirklich gewesen ist. Die Klappe ist eingebettet in die vielen Bemühungen der Pastorin, für völlig verzweifelte Frauen einen neuen Lebensfaden zu spinnen, ihnen zu helfen, wieder einen Fuß auf den Boden zu bekommen. Da geht es nicht nur um Babys. Am Ende bleiben auch junge Mütter, die nicht mehr zu ihr finden, für die es nur noch die eine Hilfe gibt, ihnen das Kind zu retten.

Jedes Baby in Stangls Wiege bringt eine Geschichte mit, die alle Vorstellungen übersteigt. Es gibt Situationen von so abgrundtiefer Ausweglosigkeit, von ausweglos Panik, die sich jeder gesetzlichen Ordnung wie auch allen therapeutischen Maßnahmen entziehen. Mit dem Kopf ist nicht zu verstehen, dass Babys getötet, in Mülltonnen geworfen, im Wald verscharrt, in Seen versenkt werden. In der letzten Verzweiflung, in einer schwarzen Einsamkeit, in die kein anderer Mensch mehr eindringen kann, sind Babyklappen eine Alternative für das Töten, sind Türen, durch die ein Baby ins Leben gehen kann. Stangls Beruf ist eine Gratwanderung. Sie geht diesen Weg mit Hingabe. Circa 20 mal haben Frauen das Angebot der anonymen Kindabnahme genutzt. Jedes Mal ist die Motivation gewachsen, diesen Weg weiter zu gehen. Nur einmal hat sie mit sich gehadert. Da lag ein getötetes Baby in ihrer Wiege. Wenige Wochen später strahlen ihre Augen. Da kann sie einen gesunden kräftigen Jungen in den Armen halten. Für sie ist das ein Zeichen, ihre Arbeit weiter zu machen.

Die Tötung von Babys bleibt ein öffentliches Tabuthema. Die Wissenschaftler tun sich schwer mit ihm. Sensationelle Fälle erreichen Schlagzeilen in den Medien. Da geht es um Gefühle, nicht um Vernunft. Statistisch bleiben viele Fälle im Dunklen. In einigen Ländern werden offizielle Daten ausgegeben, die von Land zu Land stark abweichen. In Finnland und Österreich sollen es 5, in den USA 2.5 von 100.000 Babys sein, in Schweden 0,6. Etwa zwei Drittel der Kindestötungen sollen von den Müttern verübt werden, aber was will das schon heißen. Die Polizeistatistik in Deutschland zählt nur gerichtlich abgeschlossene Fälle. Im Jahr 2000 wurden noch 293 Fälle registriert. Die Zahlen sind rückläufig, aber über 200 Tötungen sind es immer noch jährlich.

Babyklappen gehören nicht in die Rechtsordnung, weshalb der Staat offiziell auch nichts mit ihnen zu tun haben will. Eine offizielle Statistik über alle Babyklappen gibt es in Deutschland ebenso wenig wie es empirische Daten über Kindestötungen gibt. Tötung oder Klappe ist am Ende aber die Alternative der Nacht. Gabriele Stangl vermutet, dass die Tötungen von Babys in Berlin um etwa die Hälfte zurück gegangen sind, seitdem vier Klappen in der Stadt eingerichtet worden sind. Empathie und Liebe, mit der sie die kleinen Klappenkinder verteidigt, sind nicht juristisch. Sie fragt, was geschehen würde, gäbe es diese anonymen Einrichtungen nicht. Ihr ist es wichtig, die Klappen nicht isoliert zu sehen. Sie sind Teil des Engagements, Leben zu retten unter Wahrung der Anonymität aber mit allen Möglichkeiten ausgestattet, mit denen Menschen anderen Menschen helfen können. Zehnmal höher als die Zahl der Wiegenkinder ist die Zahl der Frauen, die sie durch Zuhören und Sprechen erreicht hat, die sie auf dem Weg zurück ins Leben begleitet hat.

Neben der Babywiege im Waldfriede gibt es drei weitere Babyklappen in der Stadt, verteilt über die Bezirke Spandau, Neukölln und Tempelhof. Etwa 50 Babys kommen auf diese Weise jährlich in die Versorgung der Krankenhäuser und Jugendämter. Werden Geschichten bekannt, die hinter den Klappen stehen, öffnen sich Abgründe der Verzweiflung, oft auch der Verelendung junger und auch älterer Menschen. Die Mütter kommen nicht aus einem bestimmten Milieu. Sie gehören also nicht nur zu den sozial Ärmsten der Armen. Sie können Ärztinnen sein, Rechtsanwältinnen, Lehrerinnen, Angestellte oder Hausfrauen. Sie sind am Ende so krank, dass sie keinem mehr vertrauen, auch sich selbst nicht mehr. Ihnen ein Signal zu geben, ihnen zu sagen, auf mich könnt ihr setzen, ich werde euch nicht verlassen, ist Gabriele Stangls Passion. Dafür lebt sie. Jede Begegnung in ihrem Beruf motiviert sie.

Juristen müssen die Welt wohl anders sehen. Jenseits der Abwägung menschlicher Tragödien ist für sie der Widerspruch zur Rechtsordnung eklatant. Deshalb laufen manche Juristen gegen die Babyklappen aus grundsätzlichen Erwägungen Sturm. Auch die Mehrheit des Deutschen Ethikrates ist gegen diese Einrichtung und trifft sich in Grundsätzen mit den Juristen. Der Rat würdigt zwar durchaus das menschliche Engagement, mit dem die Klappen betrieben werden. Er hat auch keine praktische Alternative zu bieten, um dieses Engagement in anderen Bahnen ähnlich erfolgreich zu erhalten. Aber Babyklappen verstoßen nach Überzeugung des Ethikrates gegen Grundsätze der Menschlichkeit. Sie sind nach seinem Urteil eine Beihilfe, Persönlichkeitsrechte zu zerstören, die Babys als Menschen der Gesellschaft haben. Die Bundesregierung folgt Juristen und Ethikrat und hat deren Prioritäten in einem neuen Gesetz Rechnung getragen. Statt Babyklappen sollen künftig Maßnahmen des „Vertrauens" gefördert werden. Entscheidend aber bleibt der juristische Grundsatz: Die Daten der Babys, Namen und Herkunft müssen gesichert bleiben. Die Anonymität darf nicht amtlich begründet bleiben. Die Bundesregierung möchte folglich aus rechtlichen Gründen die Klappen ganz abschaffen. Allerdings soll juristisch gegen sie noch nicht vorgegangen werden. Der Berliner Senat hingegen will das Modell der Klappen erhalten. Mit der engagierten und kämpferischen Pastorin aus Zehlendorf ist er überzeugt, dass es Situationen gibt, in denen juristisch sattelfeste Hilfseinrichtungen sonst nicht greifen können.

Kindestötung oder Babyklappe tauchen auch aus einer anderen Perspektive in den Ermittlungen schwerer Kriminalfälle auf. Einen Steinwurf von den die neue Stadt spiegelnden Fassaden des Potsdamer Platzes entfernt liegt die Köthener Straße. Die Nummer 37 ist ein sehr einfaches Gebäude. Um einen Innenhof ist es mit vier Flügeln als quadratischer Kubus errichtet, sechs Stockwerke hoch. Die Wände sind mit dunklen Klinkersteinen verkleidet, quadratische Fenster gehen über dreizehn Reihen je Hausseite und reichen im Erdgeschoss fast bis auf den Boden. Renoviert wurde in dem Haus über viele Jahre nicht. Die Menschen, die hierher zogen oder in das Gebäude eingewiesen wurden, blieben sich weitgehend selbst überlassen, waren sich überwiegend fremd, lebten sehr allein. Der soziale Brennpunkt schlägt hart an die glamouröse Geschäftigkeit des Potsdamer Platzes nebenan. Die Klingelschilder weisen sämtliche Bewohner als aus der Türkei und arabischen Ländern stammende Zugewanderte aus. Versteckte humane Angebote wie Babyklappen sind den neuen Berlinern eher unbekannt. Viele Familien, die hier wohnen, haben Kinder. Geregelte Arbeit haben nur die Wenigsten. Die Meisten leben von Hartz IV. Aber auch solche wohnen hier, deren soziale Hintergründe völlig unbekannt sind, die keine Nachbarschaften kennen, völlig isoliert leben. Neben dem Eingang geht es durch eine niedrige Unterführung in den Innenhof. Es gibt einen Baum mit ausladender Krone. Die Mülltonnen quellen über. Es gibt keine Hofgestaltung. Die glatten Fassaden des Gebäudes werden im 6. Stock des Vorderhauses mit einer kleinen Dachterrasse zur Hofseite abgeschlossen.

Dort oben ereignete sich am 3. Juni 2012 eine Furcht und Schrecken und Entsetzen einjagende Tat. Ein 32 Jahre alter Mann rastet nach einem längeren lautstarken Streit mit seiner 30 jährigen Frau aus und tötet sie. Danach zerstückelt er sie bestialisch, geht mit dem abgetrennten Kopf an das Geländer der Dachterrasse und wirft ihn auf den Hof. Eine Frau, die sich gerade auf dem Hof befindet, wird Zeuge und alarmiert die Polizei. Von Sinnen wirft der Mann weitere Körperteile seiner Frau auf das Hofpflaster hinunter. In der Wohnung befinden sich auch die sechs Kinder, der Älteste ist 12 Jahre alt, die Jüngste nicht einmal 12 Monate. Sie bleiben von dem rasenden Täter unberührt. Auch die Sprache kommt nach der Bestandsaufnahme solcher Verhältnisse an ihre Grenzen. Amtlich ist dann in Unkenntnis des tiefen Gehaltes des Wortes von Verwahrlosung die Rede.

16.000 Mal muss die Berliner Polizei jährlich ausrücken, weil Männer auf ihre Frauen einschlagen. Das sind nur die gemeldeten Fälle. Morde und Mordversuche in Folge häuslicher Gewalt stehen an der Spitze der Kriminalstatistik. Fast jede zweite in Deutschland ermordete Frau wird von ihrem Mann getötet. Alle zweieinhalb Tage wird auf diese Weise eine Frau Opfer ihrer Lebensbeziehung. In sehr vielen Fällen sind Kinder im Spiel, oft vor allem auch Babys.

BILD OBEN · Innenhof, Köthener Straße 37
BILD UNTEN · Gabriele Stangl vor ihrer Babywiege
BILD RECHTE SEITE · Gatow an der Havel

— JENSEITS MENSCHLICHEN ERMESSENS —

Der Täter in der Köthener Straße war psychisch schwer krank. Er ist in Berlin aufgewachsen und hat eine Oberschule besucht. Nach der Tat zeigt er gegenüber den Ermittlern keine Erschütterung oder Reue. Er habe so handeln müssen, gibt er zu Protokoll, aus religiösen Gründen und weil sich seine Frau geweigert habe, mit ihm zurück in sein Heimatland zu kehren. Muslimische Männer haben sich im „Aufbruch Neukölln" zusammengeschlossen, um gegen die Entwurzelungen der männlichen Angehörigen der Eingewanderten in der zweiten und dritten Generation anzugehen, sich um sie zu kümmern. Für sie ist die Tat in der Köthener Straße ein Alarmzeichen. Sie trauern und demonstrieren mit den Frauen aus dem Haus und aus der Umgebung, für die feststeht: *„Bildung ist das beste Antigewalttraining."* Sie mischen sich ein, weil auch sie merken, Justiz und soziale Einrichtungen kommen nicht an die Wurzeln. Sie sind näher an den Problemen als Behörden, zum Beispiel das Jugendamt. Ihnen mangelt es an Unterstützung. Verhindern konnten sie die Tat nicht. Zu den Folgen ihres Versuchs, Konsequenzen zu diskutieren, gehört immer noch nicht, dass man solche Gruppen mehr wert schätzt und sie fördert. Das Haus in der Köthener Straße wird nun ein wenig in Ordnung gebracht. Um die Menschen in ihm kümmert sich keiner. Wer hier wohnt, bleibt vergessen, ist eigentlich schon abgeschoben.

Gut zwei Monate später gibt es am 22. August eine weitere spektakuläre Mordnacht in Berlin. Alt-Gatow ist ein kleiner Flecken, auf der Westseite der seebreiten Havel gelegen. Ein paar dörflich anmutende Häuser gibt es da, auch locker gebaute Wohnsiedlungen nah am Wasser mit alten Baumbeständen. Es ist eine Freizeitidylle mit einer großen freien Badewiese an der Havel, mit Gaststätten und Kneipen am Anger, die am Wochenende Natur suchende Städter in großer Zahl einladen. Es sind nicht gerade die Wohlhabenden, die hier ihre Villen errichtet haben.

Aber die Armen der Stadt wohnen hier auch nicht. Die Tat wird erst nach mehreren Tagen entdeckt, weil die Fenster einer Wohnung ständig offen gestanden hatten, was gewöhnlich nie der Fall war. Auch das Auto des Täters war einige Tage nicht bewegt worden. Die nachbarschaftlichen Augen registrieren solche Ereignisse in Alt-Gatow sehr genau. Die Polizei wird alarmiert und findet Schreckliches. Ein 69jähriger Familienvater, seine 28 Jahre junge Frau, die drei- und sechsjährigen Söhne sind tot. Der Mann gilt bei den Nachbarn als besonders penibel. Sein Grundstück am See hielt er korrekt sauber und achtete stets darauf, dass es nicht von fremden Leuten betreten wurde. Im Garten steht ein Trampolin für seine Kinder. Täglich soll er sich der Verkehrstüchtigkeit des Gerätes versichert haben. Sein Auto pflegte er gründlich und putzte es regelmäßig. Von dem dritten Kind, einem noch nicht ein Jahr alten Baby, fehlt indessen jede Spur.

In der Wohnung findet man einen Abschiedsbrief des Mörders. In ihm schildert er detailliert den Tathergang, protokollarisch angefertigt nach der Tat an seinen drei Familienangehörigen. Sie entsprechen, wie sich später herausstellt, sehr genau den Ermittlungen der Polizei. Die Ehefrau liegt tot im Bett, erstickt mit einem Kopfkissen. Die beiden Söhne liegen tot in ihren Kinderbetten, ebenfalls mit einem Kissen erstickt.

In dem Brief werden wirtschaftliche Gründe angedeutet, die den Rentner in die Ausweglosigkeit getrieben hätten. Aber es gibt noch einen weiteren Brief von ihm, adressiert an die „Bild-Zeitung". Darin behauptet er, *„aus ganz großer Liebe und Verzweiflung"* töten zu müssen. Seine Frau sei mit den drei Kindern völlig überfordert, und für seine Söhne sei ihre Mutter *„eine unkalkulierbare Zukunftsbelastung"*. Nur die kleine Tochter wolle er verschonen und ihr die Chance geben, *„unter liebevollen Ersatzeltern vielleicht doch eine unbelastete Zukunft haben zu können."* Der Mann tötet als erstes seine Frau. Danach tötet er seine beiden

Söhne. Dann fährt er mit seiner kleinen Tochter ins Krankenhaus und legt sie in die Babyklappe. Wenige Minuten später erkundigt er sich, ob die Kleine gefunden worden sei. Das wird ihm bestätigt. Der Mann steigt wieder ins Auto, fährt nach Hause in die Wohnung mit den drei toten Angehörigen. Er setzt sich ins Wohnzimmer auf einen Stuhl, zieht sich eine Plastiktüte über den Kopf, verschnürt sie um den Hals und nimmt sich so das Leben.

Hinter dem Krankenhaus Waldfriede an der Argentinischen Allee gibt es einen wunderschönen Parkgarten, der im Jugendstil gestaltet ist. Der chromfarbige Kasten auf der kleinen Terrasse mit der Babyklappe, auf die Gabriele Stangl in grünen Buchstaben „Babywiege" hat schreiben lassen, ist vom Park aus nicht einsehbar. Über die verschlungenen Pfade zwischen den Bäumen auf Rabatten und den Sträuchern des Gartens geht es sich wie im Paradies. Geschichten, die diesen Ort mit einer anderen Welt verbinden, sind mit der Vernunft nicht zu erschließen. Auch liegt die Vorstellung fern, in der verschlungenen Ordnung dieses prächtigen Gartens könne sich jemand verirren, um ein Neugeborenes auszusetzen, noch lebend oder schon tot.

Im Grundgesetz, der deutschen Verfassung, ist das vollständige Recht der eigenen Persönlichkeit verbürgt. Zu diesem Recht gehört auch, seine eigene Abstammung zu kennen. Keiner darf dazu beitragen, dass dieses Recht beeinträchtigt wird. Beeinträchtigen Babyklappen dieses Recht? Ja, sagen die Juristen und verweisen immer wieder darauf, dass die Babyklappen anonyme Angebote sind, die den Kindern ihre Herkunftsidentität nehmen. Die Regierung sah sich aus verfassungsrechtlichen Gründen gezwungen, so argumentiert sie, gegen diese Anonymität schaffenden Einrichtungen vor zu gehen. Eine Beihilfe zur Verletzung der Verfassung sei nicht zu akzeptieren, so gut sie auch gemeint sein mag. Für den Tatbestand der Barmherzigkeit gibt es keinen Rechtsgrundsatz. Aus der Sicht auf geordnete Verhältnisse ist den Juristen nicht zu widersprechen. Kalt argumentiert denn auch Anke Rohde, Psychosomatikerin an der Bonner Uniklinik. Sie fordert statt der illegalen Hilfe reguläre Hilfsangebote. Das hat die Bundesregierung aufgegriffen und daraus ihr Gesetz über *„Maßnahmen des Vertrauens"* geschaffen. Bei der vertraulichen Geburt muss die Mutter – anders als bei der anonymen Geburt – ihre Daten für das Kind hinterlassen. Frühestens mit 16 Jahren kann das Kind diese Informationen erhalten, es sei denn, die Mutter widerspricht. Dann muss ein Richter entscheiden. Mit dieser Regelung wird dem Grundrecht des Menschen auf Kenntnis seiner Herkunft entsprochen. Und Mütter, die das alles in ihrer Notsituation überhaupt nicht interessiert? In der kalten Sprache der Analytiker hatten die Gutachter für die Regierung diagnostiziert: *„Meist handelt es sich bei den Täterinnen heute um Frauen mit bestimmten Defiziten bei der Kontaktaufnahme mit einer Klinik."*

Gabriele Stangl widerspricht vehement dieser Sichtweise. Sie kennt die Geschichten, die am Ende zu ihrer Babywiege führen. Die Vorstellung, dass gute Ordnungen Verzweiflung oder Wahnsinn wie in Alt-Gatow oder in der Köthener Straße verhindern können, widerlegt sie durch Erfahrungen, die sie in ihrem Krankenhaus macht. Sie ist sicher, dass sie Leben schützt. Leben zu schützen ist für sie der höchste Wert, auch der höchste Wert von Ethik und Grundgesetz. Es muss die Möglichkeit bleiben, auch eine letzte Chance zu geben, in der nichts mehr hilft, was Menschen regeln können. Dann kommt es auf das richtige Handeln in einem Augenblick an, für den es keine Dienstpläne und keine Handlungsanweisungen gibt. Keiner weiß wirklich, wie schrecklich Angst sein kann. Denn von der Angst geplagt sind sie alle, denen ihre Zuwendung gilt, ihre Berufung. Wenn sie die Kleinen aus der Babywiege holt, fängt für sie die Aufgabe der Gesellschaft an, sie in eine lebenswerte Ordnung zu führen. Dafür gibt es geregelte Wege, Adoptionsrecht, Erziehungspflichten, Jugendämter. Dann bleibt das gerettete Leben immer noch voller Probleme. Von diesen Problemen wird das Nichtwissen der leiblichen Herkunft nicht unbedingt immer das größte sein. Gabriele Stangl hat alle Kleinen, die sie vor Schlimmerem gerettet hat, tief in ihr Herz geschlossen. Gefragt, woher sie ihre Kraft und Stärke nimmt, ungebrochen über die vielen Jahre mit diesen und für diese Menschen zu arbeiten, antwortet sie ohne nachdenken zu müssen: *„Die sind immer schon in mir da gewesen und werden mich nicht verlassen."*

In wenigen Jahren wird sie ein großes Fest feiern. Dann wird ihre Arbeit 18 Jahre alt. Die Babywiege wird dann volljährig. Sie wird alle einladen, ihre Kinder, Mütter, die kommen wollen, und viele Menschen, denen sie geholfen hat. Sie will sich nicht feiern lassen, wartet nicht auf die Dankbarkeit. Ihre Augen werden strahlen, und sie wird ihren Gästen mit auf den Weg geben: *„Ich bin ein dankbarer Mensch, das alles erlebt zu haben. Ihr seid es gewesen, die mich jedes Mal aufs Neue motiviert haben, eine Motivation, die immer noch stärker wird."*

DIE SCHÖNHEIT DER NOFRETETE

— DIE SCHÖNHEIT DER NOFRETETE —

Lächelt sie noch? Sind ihre Lippen entspannt oder streng, wenn man sich ihnen nähert? Weist dieses freundliche Gesicht ab oder folgt man seiner Einladung zum Zwiegespräch und möchte von ihm wahrgenommen werden? Sind die Blicke über die Ferne des großen Reiches gerichtet oder gehören sie der unendlichen Zeit des absichtslosen Daseins? Schön, klar erscheint sie auf den ersten Blick und steigert ihre Anziehung, je ausdauernder die Augen sie zu ergründen suchen. Sie erklärt sich nicht von alleine. Ihre Schönheit leuchtet in warmen Farben und vornehmen Formen, ist gegenwärtig, jenseits von Zeit und Mode, geheimnisvoll schwebend, nicht zu vergleichen mit irgendwelchen Zuständen und Regungen, in denen die Schönheit eines Gesichts offensichtlich wird.

So schön kann nur eine Frau sein, antwortet das Gefühl, obgleich von der Frau nur das Gesicht mit der hohen herrschaftlichen Kronenbedeckung über der Stirn und dem langen schmalen Hals über den angedeuteten Schultern zu sehen ist. Nein, sie lächelt eigentlich nicht. Ihre Lippen sind hart und kantig modelliert. Das Gesicht zeigt sogar kleine Falten in der Haut unter den Augen, und warum sollte es nicht möglich sein, mit ihr darüber zu plaudern, wie viel ihr die natürlichen Gaben ihrer Schönheit in der Politik ihres Reiches wert gewesen sind? Dann kann sie auch sagen: Sieh mich an, wie ich bin und dichte in mich keine Verklärungen für das, was du nicht verstehst. Für einen Mythos wurde ich nicht geschaffen, sondern weil ich bin wie ich bin. In diesem Zwiegespräch entsteht dann der Eindruck eines überlegenen Lächelns. Ein Schritt zurückgetreten, ist das Lächeln dann wieder überirdische Klarheit einer sehr starken Frau. Das Rätsel der Schönheit teilt die Nofretete in Berlin mit der Mona Lisa in Paris. Wenn es bei den beiden denn ein Lächeln gibt, ist es das Lächeln der Schönheit einer wahren Königin. Das zieht an und erzeugt zugleich Distanz. Es lässt Nähe, fast Intimität zu, ist aber nicht mit Geschmack oder Wünschen der einzelnen Betrachter gemein. Wer die Distanz durch Nähe findet, spürt die zwingende Macht der Königin Nofretete.

Bis 1871 war Berlin nicht die Hauptstadt eines deutschen Reiches, sondern Hauptstadt von Preußen. Der Übergang hat augenfällige Brüche in den Bauanlagen im Stadtzentrum bewirkt. Königlich sollte eine neue Klassik sein, ein Arkadien mit klar dimensionierten Formen der Gebäude und Plätze, die zusammengefügt waren nach den Idealen einer hellenistischen Stadt. Die schöne Welt der Harmonien wurde gesprengt mit dem Willen zur monumentalen Vergrößerung der Formen und Maße, um die Größe und Macht der Hauptstadt eines Reiches in dieser Welt den nicht größer gewordenen Menschen vorzuführen. Diese Veränderung des Zentrums ist auf der Museumsinsel und seiner Anbindung an den Lustgarten, und auch am protzigen Dom und die bald wieder dominanten Schlossfassaden zu besichtigen. Die Insel ist ein eigenes Zentrum in der Mitte von Berlin, östlich umflossen von der Spree und westlich von einem ihrer Nebenarme, dem Kupfergraben. Schloss und Kirche (einst mit einem viel kleineren Kuppeldom im klassizistischen Stil) gehörten schon lange vor den Museen zu dieser Mitte. Aber die Kunst war in den Potsdamer Schlössern und in anderen Repräsentativbauten der Könige zu Hause. Doch nach der Französischen Revolution und infolge der Unterwerfung des preußischen Staates durch die Macht Napoleons hatte sich ein gesellschaftlicher Wandel vollzogen, mit dem das gebildete Bürgertum die repräsentative Ausstellung der Weltkunst in öffentlich zugänglichen Räumen gefordert hatte. Preußen sollte in seiner Mitte die weltliche Macht des Königs, die geistliche Macht der Kirche und die wissenschaftlich-kulturelle Macht des Bürgertums räumlich erkennbar vereinen.

Vorbild war Paris. Dort wurde 1791 der Kunstbesitz der Könige im Louvreschloss durch Beschluss der konstituierenden Versammlung jedem Bürger zur Besichtigung und zum Studium freigegeben. Bildung, Erziehung, Wissenschaft und Kultur waren auch in Berlin drängende Forderungen des Bürgertums, vorgetragen in zahlreichen Memoranden und Manifesten Sie sollten in neuen Museen ihren sichtbaren Ausdruck finden als offene Einrichtungen für die Bevölkerung, gleichberechtigt neben Schloss und Dom im Zentrum der Stadt. Wenn die Bürger im Staat schon nichts zu sagen hatten und Demokratie anders als in Frankreich unerreichbar fern zu liegen schien, so sollte den Gebildeten eine eigenständige repräsentative Entfaltung zugestanden werden durch den Aufbau einer großen Universität und durch den Bau großer Museen.

Günstige Umstände kamen diesem Aufbruch des Bürgertums in Berlin entgegen. Der König war durch die Napoleonischen Kriege geschwächt und die ökonomischen Bedingungen für den Wiederaufbau Preußens nicht gerade günstig. Die Schlösser waren prall gefüllt mit wertvollen Kunstgegenständen. Eine breite Schicht hochgebildeter Wissenschaftler und Forscher machte aus der neu gegründeten Berliner Universität (1809) schnell eine glänzende Einrichtung. Der Zeitgeist war voller Begeisterung für die Antike. Gefördert wurde eine schwärmerische Kunst in der Aneignung griechischer, römischer und italienischer Renaissanceproportionen. Mit dem genialen Karl Friedrich Schinkel trat ein Baumeister, Stadtplaner und Designer an die Spitze der Behörde, der binnen weniger Jahre der Stadt ein Gesicht geben konnte, das bis heute in einigen Teilen noch zu bewundern ist. Und es gab auf der Insel hinter dem Lustgarten noch reichlich Baugelände bis zum Ende des Eilandes, an dem sich die beiden Spreearme wieder vereinen.

Der Weg zum richtigen, öffentlich zugänglichen und umfassenden Museumsbau war lang und musste viele Widerstände des Königs und seines Hofs überwinden. Schließlich aber kam es ab

1822 zum Bau des Alten Museums am nördlichen Rand des Lustgartens schräg gegenüber vom Schloss. Die dem Platz zugewandte Front des Museums besteht aus einer Kolonnade von achtzehn kannelierten ionischen Säulen auf einem Sockel mit breit vorgelagerten Stufen. Zu den Kunstwerken soll man empor steigen. Das Museum setzt den Gedanken um, dass die Kunst der Vergangenheit eine Umgebung haben soll, in der deutlich wird, dass die erhabensten und größten Leistungen der Menschheit in ihr aufgehoben sind. Indem sich die Besucher ins Museum begeben, sollen sie spüren, Teil dieser großartigsten Zeugnisse der Menschengeschichte zu sein. Dieser Wille, mit dem Schinkel sein Altes Museum gebaut hatte, galt auch für die erst viel später errichteten weiteren Museumsbauten auf der Insel.

Für die Gebäude auf der Berliner Museumsinsel galt der Grundsatz: Raumgestaltung und Kunstwerke sollten eine Einheit bilden, und diese Einheit sollte ihrerseits wieder ein Kunstwerk ergeben. Nach diesem Grundsatz wurde das Neue Museum (ab 1843) mit den Ausmalungen seiner ägyptischen und vorderasiatischen Räume errichtet, die tempelartige Nationalgalerie (ab 1866) mit ihren Werken aus der Romantik und der beginnenden Moderne, das barocke Bodemuseum (ab 1880) für seine Skulpturen aus der Zeit Byzanz und des Mittelalters und das Pergamonmuseum (ab 1900) mit dem berühmten Altar und dem Ischtartor aus Babylon.

Erst mit den neuen Bauarbeiten auf der Insel wird deutlich, mit welchen Schwierigkeiten die Bauherren stets zu kämpfen hatten. Der Boden ist sumpfig. Allein für das Alte Museum musste Schinkel über 3000 fünfzehn Meter lange Eichenstämme in den Boden rammen, um eine Fundamentplatte schaffen zu können. Friedrich August Stüler, Architekt des Neuen Museums und Nachfolger Schinkels als Leiter des preußischen Bauwesens musste ebenso wie die weiteren Museumsbauherren solche aufwändigen Pfahlrostgründungen schaffen. Die Museumsinsel gleicht, wie auch die derzeitigen Erweiterungen zeigen, den Fundamentbauten Venedigs. Selbst die Ingenieure heute quälen sich mit stets neuen Überraschungen, die der Eiszeitsumpf ihnen entgegen zaubert.

Während der Reichsgründung 1871 war die Museumsinsel eine riesige Baustelle, auf der lediglich das Alte und das Neue Museum die Galeriebestände zugänglich machen konnten. Nach dem Krieg gegen Frankreich und den demütigenden Kontributionszahlungen Frankreichs an das neue Reich brach in Deutschland eine Hochkonjunktur aus, viel Kapital floss durch das Land und Geld in die Staatskasse. Die „Gründerzeit" war angebrochen. Auch die Museumsinsel schwamm nun beinahe im Geld. Ihre internationale Bedeutung sollte nun auch als Repräsentation des Staates und als Macht des Hohenzollernhauses genutzt werden. Der Ankaufsetat stieg von 20.000 Talern auf 300.000 Taler. Aufwändige Ausgrabungen wurden finanziert und bei der Errichtung der Gebäude war nichts zu teuer.

Besonderen Ehrgeiz verband der Staat mit der 1898 gegründeten Deutschen Orient-Gesellschaft. Engländer und Franzosen hatten spektakuläre Ausgrabungsergebnisse aus Ägypten ihren Museen einverleibt und das Publikum strömte in Vorträge und Ausstellungen, in denen aus Ländern und Zeiten anschaulich berichtet wurde, die vielen nur aus der Bibel bekannt waren. Auch der Kaiser war begeistert und wollte seine Weltgeltung durch eigene Ausgrabungen zum Ausdruck bringen können. Dazu fand er einen genialen Mäzen, den Kunstliebhaber und Textilhändler James Simon. Er scharte in der Orient-Gesellschaft Bankiers, Unternehmer und andere reiche Patrioten um sich. Erste Grabungen waren die in Babylon. Die Prozessionsstraße und das Ischtartor im Pergamonmuseum zeugen vom Reichtum der Archäologen und ihren Funden.

Ab 1902 wurden die Grabungen des Teams um Ludwig Borchardt in Ägypten finanziert. Die verschlangen zwar nie gekannte Summen Geld, gehörten aber zu den erfolgreichsten Grabungen der miteinander wetteifernden Teams aus den Ländern Europas. Von 1911 bis 1913 fand Borchardt die Wüstenhügel, unter denen die Schätze von Amarna verborgen waren. In der 18. Dynastie der ägyptischen Reichsrechnung hatte hier der Pharao Echnaton mit seiner Frau Nofretete seine Hauptstadt aufgebaut. Als der 1. Weltkrieg ausbrach und die Grabungen abgebrochen werden mussten, waren bereits aus dem Tell-el-Armana zügeweise Schätze nach Berlin gerollt und lagen, gut beaufsichtigt vom bestens informierten James Simon, in den Depots oder sogar in den Wohnzimmern der Mitglieder der Orient-Gesellschaft.

Man weiß über Nofretete immer noch sehr wenig und wusste vor ihrem Erscheinen als Kunstwerk im Museum fast gar nichts über sie. Im Neuen Museum hat sie jetzt ihr Heiligtum gefunden. Es gibt neben dieser einmaligen Büste aber noch zahlreiche weitere Funde aus Amarna, die in Beziehung zu dieser Frau stehen oder über sie erzählen. Die Königin ist 1,58 Meter groß und zierlich. Sie hat einen dünnen langen Hals, der in markante Jochbeine der Schultern übergeht. Sie hat mandelförmige Augen und ihre Ohren sind ziemlich klein. Die Lippen sind voll und elegant geschwungen. Ihr Kinn ist schmal und weich gegliedert mit maskulinen Unterkieferwinkeln, der Nasenrücken dünn und ebenlinig. Sie hat langgliedrige Finger. Und: sie ist kahl geschoren, um sich vor Läusen zu schützen, wie es damals üblich gewesen ist. Auf ihr Äußeres verwendet sie viel Zeit. Schönheit ist ihr wichtig. Bäder, Salben, Schminken gehören zu ihrem Alltag. Sie trägt bei offiziellen Anlässen die gewaltige hochhütige Krone. Sonst trägt sie schwarze Perücken. Ganz ohne Zweifel ist sie eine außerordentlich schöne Frau, stolz und selbstbewusst, charismatisch, majestätisch und sicher erotisch.

— DIE SCHÖNHEIT DER NOFRETETE —

Ihr Mann Echnaton verehrt sie. Er schmückt sein Reich mit ihr. Auf den Säulen, die den nördlichsten und den südlichsten Punkt seiner Stadt Achet-Aton markieren, lässt er über sie schreiben, damit es alle wissen sollen: *„Schön von Angesicht, Besitzerin des Glücks, ausgestattet mit der Gunst zu hören, deren Stimme einen erfreut, Königin der Anmut, erfüllt von Liebe, Beglückerin des Herrschers der beiden Länder."* Diese Beglückerin des Herrschers hatte ursprünglich einen anderen Namen. Erst als Amenophis IV., der eine neue Sonnenreligion des „Aton" gründete und sich den Namen Echnaton gab, sie heiratet, heißt sie Nofretete, was in etwa bedeutet: *„Die Schöne, die da kommt"*. Genau genommen heißt sie in Verbindung mit Aton *„die Schöne, die da kommt, ist die Schönheit des Aton"*. Sie ist die Sonnenkönigin, und jenseits der komplizierten Windungen der Sonnenreligion des Echnaton ist das heute die einfachste Vorstellung dieser Frau: Sonnenkönigin von Ägypten. Viele gehen ins Neue Museum, weil sie glauben, es sei der Nofretete-Tempel. Dabei ist sie erst sehr spät in ihre neue Gastbehausung gekommen. Das Neue Museum war da bereits eine beachtenswerte Sammlung der Orientgrabungen in Ägypten. Und auch in neuester Zeit ist die Sonnenkönigin erst spät wieder in ihr Museum gezogen.

Es war 1997 eine begnadete Entscheidung, David Chipperfield mit dem Wiederaufbau und der Sanierung des Neuen Museums zu beauftragen. Damals war dieser Bau noch eine letzte vollständige Kriegsruine auf der Insel, aus dessen bizarren Steinresten Birken wuchsen. Der auf einem Bauernhof geborene Londoner Architekt hat die Wunden und Zerstörungen des Museum in die neuen Wände eingebaut, ein Museum der Zeitgeschichte eines Museums errichtet. Wie im Mittelalter in den Domhütten hat Chipperfield mit seinen Handwerkern auf der Museumsinsel gelebt und gearbeitet. Stülers Bau – damals wegen seiner Eisenträgerkonstruktion hochmodern und in seiner Ausstattung ein

Prunkbau barockisierender Klassik – bleibt dominant. Aber die Einschusslöcher aus den letzten Tagen des Krieges, in denen das Reich auf wenigen Quadratkilometern der Berliner Innenstadt verteidigt wurde, sind ebenso präsent. Im Nahkampf erschossen sich noch wenige Stunden vor Kriegsende in den Trümmern des Museums hunderte Russen und Deutsche.

Der ägyptischen Sammlung bekommt es gut, dass man ihr wie in Katakomben begegnet, aber auch in den farbenfrohen Sälen illusionistischer Nillandschaften. Stüler hatte seine Räume um die Ausstellungsgegenstände herum gebaut. Normalerweise baut man Museen, um in ihnen Ausstellungen präsentieren zu können. Heute sind die Ausmalungen eher Zitate. In ihren Fragmenten gehören sie zu dem Museum wie auch die neu gestalteten Räume im grauen Beton. Allgegenwärtig bleibt die Grundsubstanz der Raumproportionen, der wunderbaren Fenster und der ockerfarbigen Ziegelsteine. In Abbruchscheunen der Mark, in Sachsen und Böhmen haben die Restaurateure die alten Steine gefunden, die heute nicht mehr gebrannt werden. Mit ihnen haben sie das Mauerwerk des Museums geziegelt. Sie verleihen ihm seinen Charakter zwischen Ruine und Prunkbau. Das Museum ist lebendige Geschichte – Geschichte des alten Ägyptens ebenso wie Geschichte der Museumsinsel selbst, einer Geschichte von Zerstörung und Wiederaufbau.

Steigt man die majestätische Treppe in der Eingangshalle hinauf, konzentrieren sich die Sinne vollständig auf die hohen Ziegelwände rechts und links zur Seite des Raumes, auf die halbplastischen Friese auf ihnen und auf die wunderbaren vom Kriegsfeuer geschwärzten ionischen Säulen auf dem Vestibül des ersten Obergeschosses. Auf der langen Treppe oben angekommen, steht man im Zentrum des Hauses. Rechts und links liegen die vergleichsweise unauffälligen und schmalen Türen zu den Ausstellungsräumen. In der Front des Vestibüls, hinter den Säulen jedoch ist eine große und wunderbar gearbeitete Flügeltür wie aus einem großen Renaissancepalast. Sie ist geschlossen, wirkt hinter den Säulen wie eine Attrappe, die dem Raum ein herrschaftliches Aussehen verleiht.

Der Ausstellungsbereich im ersten Obergeschoss ist das ägyptische Herz des Museums. Hier liegen und stehen die Schätze aus Amarna. Es ist auch in den Details am genauesten nach den alten Vorlagen originalgetreu restauriert worden. Hier leben auf einer Etage die in Kunst getriebenen Lichtfiguren einer kurzen Epoche der langen Geschichte des alten Ägypten wie in einem Schattenreich. Nofretete und ihr Gemahl Echnaton sind ihr Mittelpunkt. Sie verkörpern das Reich des Aton. Angebetet wird der Sonnengott Aton, dessen einziger Diener auf Erden der Pharao ist. Die gesamte Beamtenkaste Ägyptens ist durch diese Religion des neuen Staates entmachtet worden. Es herrschten nur noch der Gott Aton und sein Stellvertreter auf Erden, der Pharao. Das Sonnenkönigtum im 14. vorchristlichen Jahrhundert dauerte nicht lange an. Nofretete überlebt vielleicht ihren Mann – man weiß es nicht genau, kann aber die Macht im ägyptischen Reich keinesfalls sichern.

In ihrem neuen Museumsreich sind Echnaton und Nofretete in den verschiedensten Szenen zu entdecken. Sie verstanden sich als Popstars ihrer Zeit und verkörpern den von ihnen geschaffenen Religionskult. Bereits als Amenophis IV. den Thron in Karnack besteigt, steht ihm Nofretete zur Seite. Doch schnell kommt es zum Bruch mit der alten Amun-Religion der vielen Götter. Nun ist Aton als Gott der Sonne der oberste Weltengott, dem die Pharaonenfamilie zu dienen hat. Echnaton und Nofretete bauen sich eine neue Hauptstadt, die Achet-Aton im Amarnatal und ihre sechs Töchter tragen alle Namen, die mit -aton zusammengesetzt sind. Familienszenen werden in Stein gehauen, und stets umhüllen die Strahlen Atons die neue Herrscherfamilie

Ägyptens. Diese kurze Zeit der religiösen Revolution nennt man die Amarna-Epoche, und das neue Museum ist das Schaufenster und Archiv ihrer Geschichte.

Die auffallend hohe Position, die Frauen in der gesellschaftlichen Hierarchie im alten Ägypten eingenommen haben, wird in der Amarna-Epoche noch gesteigert. Nofretete erhält alle Symbole der Pharaonenmacht.

Die blaue hohe Krone auf der Büste im Museum scheint eigens für sie geschaffen worden zu sein, ein Symbol für die Regentschaft. In Kriegsszenen taucht sie als Führerin auf und auch kultische und religiöse Zeremonien leitet sie ohne ihren Mann. Sie sieht man auf einem eigenen Thron, den die Zeichen der Vereinigung der beiden Länder Ober- und Unterägypten zieren. Soviel Macht hatte es vorher nicht für die Gemahlin eines Pharaos gegeben. Dokumente sagen, dass die beiden sechzehn Regierungsjahre zusammen verbracht haben. Wer von beiden mächtiger war, hätte Nofretete vielleicht mit dem Anflug eines Lächelns beantwortet. Was nach ihnen geschah, bleibt im Dunklen. Die alte Religion wird wieder Staatsreligion, und alle Hinweise auf Echnaton und Nofretete müssen aus der Öffentlichkeit beseitigt werden. Selbst das Grab bleibt unbekannt, in dem die Sonnenkönigin bestattet wird.

Die Amarnazeit wird in den Funden und ihrer dichten Zusammenstellung im Museum lebendig. Prächtig gestaltete Grabmäler erzählen viel über das Leben der Menschen in jener Zeit, in Stein gehauene Ahnengalerien zeigen Köpfe voller Individualität und im heißen Sand spielen Kinder unter den lächelnden Blicken der Erwachsenen. In Reliefs einmaliger Schönheit und Grazilität schaut die Königsfamilie in die zahlreichen Gesichter ihrer Besucher. Allein für die Büste der schönen Königin ist das Neue Museum nicht gebaut worden. Aber alle Wege führen zu ihr, und jeder steht schließlich in ihrem Thronsaal, einem ausschließlich für sie errichteten Raum unter der Nordkuppel des Museums, ein kleines Heiligtum, ausgestattet mit allen technischen Effekten ihrer Präsentation. Ihrem neuen Herrschersitz schließt sich die Arbeitsbibliothek an. Das Museum war eine wissenschaftliche Einrichtung. Die Orientwissenschaft galt damals als Krone der Wissenschaften, und man zeigte gerne, mit welchen geheimnisvollen Zeichen sich die gelehrten Herren beschäftigen mussten. Mit dem zur Bibliothek offenen Nofreteteraum öffnet sich eine lange Raumachse, die über die Bibliothek hinaus reicht, über einen Zwischenraum hinter der großen Flügeltür, die bereits beim Aufstieg der langen Treppe zu bewundern war, bis in einen weiteren Prunkraum mit der Südkuppel, an dessen Stirnwand die große Marmorplastik des spätgriechischen Helios steht. Die Augen der Sonnengöttin schauen also nicht in irgendeine Weite. Sie schauen rüber in die Ferne auf den griechischen Sonnengott. Eingebettet in ihr Blickfeld sind die Zitate der Wissenschaft über die Kunst von Raum, Literatur, Zeit und den sich in ihnen bewegenden Menschen vom Altertum bis in die Renaissance. Alles ist in diesem Museum Programm und Zitat des bürgerlichen 19. Jahrhunderts. Wissen und Bildung sollen das Museum nicht nur füllen. Die Säle sollen Zusammenhänge aufzeigen, den Betrachter auf die hohe ideale Stufe von Wissenschaft, Bildung, Kultur und Macht erheben.

Die Museen, das Schloss und der Dom wurden von den Bürgern als etwas aus ihrer Stadt Herausragendes empfunden. Sie bewegten sich entlang der wundersamen Prachtgebäude vorsichtiger und ehrfürchtiger als in ihren Wohnquartieren. Im Museum waren sie Bürger des Geistes, zwar auch hier ihrem Alltag enthoben, aber frei in ihren Eindrücken und Gedanken, die sie in dieser Welt suchten. Als das Neue Museum gebaut wurde, hatte Berlin ungefähr eine halbe Millionen Einwohner. Nachts war es in der Stadt dunkel und düster in den Straßen. Laternen, in denen glimmendes Walöl ein mattes Licht auf die meist drei Etagen hohen Fassaden warf, konnten kaum verhindern, dass die Füße durch Schlaglöcher und Pfützen schlurften, wenn es regnete. Erst wenige Straßen hatten neue Kandelaber erhalten, in denen als letzter Schrei der Moderne die Aue-Glühstrümpfe glühten, gespeist mit Gas, das über Rohrleitungen unter den Straßen zugeführt wurde. 1871 wurde Berlin eine Millionenstadt und es dauerte bis 1882, bis auf dem Potsdamer Platz die ersten elektrischen Beleuchtungen installiert wurden.

Noch größer waren die Diskrepanzen zwischen der herrschaftlichen Mitte mit den Museen und den düsteren Wohnvierteln für den Geruchssinn, der umso mehr strapaziert wurde, je wärmer es wurde und je stärker die Sonne schien. Es stank überall in der Stadt gewaltig. Es gab keine unterirdische Kanalisation, die Häuser hatten Plumpsklosette, deren Inhalte in die Rinnsteine befördert wurden und in den Kanälen, Flüssen und Bächen der Stadt entsorgt wurden. 1871 gab es in der Stadt erst 16.000 Wassertoiletten, und Epidemien, vor allem Typhus, gehörten zu den dauernden Plagen der Stadtbevölkerung. Mit dem Bau der Kanalisation nach dem Plan des genialen Rudolf Virchow konnte erst 1873 begonnen werden. Immerhin wurden durch sie 1883 bereits 42 Millionen Kubikmeter Abwasser auf die außerstädtischen Rieselfelder gepumpt. 1893 waren bereits 144 Kilometer Kanäle und 584 Kilometer Abflussrohe gebaut worden, eine enorme Leistung der Ingenieure in der weiter rapide wachsenden Stadt.

Von dem ständigen Dreck und Lärm unbelastet, jenseits der Hektik der industriellen Moderne, konnte man im Lustgarten und in den Museen in Ruhe und Beschaulichkeit wandeln. Was man dort sah und bestaunte, war rein, leuchtend und erzeugte das Bild einer guten und harmonischen Welt der Kunst. Im Neuen Museum hatte die Sonne ihre eigene schöpferische Verherrlichung gefunden. Oder war der so harmonisch auf Schönheit und Effekt ausgerichtete Aton-Kult vielleicht doch eher Ideologie eines machtsüchtigen Herrscherkults? Nur intensives Studium konnte eine Verbindung zwischen der Kunst und der Realität herstellen, aus der die prächtigen Funde entstanden waren. Die ägyptischen Pharaonen sind Gott und Herrscher in einer Person. Auch Amenophis wird, als er noch nicht Echnaton heißt, als Gott und Majestät verehrt. Allerdings gibt es da noch die vielen Götter neben ihm. Er aber will den Respekt nur für sich allein und schafft deshalb ohne jede Nachsicht sämtliche anderen Götter ab, um nur den einen neuen Gott zu kreieren, den Sonnengott Aton. Abschaffen kann er die Götter nur, indem Echnaton alle sichtbaren Spuren der Götter aus seinem Reich entfernen lässt. Er schafft den neuen Kult, in dem es nur noch ihn und Nofretete zwischen Aton und dem Rest der Menschen darzustellen gibt. Damit dieser Kult allen Menschen unmissverständlich klar wird, lässt er überall sämtliche auffindbare Inschriften irgendeiner Gottheit und auch den Namen Amenophis löschen, es werden alle Statuen geköpft, die mit früheren Herrschern verbunden sind. Die vollständige Macht, so hofft er, entfalten das Paar Echnaton und Nofretete erst, wenn es nur noch sie mit dem einen Aton gibt.

2250 Jahre ruhte die Schöne im Sand von Amarna, bevor sie 1913 nach Berlin reiste, wo sie für ein bewegtes Leben in immer neue Machtspiele verwickelt wurde. Ins Museum kam sie jedoch noch lange nicht, sondern zierte zunächst die Villa von James Simon, die er im Tiergarten mit einem Grundstück besaß, auf dem heute die Landesregierung von Baden-Württemberg residiert. Erst 1920 übergab er die Sonnenkönigin als Schenkung an den Freistaat Preußen, für die Ägyptische Abteilung des Museums, in der sie allerdings erst 1924 öffentlich ausgestellt wurde. Am 16. Oktober 2009 bezog sie wieder ihren angestammten Sitz im Museum und schaut nun voller Selbstbewusstsein hinüber zum griechischen Sonnengott, der 1500 Jahre jünger ist als sie. Dahinter verbirgt sich eine Geschichte der puren Macht und viel Diplomatie, eine Geschichte, die bis heute noch nicht ihr Ende gefunden hat.

Schnell wird die Schöne zum Idol der neuen Zeit in der Weimarer Republik. Frauen eifern ihr mit Schminke und Make-Up nach. Die Presse gewöhnt sich daran, sie als die schönste Berlinerin zu titulieren. Berlin ist jedenfalls nach dem Sturz des Kaiserreichs entzückt von seiner neuen Königin. Sie kommt gerade zur rechten Zeit ans Licht der Öffentlichkeit. So zart, so kühl, so schmal und ein wenig androgyn – das ist das ideale Vorbild. Auch den Theatern und der Malerei steht sie erkennbar Pate. Greta Garbo wird eine Nofreteteikone. Man hat eine ägyptische Königin, steinalt und doch jenseits von Raum und Zeit supermodern.

Doch die Herrschaft der neuen Königin dauert nicht lange. Schon zu Beginn des zerstörerischen zweiten großen Krieges des Jahrhunderts verschwindet sie in einer Kiste in den Tresor der Reichsbank am Gendarmenmarkt. 1941 wird es auch dort zu heiß, und die Kiste wird in einen Flakbunker am Zoo gebracht. Im März 1945 wandert sie dann tief in den Salzstollen im thüringischen Merkers. Da holen sie die Amerikaner bereits nach zwei Wochen wieder raus und schleppen die Kiste in die Reichsbank nach Frankfurt. Die Kiste hat nun die Aufschrift „Die bunte Königin." So kommt sie in die Kunstsammelstelle, die in Wiesbaden von der US-Armee eingerichtet worden war. Dem Kunstschutz-Offizier Walter Farmer ist es zu verdanken, dass sie nicht die Fahrt über den Ozean in die Vereinigten Staaten antreten muss. Stattdessen schickt sie der Amerikaner Farmer ins Landesmuseum Wiesbaden. Erst im Juni 1956 darf sie ihre Heimreise nach Berlin antreten, ein Triumphzug. In den Osten soll sie nicht ziehen. Nun findet sie einen Platz in der Gemäldegalerie in Dahlem, die damals noch an der Fabeckstraße in Dahlem residierte. Im Oktober 1967 wird das Ägyptische Museum in Charlottenburg mit den westlichen Restbeständen des ehemaligen Neuen Museums eröffnet, nun wieder mit Nofretete in der Mitte. 1992 kommt die alte Schöne in die Klinik zur Generalüberholung, danach geht es wieder zurück nach Charlottenburg. Ein paar Tage ist sie dann 2005 Star der Ausstellung Hieroglyphen um Nofretete im Kulturforum hinter dem Potsdamer Platz. Auch ein kurzes Gastspiel im Alten Museum darf die Sonnengöttin noch absolvieren, bis sich endlich der Reigen wieder schließt und sie mit neuer Kraft ihren alten ruhigen Platz der Zeitlosigkeit im Neuen Museum einnehmen darf.

In einem so unruhigen Leben kommen die Dinge in ihrer zeitlichen Abfolge ein wenig durcheinander. Aber es will scheinen, dass am Ende der Wanderungen nun in der neuen alten Museumsumgebung der tiefere Sinn von Kunst, Ideologie und Macht in ironischer Überhöhung noch offensichtlicher wird als es die Menschen früher empfunden haben mögen. Wenigstens ist mit der neuen Sichtachse zwischen der ägyptischen Sonnenkönigin und dem griechischen Sonnengott ein bemerkenswertes Schauspiel zu beobachten. Noch einmal lohnt es, die große Treppe vom Eingang des Museums in das obere Geschoss zum Thronsaal der Nofretete zu steigen und sich dessen klar zu werden, wie in diesem Haus Bildung, Kunst und Macht zusammen gedacht werden müssen. Bildung repräsentiert sicher die Arbeitsbibliothek, die sich dem Gemach der Nofretete direkt anschließt. Das Museum birgt ja vor allem auch die Schätze der ägyptischen Papyrussammlung. Über die Tische gebeugt kann man deren Reproduktionen voller Ehrfurcht genießen, wenn man sich aus den Sonnenstrahlen durchfluteten Räumen des Aton in die Obhut der Philosophen und Schriftgelehrten in die Bibliothek begibt.

Das Museum ist aus dem Geist des 19. Jahrhunderts. In ihm gab es nicht nur viele Gebildete. Der Zeitgeist des 19. Jahrhunderts suchte seine Identität vor allem auch in der Verbindung mit

— DIE SCHÖNHEIT DER NOFRETETE —

BILD LINKE SEITE · Die schöne Nofretete
BILD OBEN · GlobalStone – Magie im Tiergarten
BILD UNTEN · Pracht und Macht auf der Museumsinsel

der hellenischen Kultur. So mahnen auf den Sockeln die Büsten der großen griechischen Philosophen die Besucher der Bibliothek, ägyptische Hieroglyphen in ihrer Geistesstrenge zu studieren. Und in der Raumachse von der ägyptischen Königin zum griechischen Gott wird das preußische Bildungsideal zur Anschauung gebracht. Wenn da versteckt eine ideologische Botschaft liegt, dann drängt sich die Frage auf, welche Assoziationen über Machtansprüche diese Anordnung hervorrufen soll.

Da lohnt es sich, genauer hinzuschauen, was auf dieser Raumachse geschieht. Abstrahiert man nämlich von allem Beiwerk und Ornamenten der schönen Räume und konzentriert sich ganz auf die Sichtachse der Nofretete zu ihrem Gegenüber, dem Sonnengott, dann ist es nur noch eine Frage des genauen Innehaltens, von welchem Standort sich dieser Kosmos am Vollkommensten erschließt. Denn in den oberen Räumen korrespondieren mit den beiden Lichtgestalten nicht nur die ägyptische und griechische Kunst. Verbunden mit der Bibliothek ist eine optisch reizvolle Sichtachse entstanden, die zwei göttergleiche Gestalten der menschlichen Kunst auf den betrachtenden Geist der gegenwärtigen Menschen lenkt, fast unendlich fern und doch räumlich so nah. Es gibt nämlich mehr zu entdecken auf der Suche nach konkreten Antworten von so viel inszenierter Kunst. Geht man aus dem Nofreteteheiligtum durch die lange Bibliothek und verlässt sie, gelangt man vor dem Übergang zum griechischen Saal in einen hellen Zwischenraum. In ihm findet das Museum als Raum für Ausstellungen eigentlich gar nicht statt. Er ist vergleichsweise leer. Seine Proportionen und Funktionen bleiben unklar. Dieser Raum gehört in seiner Anlage zum Eingangsfoyer hier oben, das nach der hohen Treppe und den Säulen entstehen würde, öffnete man die große Flügeltür. Sie war früher sicher der Hauptzugang zu den Ausstellungsräumen. Heute findet man nur die verschlossene Tür, die das Vestibül in zwei Teile trennt, in den vorderen der Treppe zugewandt und den hinteren in die Raumachse gestellt. Hier, vor den großen hohen Fenstern im hinteren Teil des Vestibüls, sollte man einen Augenblick verweilen, die Tür im Rücken und den Blick nach draußen gerichtet. Er verbindet die Innenwelt des Museums auf raffinierte Weise mit der Außenwelt, die mit der Anlage der Museumsinsel zwischen dem Neuen Museum und der Nationalgalerie gegenüber geschaffen worden ist. Nun begegnen die Augen auf gleicher Höhe dem preußischen König Friedrich Wilhelm IV., wie er hoch auf seinem Pferd sitzt. Er schaut dem Besucher weniger kunstvoll als Nofretete aber direkt und machtbewusst ins Gesicht, den Rücken dem Schloss zugewandt.

Das Reiterstandbild ist auf einem sehr hohen Sockel vor den mächtigen Treppen der alten Nationalgalerie errichtet, die wie ein griechischer Tempel vor die Reihe der großen Gebäude Altes Museum, Neues Museum und Pergamonmuseum gestellt worden ist. Dieses kupfergrüne Reiterstandbild aus Bronze sieht man gewöhnlich nur aus der Perspektive der Untertanen, wenn man über die Anlagen der Insel läuft. Man muss dann den Kopf tief in den Nacken legen, will man die Majestät hoch zu Pferde vor dem mächtigen Treppenaufgang der Alten Nationalgalerie in seiner ganzen Prachtentfaltung betrachten. Doch von hier, am Fenster des oberen Foyers im Neuen Museum ist die Gestalt auf Augenhöhe ganz nahe, ohne die Perspektive des Blicks von unten.

An diesem Punkt des Museums, auf der Blickachse der Sonnenkönigin auf dem Weg zu ihrem Gegenüber, dem hellenistischen Sonnengott aus Marmor, ziemlich genau in der Mitte, sind es also drei große Gestalten, die den Betrachter umgeben: Der König draußen vor dem Museum, die Nofretete zur Linken und der griechische Gott zur Rechten. Nur hier, einzig an diesem Punkt des Museums, baut sich augenfällig die Beziehung zwischen diesen drei Gestalten auf. Die Zeit wird in diesem Dreieck zur universellen Botschaft des Museums. Das alte Ägypten als Wiege der Kulturen mit der vollendeten Büste einer großen Herrscherin zum Teil des Abendlandes erkoren, durch die Schönheit und vollkommene Harmonie, durch Philosophie und Wissenschaft mit der griechischen Zeit verbunden, reicht bis in die Gegenwart zur Macht des Königs, Förderer von Wissenschaft, Kunst und Kultur in Preußen. So sahen es wenigstens die Menschen damals oder sollten es so sehen.

Die Geschichte als Vergangenheit birgt eine Unendlichkeit an Beziehungen zwischen Orient und Okzident. Diese Geschichte ist Fundament der Gegenwart im städtischen und bürgerlichen 19. Jahrhundert. Sich ihrer bewusst zu sein, macht den wahrhaft gebildeten Menschen aus. So etwa müssen es die Erbauer des Museums gedacht haben. Diese Botschaft haben sie an dieser Stelle im ersten Obergeschoss anschaulich gemacht. Tatsächlich gibt es im Achseneffekt zwischen dem ägyptischen Kopf und der griechischen Plastik noch eine weitere Entdeckung. Schaut man von eben der Stelle, die den Blick auf das Reiterstandbild des Königs eröffnet, durch die Bibliothek zur weit entfernten Nofretete zurück, so spiegelt sich in dem Glaskasten, in dem sie steht, die griechische Plastik. Da der Glaskasten eine Vorder- und eine Rückseite hat, gibt es nach dem physikalischen Gesetz eine doppelte Spiegelung, die als räumliche Staffelung von Spiegelungen in der Spiegelung wahrgenommen wird. Der Raum weitet sich zur Unendlichkeit. Über solche Spielereien der Gedanken mit Blick auf die Menschen in ihrem Gesichtsfeld mag die Sonnenkönigin nicht einmal müde lächeln. Kopf und Hals hat sie nicht deshalb etwas nach vorne geneigt, um dem Raunen und Flüstern ihrer vielen Verehrer zu lauschen. Diese Haltung der Zuwendung ist vielmehr der Tribut an die Ewigkeit, mit der sie, die perfekt symmetrisch erschaffene Kunstfrau, Gewicht und Ausdruck statisch am Leichtesten erhalten kann. Für diese Statik ist sie ihrem Schöpfer immer wieder dankbar. Wie hätte sie sonst die Jahrhunderte im Sand überleben können, wie die strapaziösen Reisen, ihre Versenkung in Kisten und ihre stets neuen Sockelbetten und Audienzauftritte bewältigen sollen? Nein, ihrem Thutmosis bleibt sie ewig und immer aufs Neue dankbar. Er versteht, was Echnaton meint, als er sie die Beglückerin des Herrschers nennt und schön von Angesicht.

Thutmosis darf ihr näher als jeder andere ihrer vielen Verehrer kommen, ganz nah, so dass er die kleinen Fältchen ihrer Augen am Ende ihrer Herrschaft gegen 1340 v. Chr. erkennen kann, die Schminke und Make-Up so sorgfältig zu überspielen wissen. Sie vertraut ihm, dass er diese Nähe zu seinem größten Kunstwerk verwandeln wird, mit der er ihre Unsterblichkeit sichern soll, die sie durch das Wüten der Gegenrevolution in Ägypten in Gefahr sieht. Sie hat Thutmosis den Atem eingehaucht, damit Atons Geist in die geschickten Hände und in die tiefste Seele dieses großen Künstlers fährt. Sie hat ihm den Bergkristall für die Gestaltung des einen Auges in die warme Hand gelegt. Auf seine Frage, wo der zweite Kristall für das andere Auge bleibe, hat sie ihm geantwortet: *"Du schaffst die Schönste für die Ewigkeit dieser Welt. Mit diesem einen Auge bleibe ich, was ich hier gewesen bin. Aber wisse, mein Freund, wenn diese Schönheit auf Erden bleibt, geht sie dennoch in Atons Reich ein als schöne Seele des Lichts. Darin wird das andere Auge leuchten. Wie sollte ich sonst Echnaton wieder erblicken, wenn mir nicht das andere Auge bleibt? Nimm dieses als Auge für die Schönheit. Ich nehme das andere als Auge für die Liebe in aller Ewigkeit."*

Thutmosis ist Bildhauer. Er ist der oberste Bildhauer der königlichen Familie in Achet-Aton. Er hat Dutzende der herrlichsten Büsten und Reliefs der Aton-Erwählten geschaffen. Und er weiß, diese Nofretete wird sein Meisterwerk. Mit diesem Werk wird er selbst einen Teil ihrer Unsterblichkeit gewinnen. Wie in

Trance hat er Tag und Nacht an der Büste gearbeitet, hat auf das Genaueste Berechnungen zu den Symmetrien angestellt, hat hart an den Details gearbeitet, wo er sich sonst aufs Gefühl verlassen hat, weiß sich unter der ständigen Beobachtung und Inspiration seiner großen Königin, wenn er mit spitzen Nadeln den harten Kalkstein formt und mit seinen Fingern die dünnen Stuckschichten darüber ebnet. Wie von ihrem Geist besessen arbeitet er Tag und Nacht an seiner Verehrten, hört die Ahnungen in sich und liest die Zeichen der Zeit, dass schon bald von ihr nichts auf Erden bleiben wird als diese eine von ihm zu schaffende Gestalt.

Fertig sind alle gehauenen, modellierten und geglätteten Arbeiten, perfekt und makellos ist das Werk. Die Augenhöhlen hat er auf ihr Geheiß im nackten Stein gelassen. Von der Königin hat er sich die größten Schätze ihrer an Farbsubstanzen so reichen Sammlung geben lassen. Er hat mit ihnen Experimente auf dem Stein und auf dem Gips gemacht. Nun herrscht in der Werkstatt nur noch Stille und Konzentration. Seine Helfer hat er nach Hause geschickt. Öllampen werfen ein weiches Licht. Alles liegt in seiner Hand. Vorsichtig stellte Thutmosis die zwanzig Kilogramm schwere Büste auf seinen Tisch in der Mitte der Werkstatt, gleichmäßig ausgeleuchtet von allen Seiten. Langsam und mit äußerster Vorsicht trägt er nun die Farben auf, schminkt seine Königin wie eine Geliebte. Als erstes malt er mit Blau und Weiß. Dann mischt er mit Weiß auf Blau nach. Als dritte Schicht verwendet er Gelb. Dann kommt das Blau für ihre Krone und als Grundton für die herausgehobenen Teile des Gesichts. Am Ende und als fünfte Schichte färbt er das Rot über den Stein und den Gips. Den Bergkristall nimmt er, in den er eine feine Iris eingeritzt hat. Die Einlegstelle im rechten Auge unterlegt er mit schwarzer Farbe. An ihr befestigt er den Kristall mit Bienenwachs. Während der langen Arbeit achtet er peinlich genau darauf, die linke leere Augenhöhle nicht zu berühren. Sie ist tabu für ihn und gehört einzig der Sonnenkönigin für ihre Reise außerhalb dieser Welt.

Als nun alles vollendet ist, kommt die Königin in seine Werkstatt und sieht, dass alles gelungen ist. Da fragt Thutmosis seine Herrscherin: *„Wohin soll ich die Schönheit stellen, damit alle vor dir in ehrfürchtiger Bewunderung stehen bleiben, gebannt von der Königin und kaum aussprechen können, was sie sehen? Da überfällt das Gesicht der Nofretete tiefe Traurigkeit. Sie stellt sich hinter ihr Abbild und sagt: Sie werden mich nicht dulden und werden versuchen, alle Spuren meines Lebens zu vernichten. Doch wie Aton ewig ist, wird auch dieser Stein ewig sein. Verbirg ihn, dass kein Unheil ihn zerstören kann. Du wirst aus Liebe zu mir den Weg für meine Unendlichkeit finden."*

Thutmosis hat so viele Arbeiten in seiner Werkstatt. Er zweifelt nicht, dass seine Zeit bald vorbei sein wird. Ein Sturm wird ausbrechen, doch seiner kleinen Hütte wird nur die geringste Achtsamkeit gelten. Die Königin ist gegangen, und er wird sie nie wieder sehen. Er bedenkt, wie Sturm und Sand über seine Werkstatt einbrechen werden, um die Wände und Regale mitsamt allen seinen Werken zu begraben. Er baut ein Brett auf halber Höhe der Wand, die sich schon jetzt ein wenig neigt. Darunter bereitet er wie ein Nest aus weichem Reisig ein Lager. Er berechnet den Sturz der Büste in der zusammenbrechenden Werkstatt und ist sich sicher, dass seiner Sonnenkönigin nichts geschehen kann, wenn sie vom Brett in diese Nestmulde fällt und dann von den Sandwogen zugedeckt werden wird. Er verneigt sich noch einmal vor ihr und verlässt seine Hütte, bevor die großen Verwüstungen beginnen.

Die dritte Grabung von Ludwig Borchardt im Tell-el-Amarna fand vom November 1912 bis zum März 1913 statt. Im Mittelpunkt seiner Aufmerksamkeit stand ein bisher übersehener kleiner Hügel, unter dem offensichtlich ein Haus gelegen haben musste. Die Ausgräber gaben ihm die Markierung P 47,2. Borchardt findet heraus, dass es die Werkstatt des legendären Bildhauers Thutmosis sein muss. Am 6. Dezember, Nikolaustag 1912, gelingt der Einstieg in den Raum 19 der Grabung. Dort findet Borchardt im Schummerlicht auf dem Boden im Sand liegend unversehrt die Büste der Nofretete. Borchardt führt über die Grabungen gewissenhaft Protokoll. Ihm stockt der Atem und der erste Blick überwältigt ihn. Er reibt sich die Augen und notiert kurz: *„Arbeit ganz hervorragend. Beschreiben nützt nichts, ansehen."* Er findet sie in der Position 7, eine *„lebensgroße bemalte Büste der Königin, 47 cm hoch."*

Finanziert wurden die Grabungen durch James Simon. Er hatte einen Vertrag mit der Orient-Gesellschaft abgeschlossen, nach dem er Besitzer aller Funde des deutschen Anteils der Grabungen werden solle. Die Regelungen in Ägypten sahen vor, dass eine Kommission, in der vor allem Engländer und Franzosen das Sagen hatten, die gefundenen Gegenstände zu besichtigen und zu taxieren hatten, bevor sie zu gleichen Teilen der ägyptischen Altertumsverwaltung und dem Ausgräberland zugesprochen wurden. Borchardts Geschick vor der Kommission bestand darin, den Wert der Büste runter zu reden und die anderen Funde, die er gemacht hatte hoch zu jubeln. Tatsächlich kam es zur ordnungsgemäßen Teilung, und Nofretete konnte eingepackt und nach Deutschland verfrachtet werden. Der Streit um den rechtmäßigen Besitzer, Ägypten oder Deutschland, begann mit ihrer Ausstellung 1924 im Neuen Museum. Der Streit hält politisch, in diplomatisch immer neuen Gewändern, bis heute an. Rechtlich ist die Lage eindeutig. Die Verhältnisse damals bestimmte die europäische Kolonialpolitik. Entführt oder ausgeführt: Die ägyptische Nofretete wird Berlinerin bleiben.

1913 hat es in der Museumsgeschichte einen spektakulären Fall gegeben. Vierhundert Jahre ist das 77 mal 53 Zentimeter große

Bild alt, das als das größte Museumswerk aller Zeiten bis Dezember 1911 im Pariser Louvre zu besichtigen war, die Mona Lisa von Leonardo da Vinci. Es wurde geklaut, war plötzlich verschwunden. Jede Spur von Mona Lisa oder ihrem Dieb fehlte. Der dreiste Einbruch schien perfekt gelaufen zu sein. Im Herbst 1913 spitzte sich die fieberhafte Suche zu und die Zeitungen waren voller Spekulationen über das Räuberstück. In dieser hektischen und nervösen Vorkriegszeit konnte der spektakuläre Fall der Nofretete untertauchen. Von der Königin in Ägypten redete niemand, als im Dezember 1913 in Florenz ein Brief auftauchte. In ihm meldete sich der neue Besitzer mit der Bemerkung, das Bild gehöre nach Italien, da es von einem Italiener geschaffen worden sei. Er wolle diese Mona Lisa seinem Land wieder zurückgeben. Der Mann suchte Kontakte, und bald flog die ganze Geschichte auf. Sie war die Tat eines überzogenen Nationalisten. Im italienischen Parlament kam es zu horrenden Szenen, und erst am Ende des Monats überquerte Mona Lisa unbeschädigt die französische Grenze, um wieder im Louvre zu residieren.

Diese Aufregungen beherrschten die Öffentlichkeit gerade zu dem Zeitpunkt, als in Ägypten einer der spektakulärsten Funde gemacht wurde. James Simon ist ein weitsichtiger Mann. Er weiß sehr genau einzuschätzen, was die Bergung der Nofretete bedeutet. Er hat ein Gespür für die heraufziehenden Muskelspiele der europäischen Großmächte, die geradewegs in den Krieg führen. Eingedenk der lauten Verwicklungen, die der Fall der Mona Lisa nach sich gezogen hat, hält er es für angebracht, die Nofretete zunächst aus dem grellen Licht der öffentlichen Aufmerksamkeit zu ziehen. Das, so meint er, gelingt am besten, wenn er die Büste zu sich auf den häuslichen Schreibtisch stellt. Seine Wohnung ist ihr bestes Versteck, denkt er sich. Ab Januar 1914 steht sie nun da und verbirgt sich unter dem Kanonendonner des Krieges. Schon Borchardt hatte gewarnt, dass die Verhältnisse für die Aufteilung der Schätze in Ägypten derartig schwierig geworden seien, *"dass jede überflüssige Demonstration von Funden schädlich wirken kann."* Der Kaiser schwärmt zwar für diese Kostbarkeit und sähe die Königin am liebsten an der Seite Seiner Majestät, doch er erhält 1913 nur eine Kopie und kümmert sich im Übrigen lieber um das Säbelrasseln gegen Frankreich.

Der 1. Weltkrieg kam, und es wurde still um die Nofretete im Haus von James Simon. Mit Grabungen in Ägypten war für die Deutschen erst einmal ohnehin Schluss, und es gab ganz andere Sorgen. Simon verlor bereits vor der großen Inflation 1923 alles Geld und schenkte 1920 nach seiner großen Renaissanceschenkung in einer großen Geste alle seine Amarnaschätze dem preußischen Staat in der neuen deutschen Republik. Als diese endlich 1924 im Museum angekommen waren und Nofretete nun dessen prächtigste Bewohnerin wurde, begannen postwendend die ägyptischen Forderungen. Man sei geprellt worden, man wolle Nofretete zurück nach Kairo. Die französische Kunsthistorikerin Benedicte Savoy erzählt diese dramatische Geschichte der Diplomatie in ihrem Buch NOFRETETE – EINE DEUTSCH FRANZÖSISCHE AFFÄRE, das 2011 erschienen ist.

"Die Schönheit ist gekommen" – endgültig nach Berlin.

FRÜHLINGS ERWACHEN IM KIEZ

— FRÜHLINGSERWACHEN IM KIEZ —

Großstadt und Kiez zu sein, das ist das besondere Lebensgefühl in Berlin. Im Kiez gibt es meist alles, was man braucht. Menschen mischen sich da mit Bedacht, um unterschiedlich zu sein und doch zueinander zu gehören. Stille und Lärm gibt es, alle Arten der Geschäfte und nicht nur den Supermarkt. Dazu breite Bürgersteige mit vielen Tischen und Stühlen im Sommer, Gerüchte und Klatsch beim schnellen Talk, Langeweile und aufregende Schlagzeilen. Ist ein Kiez ohne das restliche Berlin eine Welt für sich? Kaum denkbar. Der Kiez wäre einschläfernd, spießig und kaum der Erwähnung wert, wahrscheinlich durch jede muntere Kleinstadt zu schlagen. Aber Kieze sind Berlin und nicht rohe Kulissen zusammen gewürfelter Fassaden, die Straße hoch, rechts ab und nächste Straße wieder runter abgestandene und Stein gewordene Epochen. Sie sind kleine Biotope voller Geschichten aus früheren Zeiten und Geschehnissen aus der Nachbarschaft, die es gerade zu erzählen gibt.

Erst im Zusammenspiel von Kiez und Berlin verlieren viele Menschen ihre Spießigkeit. Spießige Menschen gibt es zwar mehr als genug in Berlin, aber sie werden nie richtige Berliner. Berliner ist man entweder als Selbstdarsteller der Stadt – oft auch außerhalb von Berlin, und leider oft operettenhaft nach Klischees inszeniert – oder als ein Mensch, der sich durch seinen Kiez inspirieren lässt, in dem er lebt und manchmal auch arbeitet. Manche werden dabei etwas schrullig, erlangen den Status eines Kiezoriginals. Die meisten passen ihr Leben dem Kiez an. Genau hinschauen, beobachten, sich auf Gespräche mit Menschen einlassen, die man kaum kennt, von denen man aber weiß, dass sie Nachbarn sind, weil man ein paar Straßen gemeinsam hat: das fördert Ideen, entgrenzt die Horizonte des in sich ruhenden Egoisten. Im Kiez fühlt man sich mit anderen zu Hause, obgleich man das doch wirklich nur innerhalb seiner eigenen vier Wänden sein will. Aber was wäre das Leben nur in der eigenen Wohnung ohne den eigentümlichen Nachbarn, der am späten Vormittag im Pyjama über die Straße rüber zum Getränkeladen mit den Zeitungen läuft. Der gehört hier her wie die Achtlosigkeit ihm gegenüber. Sie schauen ihm kaum mehr hinterher. Er würde ihnen aber fehlen, wäre er auf einmal nicht mehr unter ihnen. Im Kiez beginnt Toleranz auf elementarer Ebene, noch nicht geprägt durch Wille und Vernunft, aber anerzogen durch das gute Gefühl, ein Teil von einem größeren Ganzen zu sein, das auch Verrücktheiten zulässt, die keinem schaden oder weh tun.

Kommt man aus der Stadt, kommt man aus dem Stress in seinen Kiez, dann sucht man das schöne Gefühl, wieder zuhause anzukommen. Das ist das Kiezgefühl. Doch Kieze sind nicht nur die Rückzugsräume der Stadt. Begehrte Kieze sind gleichzeitig Highlights für die Stadt, Minitope eines innerstädtischen Tourismus. Manche Kieze sind am Wochenende überlaufene Szenebrennpunkte, kulturell, gastronomisch, demografisch. Zu dem Doppelspiel zwischen Kiez und Stadt gehört die gebrochene Identität. In der Stadt lebt man aus dem steten vibrierenden Wandel, mit der Dynamik ihrer Veränderungen, mit Tempo, Stress und Beachtung von Größe und prallen Gegensätzen. Im Kiez können Veränderungen die Nerven blank legen. Man misstraut ihnen, fühlt ihre Sprengkraft der sozial gewachsenen Gemeinschaft, empfindet sie als Anschlag auf die angestammte Alltäglichkeit, bekämpft Eindringlinge als Verdränger.

Im Kiez misstraut man Investoren vor allem, wenn sie von draußen kommen. Die alerten Herren in dunklen Anzügen und weißen Hemden, die aussehen wie angestellt von Beerdigungsunternehmen, können Steine und Märkte vermessen, den dort wohnenden Menschen bleiben sie fremd und gefährlich. Wehe den Investoren, die Spielregeln des Dialogs, der Bürgeranhörungen und des angemessenen Auftretens verletzen. Die moderne Stadtgeschichte kann in weiten Teilen als das Ringen zwischen Investoren und Kiezbewohnern beschrieben werden. Manche Planungen, wie die entlang der Spree zwischen Mitte und Treptow sind geradezu bizarr geworden. Ihr Ende ist ebenso wenig absehbar wie die Ergebnisse offen bleiben.

Im Frühling erwachen die Bürgersteige unter dem frischen Grün der Blätter ausschlagenden Straßenbäume. Das Licht wird heller, selbst graue Fassaden beginnen wieder zu leuchten. Die Menschen strömen auf die Straßen. Mit den ersten Sonnenstrahlen sitzen viele endlich wieder an Tischen, die auf den Bürgersteigen oder in den Vorgärten der vielen Cafés und Restaurants aufgestellt werden. Auf den Stühlen liegen die roten Decken, in die man sich einhüllen kann. Man will wieder gesehen werden, blinzelt in die Gesichter der Vorüberziehenden, wandert mit den Augen über modische Accessoires, die nun wieder ausgeführt werden, lächelt in gespannte Augenblicke aufblitzender Kontakte, schlendert durch die Straßen. Das ist die Zeit, in der das Zusammenspiel von Stadt und Kiez offensichtlich wird. Die Saison beginnt. Wie in einem Frühlingsputz beginnt das große Reinemachen äußerlich wie innerlich.

Überschreitet man die Mitte von Berlin in Richtung Prenzlauer Berg, geht man am besten die Schönhauser Allee hoch. Über die Torstraße kommt man vorbei an zahlreichen kleinen Cafés und Restaurants, bevölkert von auffallend vielen jungen Menschen, zum U-Bahnhof Senefelder Platz. Vom ihm gehen zur Linken wie zur Rechten zwei Kieze ab. Siedlungsgeschichtlich ist ihre Einheitlichkeit nicht zu übersehen. Das Gebiet begann zu Beginn der Kaiserzeit 1871 zu wachsen und hieß damals Königsstadt. Auf beiden Seiten gab es große Brauereien, um die herum dichte Wohnquartiere gebaut worden sind. Früher war das Stadtviertel ähnlich wie der angrenzende Wedding ein dicht bebauter Arbeiterbezirk, in großen Teilen das Armenviertel von Berlin. Die Traufhöhe der fünf Geschosse hohen Häuser wird im gesamten

Viertel eingehalten und ist durch die Gebäude und Straßenfassaden aus der Gründerzeit vor allem der 1880er Jahre bestimmt. Die Häuser sehen auf den ersten Blick fast gleich aus, sind aber beim genaueren Hinsehen sehr unterschiedlich. Je nach Sanierung sind die Fassaden mehr oder weniger durch Schmuckelemente aufgelockert. Die Industriegebäude und Gewerbehäuser haben meistens drei oder vier Etagen, oft mit Rundbogenfenstern, mit Turmhauben und Giebelaufbauten geziert, die ein wenig über die Höhe der Wohnhäuser hinausragen.

Die Gebäude haben häufig sehr große Grundstückstiefen. In die sind Seiten- und Quergebäude hochgezogen, oft tief gegliedert. Die industriellen Gewerbe sind fast alle eingegangen. Heute gibt es zahlreiche und unterschiedliche Hinterhofnutzungen zum Wohnen und Arbeiten. Vor allem die neuen kreativen Wirtschaftsbetriebe sind in die modernisierten Hofanlagen gezogen. Manche Gebäudeblöcke haben einen Umfang von einem Kilometer und darüber hinaus. Schaut man auf das Geflecht der großen Ausfallstraßen und zahlreichen sie verbindenden Querstraßen, dann ist die Blockbebauung Prenzlauer Berg gut zu erkennen. Sie ist die Grundlage der Quartiere geworden, in denen man in Nachbarschaften wohnt, Kieze genannt.

Der Kiez links vom Senefelder Platz reicht bis zur Zionskirche und geht dort über in die Kastanienallee. Der rechte Kiez reicht bis zur Prenzlauer Allee und von dort über die Knaackstraße bis in die schicke Kollwitzstraße. Es gibt in Berlin kein größeres geschlossenes Altbaugebiet als den Prenzlauer Berg. Wie durch ein Wunder waren die Kriegszerstörungen überschaubar und reichten nicht zum Abriss der zerstörten Häuser. Die Bausubstanz verfiel nach dem Krieg weiter, aber die DDR hatte nicht genug Kapital, ihren Plan umzusetzen, die maroden Häuser zu schleifen und auch hier die sozialistische Stadt im Plattenbau hoch zu ziehen. Nach der Wende blühte der Prenzlauer Berg auf durch den

Zuzug betuchter junger Menschen aus dem Westen und aus dem Ausland und durch eine umfassende Sanierung der Altbaubestände. Die Szenen gaben sich gleichsam die Klinken in die Hand, und weil die Menschen jung waren, wurde Prenzlauer Berg zu einer der kinderreichsten Siedlungen in Deutschland, von Manchen als Mamadiktatur gefürchtet.

Hinter dem Senefelder Platz liegt auf der linken Seite der Pfefferbergkiez mit dem Pfefferberg als Mittelpunkt. Der Pfefferberg ist ein parkähnliches Gelände, auf dem früher eine große Brauerei stand. Heute geht man über Stufen auf die Terrassen, die vom Tauro gastronomisch bewirtschaftet werden. Künstler, unter anderem der bekannte Installationskünstler Olafur Eliasson haben hier ihr Atelier, und ein Hostel gibt es auch. Gesäumt wird der Pfefferberg durch die Schwedter Straße mit der alten Druckerei Gutenberg und der von ihr links abzweigenden Christinenstraße. Es gibt durchgehenden Altbaubestand mit zum Teil prächtigen Hinterhöfen. Die Namen auf den Klingelschildern lassen darauf schließen, dass die meisten hier Wohnenden keine Neuberliner Schwaben sind, sondern seit den DDR-Zeiten im Viertel wohnen. Von der Christinenstraße geht rechts die Zionskirchstraße ab, das eigentliche Kiezzentrum, das sich bis zum mächtigen schwarzrußigen Zionskirchturm erstreckt.

Das Brauereigelände wird an dieser Straßenabzweigung durch einen bemerkenswert modernen Baukörper abgeschlossen. Vier Betonwürfel türmen sich wie kantenverstellte Kartons aufeinander. Die fensterlosen Wände sind poliert wie feiner Sandstein. Auf diesen sind Fassadenreliefs wie Zeichnungen auf Papyrus eingemeißelt, die wie orientalische Ornamentkunst erscheinen. Doch die Motive stammen aus der jüngeren Baugeschichte und nehmen auch Konstrukte der einstigen Fabriken in der Umgebung auf. Architekten haben in diesem Kubus ein Architekturmuseum eingerichtet. In den Räumen werden wie in Schatzkästen Archi-

— BERLIN, GESCHICHTE IN GESCHICHTEN —

BILD OBEN · Museum für Architekturzeichnungen vor dem Pfefferberg

tekturzeichnungen aus den letzten Jahrhunderten gesammelt und ausgestellt. Formen, Farbe, Material, Statik und Bewegung verschmelzen in diesem Bau zu Sprachen musealer Vergangenheit mit künstlerischen Ambitionen in der Gegenwart zu einem futuristisch anmutenden Spiel. Hier sind Künstler zu Hause.

Der weitaus bekanntere Kiez liegt hingegen rechts der Schönhauser Allee. Geht man in die Metzer Straße und lässt die an gleicher Stelle startende Kollwitzstraße erst einmal links liegen, sieht man eine breite Wohnstraße mit sanierten Altbauten. Die Straße ist wie eine Allee angelegt, in der Mitte ein grüner Streifen mit Fußweg und Bänken. Zur Linken dieser Straße liegt der Kollwitzkiez, der stadtbekannt vor allem durch seinen ihn abschließenden Kollwitzplatz geworden ist, ein gastronomischer Großplatz und Mittelpunkt der schwäbischen Besiedlung des Stadtteils nach der Wendezeit – wobei die Bezeichnung Schwaben für alle hierher gezogenen Neuberliner üblich geworden ist. Im Kiez geht es viel beschaulicher zu als auf dem weiten Kollwitzplatz. In ihm wohnen mehrheitlich tatsächlich Eingewanderte, Menschen, die nach der Wendezeit nach Berlin gekommen sind, überwiegend Junge, die hier Familien gegründet haben mit vielen Kindern, die das öffentliche Bild des Kiezes beherrschen. Ja, auch viele Schwaben sind gekommen, Beamte der Regierung zum Beispiel, die ihre Traditionen mitgebracht haben. Aber man hört viele Sprachen auf den Straßen, und die Namen an den Hausklingeln zeigen, hier haben sich auch viele junge Menschen aus dem Ausland angesiedelt. Den Häusern sieht man wie den Auslagen in den Geschäften und den Einrichtungen der Kneipen, Cafés und Restaurants an, dass Wohlstand und Ansprüche an gehobene Dienstleistungen zum neuen Lebensstil in diesem ehemaligen Kiez der Arbeiter viel beigetragen haben.

Zwischen der Saarbrücker und Metzer Straße liegt an der Prenzlauer Allee das riesige Areal der ehemaligen Bötzow-Brauerei. Leider steht nicht mehr das Barock imitierende Eingangstor an der Prenzlauer Allee. Man kommt geradezu schmucklos auf den großen Vorplatz der Brauereigebäude. Lediglich die an eine Parkmauer in den Villengärten der Renaissance erinnernde Wand zur Metzer Straße ist in ihrer ornamentalen Pracht erhalten, allerdings Efeu überwachsen. Auf der 40 Meter hohen Anhöhe standen früher drei Windmühlen aus Holz. Um 1860 gab es auf dem Berliner Gebiet noch 150 Windmühlen, und eine Windmühle belebte auch das Wappen vom Prenzlauer Berg. Mit der Brauerei verschwanden die Mühlen, und inzwischen gibt es auch keine Brauerei mehr, aber mit ihren Gebäuden noch das riesige Gelände wie ein Atem beraubendes Entwicklungsland. Vieles aus der alten Brauereizeit steht noch. Es gibt den weiten Platz mit dem Orchesterpavillon, der früher als Biergarten 6.000 Gästen offen stand und diese Bedeutung wieder erlangen soll. In diesem Garten gründeten am 4. Januar 1919 Karl Liebknecht, Georg Ledebour und Paul Scholze den Revolutionsausschuss und riefen den Generalstreik aus, um mit ihm die bürgerliche Regierung unter Friedrich Ebert abzusetzen.

Es gibt das Kellergewölbe zu besichtigen, 5000 Quadratmeter groß, in dem tausende Fässer lagerten, in denen das untergärige Bier herunter gekühlt wurde. Bis vor Kurzen waren die Gewölbe Schauplatz einer unübersichtlich gärenden Subkultur der Clubszenen. Bevor die weiter nach Kreuzberg und Friedrichshain zogen, war hier das Zentrum der neuen Partyzsenen nach der Wendezeit. Und es gibt noch viele von den 1885 errichteten Gebäuden der Brauerei. Wie eine mittelalterliche Burg beginnen sie hinter dem großen Vorplatz mit großen Bogenfenstern der drei Stockwerke, mit Ecktürmen und mit kunstvoll gestalteten Dachfirsten aus gelben Backsteinen geziegelt. Große Hallen schließen sich an, leer gefegt und mit einem weiten Glasdach ausgestattet. Dann gibt es die alten Produktionsräume, in denen jetzt Installationskunst ausgestellt wird. Industriebauten, noch nicht zerfallen, aber leer und kalt, die Kreative herausfordern, um zu neuem Leben erweckt zu werden. Dorthin ist der Sternekoch Tim Raue gezogen. Er bietet für wenig Geld Suppen an, und der Raum heißt denn auch La Soupe Populaire. Er will bleiben und sein Konzept geht weiter: *„Man wird dort mit Sicherheit nicht das beste Clubsandwich der Stadt servieren – das kriegt man überall auf der Welt. Aber bestimmt eine Stulle, die für Berlin steht. Und dann vor allem Gerichte, die von der Kunst inspiriert werden. Je nachdem, was im Atelierhaus gezeigt wird, präsentieren wir kulinarische Kunstgenüsse, als wirkliche Koch-Kunst."*

Prenzlauer Berg war ein mächtiges Zentrum der Bierindustrie. Um 1900 gab es in dem Viertel 14 Brauereien, darunter als die Großen die Brauereien von Schultheiss (heute Kulturbrauerei) und Bötzow, aber auch die Brauereien Pfefferberg, Königstadt und Friedrichshöhe. Julius Bötzow war besonders erfolgreich. Seine Privatbrauerei belieferte den nahen Hof im Schloss, und er war stets der erste, wenn es um zukunftsweisende technische Innovationen im Brauereiwesen ging. Hunderttausende Hektoliter flossen durch die Anlagen. Der hohe Schornstein der Brauerei ist renoviert. In Pink leuchten an seinem Schaft große Buchstaben, die das Wort „Futuring" ergeben.

Eingezogen ganz ohne Proteste und unterstützt von vielen Kiezern ist ein Großinvestor, der auf dieser Industriebrache einen neuen quirligen Mittelpunkt nördlich der Innenstadt schaffen will. Hans Georg Näder ist Chef des Medizintechnikunternehmens Ottobock, einer florierenden Firma in Duderstadt. Näder hatte bereits in Berlin investiert. Nahe dem Potsdamer Platz hat er am Rande der Ministergärten an der Ebert Straße ein architektonisch auffallendes Haus gebaut, in dem jeder besichtigen kann, was dem Unternehmen für die Rehabilitationsmedizin alles an hilfreichen Geräten einfällt. 45 Millionen Euro hat er nun in die

Hand genommen, um in den Industrieruinen ein Forschungszentrum seiner Firma zu implementieren, in dem 200 Mitarbeiter das OTTOBOCK FUTURELAB betreiben sollen. Dieses Zentrum wird dann eingebettet in viel Kunst, Kultur und Gastronomie, und alles zusammen soll ein starkes Lebensgefühl in alten Gemäuern erzeugen, großzügig, offen, trendig und einladend für die Bevölkerung.

Es gibt sie noch, die wirklich Reichen, die ihr Geld nicht vergraben, nicht allein nach Renditen investieren. Hans Georg Näder scheint zu diesen Wenigen zu gehören. Er bezeichnet sein Motiv, Geld fließen zu lassen, als *„entfachte Leidenschaft"*. 2010 hat er das 23.500 Quadratmeter große Areal erworben. Zwecklos gewordene großartige Raumpotenziale sind wieder zu beleben in einem neuen Ensemble von Funktionalität und Qualität. So kann eine riesige, eigentlich völlig unökonomische Investition zu einem Entwicklungslabor für den Kiez werden, ein neuer offener Raum für das ganze Berlin.

Zurück in den Kiez geht es von der Prenzlauer Allee links in die Belforter Straße. Die Straßennamen erinnern an die Städte im Elsass und in Lothringen und waren damals, als hier die Straßen errichtet wurden, wie Trophäen nach den Eroberungen benannt worden, mit denen das Kaiserreich 1871 nach dem Krieg gegen Frankreich und der Okkupation von Lothringen und Elsass Glanz und Gloria in die Hauptstadt tragen wollte. Noch heute nennen die Bewohner ihren Kiez gerne das französische Viertel. Durch den Straßenschlauch sieht man ganz nahe einen Schornstein ähnlich einem Campanile auf einem grünen Hügel gelegen aufragen wie auf einer Akropolis. Die sanfte Anhöhe nördlich der Innenstadt, die heute Prenzlauer Berg heißt, war ja früher der Windmühlenberg. Die Wasserversorgung für die in der flachen Ebene liegenden Stadt war Mitte des 19. Jahrhunderts immer schwieriger geworden und die bis dahin verwendete Technik der Straßenpumpen veraltet. Der Druck für den Transport des Wassers reichte nicht aus. 1856 waren die ersten Wasserbehälter auf dem Platz in diesem Kiez fertig gestellt worden, die dann bis 1877 ständig erweitert wurden, vorläufig abgeschlossen durch den Aufbau des Wasserturms, der – warum auch immer – den Namen DICKER HEINRICH erhielt. Seine Fassade besteht aus gelbem Klinker. Der Turm war bis 1952 in Betrieb.

Ein paar Meter die Belforter Straße über den Platz hinaus Richtung Kollwitzstraße steht auf der rechten Seite mit der Nummer 28 noch ein Gebäude, das den Charme des Verfalls in seiner Fassade wie ein Denkmal trägt. Es zeugt davon, wie die Häuser des Prenzlauer Bergs am Ende der DDR-Zeit ausgesehen haben.

Nun aber zunächst der Platz, auf dem der älteste in Berlin erhaltene Wasserturm steht. Um den Platz führen außer der Belforter-, auch die Kolmarer-, die Knaack- und die Diedenhofenstraße. Alle Straßen sind eng mit sanierten, bunt gemalten Gebäuden besetzt, Wohnhäuser und Gewerbehöfe und kleine Fabriken zu einem Ensemble vereint, das wie eine kleine Residenzstadt rund um den sanften Hügel mit dem weit in die Stadt ragenden Wasserturm liegt, umgeben von wuchtigen Bäumen, vielen Rosenrabatten aufgelockert durch Spielplätze, die zu einem Kindergarten gehören, der am Fuße des Wasserturms liegt. Die Idylle steht im harten Kontrast zur Nazigeschichte dieses Platzes. Hier hatte die Gestapo ihr erstes Konzentrationslager versteckt. Schon 1933 wurden in die Keller des Wasserturms inhaftierte Kommunisten und Sozialdemokraten verschleppt. 28 von ihnen wurden in den Kellern bestialisch ermordet, weil sie ihre Gesinnung nicht widerriefen und andere Genossinnen und Genossen nicht verrieten. Ein Gedenkstein erinnert an diesen frühen Beginn der zwölfjährigen Zeit der Morde.

Der Wasserturm hat auf sieben Etagen ganz normale Fenster. Hinter ihnen liegen hoch begehrte Wohnungen, die wie Tortenstücke an den inneren Kern, den Wasserbehälter gebaut worden sind. Über den Wohnungen ganz oben liegt etwas verjüngt eine überdachte Terrasse wie ein Turmloft. Die Backsteine des Baudenkmals sind grau geworden. Seine massive erhabene Größe erhebt sich besonders an einem sonnigen Frühlingstag in den blauen Himmel, wenn die Akazienbäume um ihn herum blühen und den Blick durch das noch zarte helle Grün auf die bunten Häuser der umliegenden Straßenfronten frei geben.

Erinnert der schwere dunkle Wasserturm an die römische Engelsburg, erhält der Platz seine belebende Wirkung durch den auf einem künstlichen Hügel über einem zweiten unterirdischen Wasserbehälter errichteten schmalen Campanile. Dieser Industrieschornstein ist wie im florentinischen Renaissancestil mit gelben Ziegeln oktogon in sieben Etagen hochgezogen, in denen ebenfalls als Sichtelemente Fenster eingebaut worden sind. Am Fuße stehen zwei kleine Torhäuser, Eingänge in die unterirdischen Anlagen der riesigen ehemaligen Wasserbehälter unter der Erde des gesamten Platzes. Von hier aus gibt es Führungen durch die weiten unterirdischen Anlagen, aber auch entlang der nahen Parks und Weingärten, die bis zum Südhang hier an dem Hügel reichen.

Den Hügel zum Campanile kann man über 50 Stufen einer Treppe erklimmen. Eingetaucht in das warme Frühlingslicht lassen sich die Sinne nur zu gerne täuschen. In der flachen Stadtlandschaft scheint man wirklich einen hohen Punkt erklommen zu haben, an dem sich eine surreale Stimmung ausbreiten kann. Da ist die Sonne näher, die Farben der nahen Häuser leuchten kräftiger, der Turm reckt sich höher in den Himmel, und die vielen Kinder auf den Spielflächen des Platzes sind unbekümmerter. Oben vom Turm ist der Blick über die Stadt atemberaubend. In der klaren Luft zum Greifen nahe ragt der Fernsehturm, umgeben von den hohen Häusern rund um den Alexanderplatz, weit genug, sich in einem belebten Ensemble zu vereinen, das seine Hässlichkeit im Einzelnen gnädig verbirgt und den Blick weiter ziehen lässt auf die Baustelle des Schlosses, die Kuppel des Doms, der Kirchtürme aus alter Zeit und die sich nach Westen verlierende Weite der Stadt.

Nördlich geht von der Knaackstraße die Rykestraße ab, die dann nach wenigen hundert Metern auf den Kollwitzplatz führt. Gleich zu Beginn der Straße steht auf der linken Seite die Synagoge. Sie wurde nach den Verwüstungen in der Nazizeit noch in der DDR wieder aufgebaut. Die vollständige Sanierung wurde aber erst 2007 abgeschlossen. In einem neoromanischen Stil 1904 errichtet, umfasst der Betraum 1200 Plätze und ist heute die größte Synagoge in Deutschland. Vor dem Krieg war Prenzlauer Berg ein Zentrum des jüdischen Lebens in Berlin. Er ist es auch jetzt wieder, weil die Synagoge vor allem von den Bürgern jüdischen Glaubens genutzt wird, die aus den Ländern der ehemaligen Sowjetunion ins neue Berlin eingewandert sind.

Von der Synagoge ging früher der sogenannte Judengang. Über ihn gingen die Trauerzüge, die über den Kollwitzplatz zum jüdischen Friedhof an der Schönhauser Allee führten. Heute ist es ein Gang der Flaneure in eines der unzähligen Restaurants und Cafés rund um den dreieckigen Platz, der ein unwiderstehlicher Magnet für die Neusiedler des Prenzlauer Bergs und der Touristen geworden ist. Benannt ist er nach Käthe Kollwitz. Sie wohnte hier im ältesten Kiez des Prenzlauer Bergs, als die den Platz erreichende Straße noch Weißenburger Straße hieß. Die große Malerin und Bildhauerin hatte hier ihr Atelier und lebte zusammen mit ihrem Mann, der bis zu seinem Tode 1940 in der Wohnung als Armenarzt praktizierte (heute Kollwitzer Straße 56a). 1919 wurde sie als erste Frau Mitglied der Akademie der Künste, aus der sie 1933 aus Protest gegen die NS-Diktatur austrat. 1943 wurden Atelier und Wohnung bei einem Bombenangriff zerstört.

Käthe Kollwitz verließ Berlin und starb am 22. April 1945 in Moritzburg bei Dresden.

Der dreieckige Platz wird von der Kollwitzstraße, der Knaackstraße und der Wörther Straße eingerahmt. Mit 6000 Quadratmetern ist er stattlich groß und unter hohen alten Bäumen ein Paradies für die vielen Kinder der Umgebung. In der Mitte steht die von Gustav Seitz 1956 geschaffene Bronzeskulptur von Käthe Kollwitz, die einem Selbstportrait der Malerin nachgebildet worden ist. Die Skulptur ist besonders bei den Kindern beliebt, die auf den Schoß der bronzenen Käthe klettern und von dort aus eine wunderbare Aussicht auf das bunte Treiben auf dem Platz haben. Jeweils am Donnerstag und Samstag gibt es zwischen 9.00 und 18.00 Uhr einen Ökomarkt, der sich den besonderen Bedürfnissen der neuen Bevölkerung des Viertels angepasst hat. Er zählt zu den beliebtesten Märkten in Berlin und ist eine Touristenattraktion der Stadt geworden.

Ein großer Teil der ehemaligen Bevölkerung des Kiezes konnte sich Mieten und Preise nicht mehr leisten und wohnt nicht mehr im Prenzlauer Berg. Der Kiez wurde ein erstes und besonders krasses Beispiel für die sogenannte Gentrifizierung in Berlin: Alte Häuser werden aufgekauft, aufwändig saniert und als Eigentumswohnungen verkauft. Es kommen die Eigentümer und Mieter, die es sich leisten konnten. Wer nicht mithalten kann, muss gehen. Neu gekommen sind viele junge Menschen von außerhalb. Was sie in Berlin geschaffen haben, kann man rund um den Kollwitzplatz sehen und genießen. Verkürzt heißt der Kiez nun Neuschwaben. Obgleich Schwäbisch nur eine Mundart unter vielen und Schwäbisch nur eine Sprache unter anderen, vor allem nicht deutschen Sprachen ist. Aber Schwaben und Berliner kultivieren mit viel Aufwand und auch Sinn für Humor ihre gegenseitigen Vorbehalte. Es gibt inzwischen im Kiez auch ein schwäbisches Theater, das sich ausschließlich den Problemen und der Selbstbehauptung schwäbischen Eigenlebens in Berlin widmet. Dem depressiven Urberliner widmen die Schwaben den Trost: *„Kopf hoch Bärle, dich kriaget wr au wieder auf d Fiaß."* Unten im Restaurant des Hauses, in dem Wolfgang Thierse, ein Spitzenpolitiker mit Sinn für atmosphärische Veränderungen in seinem Kiez schon seit DDR-Zeiten wohnt, gibt es eine große Speisekarte. Bevorzugt werden angeboten: Berliner Eisbein, Berliner Leber und Berliner Currywurst. Aber ebenso wichtig fürs Überleben des Restaurant sind die Kässpätzle, die es natürlich auch gibt.

BILD OBEN · Käthe Kollwitz im Park, Kollwitzplatz

EIN GESCHICHTSPARK UND DIE BERLINER STADTMISSION

— EIN GESCHICHTSPARK UND DIE BERLINER STADTMISSION —

Die Werbesäulen in den Flankengängen des Hauptbahnhofs – moderne Adaptionen der von Ernst Litfaß aus Berlin erfundenen Litfaßsäulen auf den breiten Straßen – zeigen eisige Wintertemperaturen an, minus zehn Grad. Der Wind kommt von Osten und es wird weiter schneien. Auf dem unwirtlichen Europaplatz vor dem Bahnhof lauern die Taxis. Nur wenige Menschen sind als Komparsen einer großen Stadt zu erkennen. Hier kann man nur schnell weg kommen wollen. Eine Krähe sitzt auf den Stangen an der Invalidenstraße, an denen unzählige Fahrräder im Schnee wie Strandgut angekettet sind. Viele sind zerstört und in Teilen demontiert, als überwinterten sie schon Monate lang. Neben einer Fahrradleiche liegt ein Schuh, eine Socke auch und ein Gürtel mit einer rostigen Schnalle. Man muss die Schritte sorgsam setzen, denn nur wenige Zentimeter bleiben Passanten, die den Platz verlassen und an dieser Stelle durch Ampeln gesteuert die gespenstige Kreuzung queren müssen, die durch die Einmündung des Tiergartentunnels in die Invalidenstraße entstanden ist.

Gegenüber der großen Straße mit ihrem stets stauverdächtigen Autoverkehr steht hinter einem schmalen Grünstreifen eine große Mauer. Es ist eine sehr schöne Mauer aus ockerfarbigen Ziegelsteinen, die einst die Südseite des Zellengefängnisses Lehrter Straße umfasste. Die Lehrter Straße zieht hundert Meter die Invalidenstraße aufwärts nach rechts in den Norden, benannt nach dem Lehrter Stadtbahnhof, der einst an der Stelle stand, wo heute der Hauptbahnhof monumental eine neue Mitte in Berlin markiert. Durch die Ziegelmauer geht es in den Geschichtspark Zellengefängnis, ein weit ummauerter Kreis, großzügig ausgestattet mit Wiesen und alten Bäumen sowie kleinteilig gestalteten Plätzen, die den Achsen und Anlagen des 1958 abgetragenen Gefängnisses folgen. Tiefe winterliche Ruhe liegt über dem Park. Der Schnee liegt in weißen Decken über den Rasenfeldern. In den Bäumen hocken hunderte Krähen und kreischen manchmal im Chor bedrohlich auf. Die Stadt ist, nur wenige Meter vom Bahnhof entfernt, hinter den Mauern in dieser Oase kaum zu spüren.

Das Zellengefängnis Lehrter Straße wurde in den vierziger Jahren des 19. Jahrhunderts als preußische Mustereinrichtung nach englischem Vorbild errichtet. Man glaubt, mit Einzelzellen bessere erzieherische Ergebnisse für die Resozialisierung erzielen zu können als mit den bis dahin üblichen Unterkünften der Gefangenen in Massenzellen. Von seinen ersten Tagen bis zum Ende war das Gefängnis eng mit der Geschichte Berlins verbunden. Die ersten Häftlinge waren Ende 1847 die 256 Polen, die maßgeblich an den vorrevolutionären Strömen der Demokratie in jener Zeit beteiligt waren. Sie hatten sich um Ludwik Mieroslawski geschart und gegen die preußischen Okkupationen ihres Heimatlandes aufgelehnt. Die herrschende Politik und die Justiz bekämpften sie als Separatisten. Das berühmte Kammergericht war für den Prozess zuständig, der nur wegen der hohen Zahl der Angeklagten in die Lehrter Straße verlegt worden war. Wie viele Polen vor 1848 gehörten die Beschuldigten zu den Verfechtern des Liberalismus am Vorabend bürgerlicher Revolutionen in den Ländern Europas.

Ihren Prozess mussten sie auf Anklagebänken im Kirchengebäude auf dem Gefängnisgelände erleiden. Sie hatten erbarmungslose Richter, die gegen sie drastische Freiheitsstrafen, auch Todesstrafen verhängten. Doch der Zeitgeist war umgeschlagen, auch in Berlin, und die Proteste gegen diese Urteile wirkten. Keiner wurde gehängt. Im März 1848 waren alle Gefangenen frei, gefeiert von den Barrikaden errichtenden Berlinern. Am Ende der Geschichte dieses Gefängnisses ist die dunkelste Zeit in Deutschland erreicht. Im Krieg übernahmen Gestapo und Wehrmacht die Gefängnisleitung. Vor allem Widerstandskämpfer gegen die Nazis im Umfeld des 20. Juli 1944 wurden hier drangsaliert.

EIN GESCHICHTSPARK UND DIE BERLINER STADTMISSION

Noch in der Nacht vom 22. auf den 23. April 1945, als militärisch alles längst entschieden war, wurden auf Anordnung des Gestapo-Chefs Heinrich Müller 26 Inhaftierte erschossen und auf dem Gelände verscharrt. Erich Mühsam hatte in der Lehrter eingesessen. Gleich nach der Machtergreifung 1933 wurde er gegriffen. Ohne Prozess kam er aus diesem Gefängnis ins KZ nach Oranienburg, wo er bald darauf „starb". Von ihm stammen die Zeilen:

> *Tausend Rätsel, tausend Fragen*
> *Machen manchen Menschen dumm.*
> *Ich habe eine nur zu tragen:*
> *Warum sitze ich hier, warum?*

Getrennt durch Hochhäuser aus den 70er Jahren liegt gegenüber dem Geschichtspark an der Lehrter Straße der Gebäudekomplex BERLINER STADTMISSION. Die besteht schon seit 1877 und wurde vom Dom- und Hofprediger Adolf Stoecker aufgebaut, einem dem Kaiser treu ergebenen Protestanten, der ansonsten vor allem mit seinem widerlichen Antisemitismus in Wort und Schrift Bekanntheit gewonnen hatte. Diese Gedankenverseuchung liegt dem heutigen Trägerverein der Stadtmission fern. 2002 bekam der Verein vom Bezirk Mitte das weitläufige Gebäudeensemble an der Lehrter Straße als neues Zentrum. Neben dem kommerziell betriebenen Gästehaus finden hier die Ärmsten der Armen zeitweise oder auch länger Unterkunft, Pflege und menschliche Ansprache. Die Häuser sind keine Paläste. Schmucklos, grau und anspruchslos gebaut laden sie nicht die Augen der Vorbeiziehenden ein. Das Grundstück ist weitläufig und voller schöner Bäume. Für Investoren, die sich in dieser Gegend zahlreich tummeln, ist die Stadtmission ein Ärgernis, der Baugrund umso verlockender. *„Zwischen Knast und Kanzleramt"* beschreiben die „Missionare" ihre Lage.

— BERLIN, GESCHICHTE IN GESCHICHTEN —

BILD OBEN · Hauptbahnhof

BILD RECHTE SEITE · Kältebus der Stadtmission

Unter den Helfern gibt es sehr viele Ehrenamtliche. Gestrauchelte Flüchtlinge stranden in der Mission, schwer Alkoholkranke, Obdachlose, Menschen, die aus nicht zu bewältigenden Verhältnissen herausgefallen sind. Sie gehören zu dem Strandgut, mit dem die geordnete Gesellschaft nichts mehr anzufangen weiß. Mitten in der Stadt ist eine solche Einrichtung für Viele ein Ärgernis. Man wünscht sie jottwede irgendwo draußen, versteckt an der Peripherie der Stadt.

Wenn es im Berliner Winter wirklich richtig kalt wird, über viele Tage und Nächte eisiger Frost herrscht, dann ist es in der Stadtmission rappelvoll. 30.000 Quadratmeter hat sie zu bewirtschaften. Das ist eine Fläche etwa so groß wie drei Fußballfelder. Jetzt im Schnee wirkt alles noch viel weiter, zugleich auch bedrückender. Denn hier wird sichtbar, was in der Stadt übersehen oder nicht gesehen wird. Es gibt tausend Fragen. Wer hierhin kommen muss, vielleicht auch hinkommen darf, wird nur die eine haben: *„Warum sitze ich hier, warum?"* Es ist bitter kalt. Die Wohnanlagen platzen aus den Nähten. In den Räumen ist es stickig und ungemütlich eng. Die Helfer arbeiten an ihren natürlichen Grenzen. Es gibt nicht nur zu wenig Betten und Decken. Es fehlt auch Zeit, Zeit zum Reden, Zeit für Zuwendungen. Es erscheint friedlich an diesem Ort. Es gibt keine Ruppigkeiten, keiner schreit oder drängelt sich vor.

Kirche und Senat finanzieren die Einrichtung mehr schlecht als recht. Es sind Spenden, die das Hilfswerk am Leben halten. Spender sind nicht die großen Firmen, Banken, Einrichtungen und Organisationen. Hier entfaltet das gespendete Geld keinen Glanz, der auf den Spender fällt. Das Geld kommt vor allem von einzelnen Personen, Schulklassen, Gemeinden. Mit 500 Euro finanziert man symbolisch einen Quadratmeter Stadtmission. 6.200 Quadratmeter sollen es in diesem Winter werden. Es sieht so aus, als könne dieses Ziel tatsächlich erreicht werden.

EIN GESCHICHTSPARK UND DIE BERLINER STADTMISSION

Rund 4.000 Menschen leben in Berlin auf den Straßen und in den Parks. Im kalten Winter bergen für sie die eisigen Nächte tödliche Gefahren. Mit einem kleinen blauen Bus fahren die Helfer nachts durch die Stadt. Es ist der Berliner Kältebus. Die Helfer wissen sehr genau, wo sie suchen müssen. Handys gibt es in diesen Szenen nicht. Manchmal reichen heißer Tee und warmes Essen, medizinische Versorgung und Pflege. Ärzte gehören zum Team. Der Gesundheitszustand der meisten Obdachlosen ist erbärmlich. Für sehr Viele wird der Kältebus die letzte Rettung in der Nacht. Sie steigen ein und kommen mit in die Lehrter Straße. Über die Jahre sind es Zehntausende, die auf diese Weise versorgt wurden, oft genug dem sonst unausweichlichem Tod entronnen. Immer mehr Frauen sind unter ihnen, auch Flüchtlinge in ausweglos Lage.

Drinnen angekommen zählen der warme Tee, eine Decke, eine freundliche Stimme. Hier liegt das Startkapital für das Überleben in den nächsten Stunden. Schon diese kleine Aussicht entspannt ein wenig die Gesichter. Das Leben zählt als Erleben dieses Augenblicks. Es wird auch geredet, nicht viel aber herzlich. Die Stimmen machen es deutlich: Die hier in großer Zahl zusammen kommen, stammen aus vielen Ländern. Für die Verständigung reichen wenige Worte. Sie sind ethnisch gemischt wie die Menschen überall in der Stadt. Unter ihnen gibt es keine Ausgrenzungen.

Ab 19 Uhr warten die Ersten, die den Weg in die Lehrter Straße kennen, auf der Treppe vor dem Hauptgebäude, das zurück gestellt von der Straße zwischen den hohen Bäumen hell erleuchtet ist. Ab 21 Uhr ist Einlass. Dann haben die Helfer bereits Tische gedeckt, warmes Essen gekocht, Isomatten und Decken in den oberen Schlafräumen ausgelegt. Die 120 Plätze sind im Nu belegt. Heute Nacht muss wieder angebaut werden, denn abgewiesen wird keiner. NOTÜBERNACHTUNG heißt das Programm, das gerade läuft und in dieser Nacht wieder mal alle Grenzen sprengt. Später noch kommt der Kältebus, der vom 1. November bis zum 31. März jede Nacht unterwegs ist. Sterben durch Erfrieren ist in Berlin nicht zuletzt dank dieses Busses seltener geworden. Für Viele ist die Stadtmission die letzte Verbindung ihres Lebens mit dieser Welt, mit der Stadt, mit Menschen geworden.

Krähen verlassen die Bäume. Sie fliegen in Richtung des Parks, der einst das Zellengefängnis säumte. Wer genau hinschaut, entdeckt auch hier Reste unbekannter Geschichten, einen herrenlosen Schuh, eine Plastiktüte, einen Gürtel auch hier am Rande eines Busches und ein rostiges Fahrrad mit platten Reifen, verbogenen Felgen und geborstenen Speichen. Strandgut gibt es überall in Berlin, einst mit Menschen verbunden, die keiner kennt. Fußspuren jenseits der Hauptwege verlieren sich im fast unberührten Schnee. Hier geht keiner von drinnen nach draußen.

MIT ZELAL UNTERWEGS INS BERLIN DER ZUKUNFT

— MIT ZELAL UNTERWEGS INS BERLIN DER ZUKUNFT —

Die schon vergilbte Aufenthaltsgenehmigung für die Bundesrepublik Deutschland einschließlich des Landes Berlin ist vom 31. Oktober 1975. Sie wurde vom Polizeipräsidenten in Berlin, Abteilung Ordnungsaufgaben, für einen Gastarbeiter ausgestellt. In roten Buchstaben enthält es den zusätzlichen Eintrag: Zuzug in die Bezirke Kreuzberg, Tiergarten u. Wedding nicht gestattet. Diese Informationen hat der türkische Maler Hanefi Yeter in ein Hintergrundbild mit düsteren Farben gestellt. Der schwarze Aufdruck der Aufenthaltserlaubnis umrahmt das gesamte Bild. Hinter dem Reisepassvermerk ist ein Warteraum mit dunklen Wänden, allein durch ein Neonlicht beleuchtet, zu erkennen. Zwölf Menschen, Männer und Frauen, sitzen unscharf geduldig in einem Halbkreis. Ihre Gesichter sind verschwommen, nur ihre Haltung drückt in Umrissen aus, wie ausgeliefert sie ihre Beurkundung erwarten. Sie sind müde und erschöpft. Nur am Kopf der Runde ist ein Herr deutlicher zu erkennen. Er ist gut gekleidet und sitzt aufrecht selbstbewusst, als fühle er sich für die anderen verantwortlich. Vor ihm ein Aschenbecher voller Kippen. Das Warten hat sehr lange gedauert. Eine Unterschrift, ein Stempel und zwei mit dem Berliner Bären versehene Wertmarken in Höhe von jeweils 10 DM sind im unteren Teil des Bildes zu sehen.

So hat die Künstlerin und Sozialarbeiterin Zelal Erzan, Tochter eines 1971 nach Deutschland Eingewanderten, das Bild von Hanefi Yeter beschrieben, das festhält, wie es damals war. Die Gastarbeiter, die heute Migranten genannt werden, waren behördlich eng verwaltete Objekte. Sie hatten sich nicht einfach nach Deutschland verschicken lassen. Sie haben ihre Dörfer und Städte verlassen, weil sie Arbeit brauchten, von der sie leben und Familien gründen konnten. Sie hatten sich von dem für seine Löhne gelobten Land nicht viel versprochen, suchten nicht die neue Heimat. Aber sie hatten erwartet, wie Menschen aufgenommen zu werden, wie ganz normale Menschen. Warum sie sich nicht von einem Stadtbezirk in den anderen bewegen durften, hatte ihnen keiner erklärt. Sie konnten die Sprache des neuen Landes nicht. Sie fügten sich, so gut das ging und lernten, sich in einer ihnen völlig fremden neuen Umgebung einzuleben, bescheiden und ohne große Ansprüche an ihr Gastland zu stellen.

1976 kam der Vater Hasan Erzan aus Süddeutschland nach Berlin, nach Kreuzberg, wo schon Bekannte lebten. Zehn Jahre früher hatte er sein Dorf in der Bergprovinz Erzingan wie viele andere auch verlassen, ein Dorf im kurdischen Ostanatolien, in dem es nach vielen Verfolgungen der alevitischen Bewohner nichttürkischer Herkunft und nach immer wieder katastrophalen Erdbeben kaum Arbeit gab, keine Zukunft für Kinder, keine ausreichende Infrastruktur und immer wieder politische Verfolgungen. In Istanbul musste er erleben, wie man auch in der Türkei als Bürger benachteiligt und angefeindet werden kann, wenn man nicht richtiger Türke ist, wie es die Herrschenden forderten. Seine kurdische Sprache durfte er nicht sprechen und elementare kulturelle Betätigungen wurden dem zazaischen Aleviten vorenthalten. Nach Berlin holte er dann seine Frau aus einem Nachbardorf seiner Geburtsheimat, mit der er zusammen zur Schule gegangen war. 1980 kam Zelal als älteste Tochter in die neue Welt der Erzans. Sie hatten ihre Wohnung in einem riesigen Neubau, dem Neuen Kreuzberger Zentrum. Zelal bekam noch einen Bruder und eine Schwester. Die fünfköpfige Familie lebte in einer großen Nachbarschaft, in der sich die Leute kannten und halfen. Zelal kam früh in den Kindergarten, der Vater arbeitete in der Firma Herlitz, die Mutter bei Siemens, beide in Schicht. Der Alltag war streng durchorganisiert. Nachbarschaften waren zum Überleben notwendig, förderten Gemeinschaften in der fremden Stadt. Ihr neues Zuhause rund um das Kottbusser Tor bis zum Mariannenplatz nennen sie „das Dorf", multikulturell nicht aus Idealismus, sondern weil die Menschen mit so unterschiedlicher

Herkunftsgeschichte in ihm zusammenhalten mussten. Vor eben diesen Menschen in Deutschland zu warnen, wird Thilo Sarrazin nicht müde. Mit seinem 2010 erschienenem Bestseller DEUTSCHLAND SCHAFFT SICH AB: WIE WIR UNSER LAND AUFS SPIEL SETZEN, hat er ein Denkmal gesetzt, dem aus innerem Herzen Millionen Deutsche zu Füßen liegen, die Sarrazini. Diese Deutschen plagt eine diffuse Angst vor Ausländern, vor allem wenn sie aus muslimischen Ländern kommen, vornehmlich aus der Türkei und den arabischen Staaten. Den Sarrazini gibt Thilo Sarrazin die staatsbürgerlich korrekte Sprache und schreibt in seinem Buch dem geneigten Leser: *„Vielleicht sollte er einmal einen Gedanken daran verschwenden, weshalb es in ganz Europa Vorbehalte gegen Muslime gibt – mit guten Gründen:*

- *Keine andere Religion in Europa tritt so fordernd auf.*
- *Keine andere Immigration ist so stark wie die muslimische mit Inanspruchnahme des Sozialstaats und Kriminalität verbunden.*
- *Keine Gruppe betont in der Öffentlichkeit so sehr ihre Andersartigkeit, insbesondere durch die Kleidung der Frauen.*
- *Bei keiner anderen Religion ist der Übergang zu Gewalt, Diktatur und Terrorismus so fließend."*

Sarrazin ist der Gattungsname einer sehr großen Gemeinde geworden. Sie schart sich um ihn in der Gewissheit, dass alles Üble in diesem Land Folge von Infektionen ist, verursacht von fremden Viren und Bakterien, die in den Volkskörper eingedrungen sind. Die Gemeinde ist altdeutsch. Sie hatte über 60 Jahre keinen richtigen Guru mehr. Jetzt hat sie wieder einen. In der Gemeinde der Sarrazini gibt es eine einzige Predigt mit Variationen: Es gibt für das eigene Volk keine größere Gefahr als das

Eindringen des Fremden. Dieser Fremde ist neuzeitlich der islamischen Rasse zugehörig, kann sich nicht anpassen, verursacht die größten Probleme des Landes.

Die Sarrazini haben im Internet eine gut besuchte Plattform mit dem Titel POLITICALLY INCORRECT. Für das Forum verfassten die Veranstalter Leitlinien, in denen es heißt: *"Unsere Grundrechte sind bedroht wie noch nie seit Bestehen der Bundesrepublik Deutschland. Aufgrund der immer mehr um sich greifenden Ideologie des Multikulturalismus hat bereits eine schleichende Aushöhlung unserer Rechte stattgefunden. Die weitgehende Akzeptanz islamischer Ethik und Kultur bedeutet für Deutschland und Westeuropa zwangsläufig eine Entstehung von Parallelgesellschaften, in denen weder das Grundgesetz noch die Menschenrechte wirksam werden können. Längst haben die Prinzipien islamischen Denkens die Ghettos verlassen und beeinflussen nicht nur das Denken und Fühlen von uns Bürgern, sondern – sogar noch ausgeprägter – die Medien und die Politik."*

Zelals Vater lernt im Dorf, wie wichtig Spielregeln im Leben sind. Diese Einsicht ist ihm an sich nicht neu, aber sie müssen der jeweiligen Lebenssituation angepasst werden, um in Selbstachtung überleben zu können. Im Dorf beobachtet er, wie die Kinder miteinander spielen. Auch die deutschen Kinder spielen mit den ausländischen Kindern, aber nur wenn sie oder die Eltern es wollen. Umgekehrt geht es nicht. Die eigenen Kinder können nicht mit deutschen Kindern spielen, wenn sie es wollen. Man muss die Regeln kennen, um weiter zu kommen, um neue Verhältnisse zu schaffen und somit neue Regeln zu vereinbaren. Viel später im Jahr 1998 wird er mit seiner Frau eine Bäckerei mit einem Café im Wrangelkiez gründen. Das dafür Notwendige kann man lernen. Aber Eigengebackenes durften sie nicht anbieten und verkaufen, da sie ja keinen Ausbildungsschein als Bäcker haben. Also müssen sie tief gefrorene Ware verarbeiten. Dazu braucht man keinen

Schein. Es wird hart gearbeitet, die Gäste kommen. Küche und Backstube finden ihre eigene Qualität. Bald duftet es in der Bäckerei&Konditorei. Auf den Tellern gibt es leckere süße Köstlichkeiten mit Mandeln, Nüssen und Gewürzen.

Zelals Vater Hasan ist ein sanfter, freundlicher und nachdenklicher Mensch. Ihre Mutter Behar ist bildschön, herzlich und energisch. Viel Ruhe geht von ihnen aus, und die ganze Familie ist immer noch das Fundament ihrer wirtschaftlichen und kulturellen Existenz. Auch für die Erziehung der Kinder gelten die Spielregeln des Vaters. Sie folgen klaren Zielen. Die Kinder sollen nicht Stolz zeigen aber selbstbewusst aufwachsen. Sie sollen das Lernen als wichtigste Disziplin im Leben meistern. Sie sollen sorgfältig mit sich umgehen, aufpassen, was sie gefährden kann, offen sein für Menschlichkeit, gleichgültig welche ethnischen, religiösen oder kulturellen Hintergründe Menschen haben mögen. *„Suche die Guten und sei Teil von ihnen."* Es gibt für den Vater eine universale Lebenserfahrung: *„Wenn die Menschen nicht mehr miteinander reden, werden sie sich fremd."* Früher haben im Dorf alle miteinander geredet. Sie empfanden sich bei allen individuellen Unterschieden als Teil einer Community.

Heute ist das bereits nicht mehr so. Dass jeder mit jedem spricht, ist nicht mehr selbstverständlich. Hasan Erzan hat in der Hierarchie der Ämter und Institutionen oft den Mangel erlebt, angemessen miteinander zu reden. Mit einer glänzenden Gymnasialempfehlung für seine Tochter nach den sechs Jahren Grundschule in der Tasche lief er voller Freude zum Direktor des Hermann-Hesse-Gymnasiums. Er war der erste Anmelder. Er hatte damals eine Bescheinigung, dass er sehr bald den deutschen Pass und die Staatsbürgerschaft erhalten werde. Der Direktor prüfte lange, um ihm zu bescheinigen: *„Vergiss nicht, dass ihr hier nie die ersten sein werdet. Erst kommen die Deutschen an die Reihe, dann ihr."* Hasan Erzan vergisst diesen Satz nicht.

BILD OBEN · *Zuzugsbegrenzung*. Grafik von Hanefi Yeter

— MIT ZELAL UNTERWEGS INS BERLIN DER ZUKUNFT —

Das Kottbusser Tor in Kreuzberg, von den Berlinern kurz Kotti genannt, ist in den Augen der Sarrazini anschaulicher Beleg, wie sich Deutschland abschafft. Auf den kreisrunden Platz laufen sechs Straßenarme zu. Durchschnitten wird er durch die west-östliche U-Bahnstrecke, die hier auf einem Stahlviadukt als Hochbahn verläuft und die nördliche Hälfte des Platzes hart von seinem südlichen Teil trennt. Den Deutschen ist der Platz aus dem Fernsehen bestens bekannt. Hier gab es die legendären Ausschreitungen am 1. Mai, und noch immer harrt man gespannt der Bilder der Kameras vieler Sender, die dann auf diesem Platz postiert sind. Bekannt ist der Platz als sozialer Brennpunkt einer überwiegend türkischsprachigen Bewohnerschaft. Da muss er für alles gerade stehen, was dieses Thema an Horrorbildern hergibt. Und wenn mal wieder die Drogen zu diesem Thema gehören, darf man sicher sein, diese fürchterlichen Szenen in den Kulissen des Kottbusser Tors vorgeführt zu bekommen. Hier ist das legendäre SO 36 von Kreuzberg, wie der ehemalige Postbezirk hieß. Der nördliche Teil Kreuzbergs, eher etwas bürgerlicher, war der Postbezirk 61. Die randalierenden und demonstrierenden Teile der vielen Alternativen zog es in den 70er und 80er Jahre nach SO 36 und sie skandierten gerne: *„SO 36 brennt und 61 pennt."*

Die nördliche Hälfte des Platzes bannt die Gemüter stärker als die südliche. Nach Norden ist der Platz mit seinem riesigen „Zentrum Kreuzberg" das Tor in die pittoreske Welt rund um die Oranienstraße. Im Süden führen der Kottbusser Damm oder die Admiralsstraße schon bald an die malerischen Gefilde des Landwehrkanals. Die Touristen zieht es auf die Nordseite des Platzes, wo sie die Klischees suchen, die über dieses Quartier im Umlauf sind: arabische Jugendclans, türkische Arbeitslose, vermummte Frauen, Drogenhändler, bettelnde Romakinder und menschliches Chaos. Mit Sarrazins Buch unter dem Arm drängen sich Bilder auf, schaurig und nur des einzigen Kommentars würdig:

„Die liegen uns alle auf der Tasche." Im Halbrund um die Skalitzer Straße sehen sie das Elend Deutschlands in einer gruseligen Mischung aus Steinen und Menschen.

Seinen Anfang nimmt das Harlem von Berlin mit dem Ausstieg aus der unterirdischen U-Bahnlinie 8 an der Adalbertstraße, ein beliebter Treffpunkt vor dem Kaiser's, einer stets gut sortierten Supermarktkette, die hier im Stehcafé ihrer Filiale viel Platz für Wartende bereitstellt. Das Haus ist ein völlig runter gekommener Betonklotz, eine Ruine, kaum höher als die Innendecke des Marktes. In Ecken und Nischen verdrücken sich Gestalten unter bunt und wild von Sprühern gekritzelten Graffitis mit der Botschaft „Cluk Hardcore". Bruchlos verödet der Bau zu Füßen der hinter ihm riesengroß aufragenden Hochhauskette des Zentrums. Doch neben ihm, wie zum trotzigen Kontrast gegen Supermarkt und Zentrum liegen zwei liebevoll restaurierte Altbauhäuser, als stemmte sich das alte Berlin gegen die Macht seiner Abschaffung. Das eine ist ockerrot, das andere taubengrau gestrichen. Im Erdgeschoss bergen sie die Berliner Bank gleich nebenan ein Leihhaus für Gold und Schmuck. Wie diese beiden Häuser waren einst alle am Kottbusser Tor rund um den Platz gebaut.

Gewaltig und manchem Schrecken einflößend ist das Wahrzeichen, das Zentrum, 1974 fertig gestellt als Vorzeigeobjekt für den sozialen Wohnungsbau. Bis zu 12 Stockwerke hoch gibt es 367 Wohnungen. Ihnen vorgelagert sind in drei Etagen Gewerberäume untergebracht. Das wuchtige Gebäude ist in einem Halbkreis um den Platz gebaut, in der Mitte als breite Brücke über der Adalbertstraße. Eigentlich sollte da hinter eine Trasse für die Stadtautobahn geschlagen werden und man erhoffte sich von dem Baukörper einen Sicht- und Geräuschschutz. Der modernen Stadt war das arme SO 36 ein Dorn im Auge.

Entsprechend rigoros und ruppig ging man mit den Mietern und Bewohnern um, deren Häuser abgerissen wurden. Wie das

Zentrum sollten auch die umliegenden Straßen in SO 36 umgestaltet in werden.

Kreuzberg war ein besonders eng gebauter Stadtteil mit tief gestaffelten Hinterhöfen, ein Viertel der berüchtigten Mietskasernen aus der Zeit vor dem 1. Weltkrieg. Da wohnten früher etwa 300.000 Menschen. Heute sind es noch gut 150.000. Viele Häuser wurden durch den Krieg zerstört, ebenso viele erst nach dem Krieg abgerissen. Einigermaßen unversehrt hatte das baulich problematische SO 36 im nördlichen Teil den Krieg überstanden.

Im Zuge der Stadtplanung und Erneuerung des Bezirks waren in den 60er Jahren weitflächige Abrisse der alten Häuser mit ihren Hinterhöfen vorgesehen, um Platz zu schaffen für breite, Autobahn ähnliche Tangenten entlang der Mauer und solitäre Hochhäuser, umgeben von parkähnlichen Grünflächen. Die Beteiligung der Bevölkerung spielte damals noch kaum eine Rolle. Doch so eine Planung einer neuen Stadt braucht viel Zeit, zumal sich Widerstand von Anfang an in Formen regte, die man bis dato nicht kannte. Und es kamen in jenen Jahren Gastarbeiter in großen Scharen nach Westberlin, vorwiegend aus den Dörfern Anatoliens, die irgendwo und irgendwie untergebracht werden mussten.

Da kam der Senat auf eine Idee, wie man zwei Fliegen mit einer Klappe schlagen kann. Die Idee hieß Zwischennutzung, ein Markenzeichen der Stadtplanung noch heute. Zwischennutzung bedeutet: Gebäude sollen irgendwann abgerissen werden. Bis zu diesem Zeitpunkt werden Nutzungsrechte vergeben. Gastarbeiter, so war man damals überzeugt, kommen für ein paar Jahre, gehen dann aber wieder nach Hause oder werden nach Hause geschickt. Also vermietete man die Wohnungen in den alten Häusern, über denen die Abrissbirnen schwebten. Man vermietete sogar sozial, mit niedrigen Mieten und mit der Zusicherung, es werde keine Kündigungen geben bis zu dem Tag, an dem der Abrissbescheid verschickt werden muss. Eine schöne Lösung auf Gegenseitigkeit, fand man, und tatsächlich zogen Tausende Türken rund um das Kottbusser Tor ein, das sie ihr Dorf nannten und wo sie überwiegend unter sich waren. Die Sache kam aber ganz anders. Die Häuser wurden nicht mehr abgerissen. Die Proteste in Kreuzberg waren zu stark geworden, und die Richtung in der Stadtplanung hatte sich gedreht. Nun waren Stadterhaltung und Sanierung angesagt. Die türkischen Familien wurden immer mehr, und die Gastarbeiter blieben, längst schon keine Gäste mehr sondern Menschen, die in der neuen Stadt auf sehr unterschiedliche Weise ihre Wurzeln schlugen. Die Häuser wurden lange Zeit nicht besser, aber die Mietverträge waren ein Rechtsgut. Viele Altkreuzberger verließen ihr Viertel, soziale Probleme vergrößerten sich.

Die Einwanderer aus der Türkei saßen in der Migrationsfalle und blieben weitgehend auf sich selbst gestellt. Viele im Dorf erzählen, dass man ohne die deutsche Sprache zurecht gekommen sei, um überleben zu können. Religion und Traditionen bieten in solchen Situationen besonderen Schutz und inneren Halt.

Mit dem Abriss der alten Häuser am Kottbusser Tor und mit den harten Methoden der Entmietung begannen die Kreuzberger Aufstände. Im Neubau wechselten ständig die Mieter, zahlreiche Wohnungen standen leer, Gewerbeflächen verödeten, die Verwaltung verlor ihre Souveränität. Die Mietpreise in dem riesigen Neubaukoloss sanken rapide, und so war es kein Wunder, dass Arme, vor allem aber türkische Migranten hierher zogen. Erst ab 1987 besserte sich die Lage. Eine erste Kita wurde für die vielen jungen Familien eingerichtet, die vorgelagerten Gewerbeflächen wurden mit Erfolg vor allem an türkische Betreiber vermietet. Eine hässliche Betontreppe zur Galerie wurde durch eine zierliche Stahltreppe ersetzt; und schon entstand ein wunderbarer Cafébereich. Die Protestpotenziale blieben, und ein Zentrum des revolutionären 1. Mai für das Austoben einer erbittert militanten

Restgruppe blieb auch das Kottbusser Tor. Eine Idylle wird der Platz nie werden. Wer hier die Veränderung der Stadt als Dynamik der Zukunft nicht wahrnimmt, sieht in ihm die Bestätigung von Zerfall und der Abschaffung der einst reichen Stadt mit seinen Arealen der verwaltbaren Armut. Der große Platz erscheint dann zu beiden Seiten schäbig, unübersichtlich, unheimlich. Gegenüber dem Café auf der Galerie gibt es ein paar Bäume, darunter Kebabläden, türkische Imbisse. Unter den Bäumen gibt es manchmal Reste eines Wochenmarktes, Menschen stehen in Gruppen, Betrieb ist immer, es wird türkisch und arabisch gesprochen, nur selten übertönt vom Vulgärberlinisch Einzelner. Zu viele Menschen halten Alkoholflaschen in der Hand. Auffallend stumm bleiben Touristen. Sie sehen überall an den Wänden die Graffiti, bunt und schrill. Sie sehen viel Langeweile bei den herumstehenden Menschen, die nicht nur jung sind. Sie erleben auch Aggressivitäten, weichen bestimmten Gestalten aus. Das alles gibt es vor der Kulisse vieler Kneipen und kleiner Läden. Orient Eck bringt den Platz auf den Punkt. Der andere Supermarkt am Platz heißt „Günlük Taze ve Helal et" und verspricht Internationales. Ins Casino 36 steigt eine dunkle Treppe hoch, die ins Zwielichtige führt. Von den Dealern und Junkies findet der Tourist indessen keine Spur, sollte er sich nicht einbilden, das Schild „Vierte Welt" führt zu ihnen.

In diesem Kreuzberger Kiez mit tausenden Migranten ist Zelal aufgewachsen. Mit drei Jahren kommt Zelal in den Kindergarten, lernt Deutsch. Dass die Kinder aus ganz unterschiedlichen Bevölkerungsgruppen kommen, merkt sie noch nicht. Ihr ist die Erinnerung geblieben, dass sie sich mit den Kindern wohl gefühlt hat. Wenn sie einmal in ihrem Leben richtig Glück gehabt hat, dann war das in der Grundschule. Sechs Jahre lang hatte sie eine Klassenlehrerin, die sie motivierte, die sie förderte, die aus dem bunten Gemisch der Klasse ein Leistungsteam selbstbewusster Schülerinnen und Schüler zu formen verstand. Das Gefühl, zusammen zu gehören und deshalb auch zusammen stehen zu können, wird zur belastbaren Lebensgrundlage. Am Ende der sechs Jahre Jens-Nydal Grundschule in der Admiralstraße wechseln mit Zelal sechs Kinder aufs Hermann-Hesse Gymnasium in der Böckhstraße, damals ein sensationeller Schulerfolg. Ihr Bruder, ein Jahr jünger als sie, hat in der gleichen Grundschule weniger Glück. Zelal hat ihre ersten Schuljahre in klaren Erinnerungsbildern. *„Ich war eine schlimme Streberin und wollte immer die Klassenbeste sein."* Das ist sie dann auch gewesen. Respekt, die Hilfe und Nähe ihrer Lehrerin häufen Kapital für ihre Entwicklung. *„Sie ist die beste Lehrerin, die ich je kennen gelernt habe."* Eine Utopie entsteht und erfasst Familie und Freunde: Zelal wird das Abitur schaffen und studieren.

Im Dorf sind solche Bildungskarrieren noch die Ausnahme. Die sieben Kinder, die den Sprung aufs Gymnasium geschafft haben, helfen sich gegenseitig, bleiben fest in der Community verankert, in der auch die Gleichaltrigen stolz auf sie sind. Alle halten zusammen, aber es gibt in den Familien unterschiedliche Kulturen und Erfahrungen, die auch zu Konflikten führen. Zelal entdeckt ihre Fähigkeiten zu vermitteln und zu schlichten. Die Kraft, miteinander zu reden, erlebt sie intensiver als die vielen Ablenkungen für die Jungen mit Disko oder Zeitvertreib. Sie spürt in ihrer Gymnasialzeit, dass ihr Privileg der höheren Bildung ein Geschenk ist, mit dem sie andere Menschen im Dorf stärken kann. Der Leitsatz ihres Vaters wird auch ihrer: Wenn die Menschen nicht miteinander reden, werden sie sich fremd. Sie lernt die Sprachen in ihrer Umgebung fließend zu sprechen.

Als Aleviten hat es die Familie einerseits schwerer, andererseits aber auch leichter. Schwerer haben sie es gegenüber den orthodoxen Moscheeangehörigen und nationalistischen Gruppen, die ihnen gegenüber auch in Berlin aus Tradition argwöhnisch bleiben. Viele Aleviten kommen aus der Türkei, wurden dort über Jahrhunderte verfolgt, weil sie nicht in die Moschee gehen, die Gleichberechtigung der Frauen praktizieren, die Verinnerlichung ihres Verhältnisses zu Allah höher achten als die Gesetze, die in seinem Namen den Menschen aufgetragen wurden. Als Verfolgte haben sie gelernt, dass die ethnischen Unterschiede nicht die Konflikte zwischen den Menschen begründen oder erklären können. Mit ihrer Religion haben sie nie weltliche Macht erlangt. Als Vorteil bringen sie nun im neuen Land die Erfahrung mit, als Minderheit immer schon geächtet worden zu sein. Mehrheit und Minderheit müssen nicht ewig Ausgrenzungen erzeugen. Die Erfahrungen einer verfolgten Minderheit macht es ihnen leichter, sich auf menschliche Eigenschaften zu konzentrieren, sich mit guten Menschen zusammen zu tun, gleich welche Herkunft sie haben mögen.

Im Gymnasium zerrt eine Zeitlang die Tatsache an Zelals Ego, nun nicht mehr die Klassenbeste zu sein. Sie lernt schnell, dass ihr vor allem die Bildungshintergründe fehlen, aus denen die Lehrpläne an deutschen Gymnasien entstanden sind. Die Eltern können nun nicht mehr helfen, und die Lehrer arbeiten zielorientiert in erster Linie mit dem Frontalunterricht. Wissen nach Lehrplan ist in ihrer Schule ein höheres Bildungsgut als das Lernen, wie das Leben von so vielen unterschiedlichen Menschen in der Klasse zusammen hängt. Zelal durchläuft die Schule ohne Sitzenbleiben bis zum Abitur, in einigen Fächern sehr gut, in anderen weniger gut, aber nie mit mangelhaften Noten. Was die Schule nicht lehrt, wird die Schule in ihr. Für sie muss es die Gleichberechtigung der unterschiedlichen Bildungskulturen geben, will man das Verständnis der Zusammenhänge lernen, die für die Menschheitsgeschichte gelten. Diese Zusammenhänge interessieren sie. Für dieses Interesse findet sie reichen Anschauungsunterricht in ihrer Lebensumgebung.

Eine neue Stadt kann entstehen, wenn man eine neue Kultur der Neugier aufeinander findet und mit dieser Neugier miteinander redet. Davon träumt sie in ihrem Dorf. Die wenigen Angebote der Schule, der Heimatkultur Raum zu geben, nutzt sie. Am Nachmittag gibt es Lehrstunden für den türkischen Unterricht. Da geht sie hin, weil sie die Abwechslung zum Schulalltag am Vormittag sucht. Den Unterricht machen aus der Türkei entsandte Beamte. Dialoge sind selten und wichtige Entwicklungen in der Geschichte ihres Herkunftslandes bleiben ausgespart. Vieles rauscht an ihr vorbei. Die Türkei ist auch ihr Land, aber sie erfährt in der Schule, dass sie nicht dorthin gehört, wenn sie sich nicht angemessen einordnet.

Unter den Kindern ist die Welt kein Spielball der Herrschaftsansprüche. Unter ihren Freunden sind Kinder vieler Ethnien und Religionen. Die Gemeinsamkeiten schmieden mehr zusammen als Unterschiede trennen können. Doch schon mit dreizehn Jahren ahnt Zelal, wie der politische Alltag in die Verhaltensweisen der Kinder eindringt. Ihr erster Freund ist Türke. 1993 kommt es in der Türkei, nahe dem Geburtsort ihrer Eltern in Sivas zu einem fürchterlichen Massaker. Eine aufgepeitschte Menge stürmt ein alevitisches Fest und steckt das Madmak Hotel in Brand. Polizei, Militär und Feuerwehr lassen den Mob gewähren. 37 Menschen verbrennen. Die türkische Regierung spricht von einer alevitischen Provokation der Kurden. Die Anschläge seien die Tat weniger Verrückter. Das Ereignis schlägt Wellen bis ins ferne Berlin. Der türkische Freund hat schnell türkische Antworten. Empathie für seine junge Freundin ist ihm fern.

Wer ist dieser Mensch, der sich im Spiegel sieht, und den die anderen stets nach einem einzigen Merkmal bezeichnen? Der Weg zur eigenen Identität ist steinig, wird aber immer zwingender. *„In Amerika bin ich die Muslima, in Deutschland bin ich Türkin, in der Türkei bin ich Kurdin, bei den Kurden bin ich Alevi-*

tin. Je nachdem wo ich gerade bin, bin ich eine Andere." Wie reich könnte das Zusammenleben der Menschen sein, wäre die Neugier nach den Verstrickungen solcher Merkmale ausgeprägter als die Einordnung nach Schubladen. Statt Klischees gibt es dann die bunten Menschenbilder. Überall haben Menschen etwas geleistet, haben gestritten, gewonnen und verloren. Zelal findet ihre Freundinnen und Freunde unter Menschen, die diese gemeinsame Einsicht zusammen hält. Unterschiedliche Ethnien oder Religionen trennen nicht in diesen Freundschaften. Sie machen im Gegenteil das eigene Leben spannender und die Suche nach Identität reicher.

Durch die gleichen Augen gesehen, in denen Kreuzberg SO 36 die Abschaffung von Deutschland signalisiert, erstrahlt der Anblick des Gendarmenmarktes in der Mitte von Berlin zum Zeugnis der historischen Schönheit und nationalen Größe. Das Konzerthaus von Schinkel in der Mitte, ehemals als Schauspielhaus gebaut, zu seinen Füßen Friedrich Schillers Denkmal und rechts und links der Französische und der Deutsche Dom. Das ist deutsch im besten Sinne des Wortes. Da kann man betrachten, was auf dem Spiel steht, wenn das mit den Einwanderungen weiter so geht wie bisher.

Die Sarrazini sind nicht alle bösartig und werden nicht alle nach einem Vergleich der beiden Plätze suchen. Aber vielleicht wissen sie auch gar nicht, dass der Gendarmenmarkt das großartige Zeugnis der Erneuerung von Berlin durch Migranten ist. Ab 1670 kamen in damals großen Zahlen verfolgte französische Protestanten, Hugenotten genannt, in das verarmte Berlin. Der große Kurfürst warb 1685 geradezu großzügig um sie, weil er dringend Siedler für seine durch den Dreißigjährigen Krieg zerstörte, ausgeplünderte und menschenleere Mark Brandenburg benötigte. Es kamen nicht nur Gebildete, Kaufleute und Handwerker. Es kamen mit den Einwanderern vor allem auch bettelarme und nicht ausgebildete Menschen unter den 20.000 Franzosen nach Berlin, die kein Deutsch konnten und für die es kaum Sozialhilfen gab. Aber gezielte Unterstützungen bei der Ansiedlung halfen. Ihre Lebensgewohnheiten aus Frankreich versuchen sie weiter zu pflegen und ihren Gottesdienst in französischer Sprache zu halten, war ihren Geistlichen garantiert. Viele Streitigkeiten mit den Altberlinern wurden in einem unabhängigen Rechtssystem geregelt. Zeitweise waren die Hugenotten von Steuern befreit. Ihren Handwerkern standen die Zünfte durch kostenlose Mitgliedschaft offen. Ihnen wurden sehr schnell die Bürgerrechte durch die Staatsbürgerschaft verliehen. Für Existenzgründungen stand ein Fond für gewerbliche Betätigungen bereit. Es wurden ihnen Grundstücke und kostenloses Baumaterial überlassen. Durch diese Zugeständnisse verschaffte sich die Mark Brandenburg einen Vorsprung gegenüber anderen Ländern, die um die Flüchtlinge warben.

Die Franzosen waren nicht die einzigen, die nach Berlin emigrierten. Es kamen weitere Flüchtlinge aus anderen Regionen, vornehmlich aus religiösen Gründen. Böhmen siedelten 1737 in „Böhmisch Rixdorf" (Cesky Rixdorf) um den Richardplatz in Neukölln. Salzburger Flüchtlinge waren schon 1732 gekommen. Natürlich waren sie alle Untertanen der preußischen Könige wie ihre deutschen Mitbürger auch. Aber sie profitierten von der staatlichen Grundhaltung der Toleranz, die der französisch schreibende Friedrich der Große lapidar umschrieb: Mich interessiert nicht Herkunft oder Religion der Menschen, wenn sie nur tüchtige Leute und gute Untertanen sind. *„Jeder soll nach seiner Fasson glücklich werden."* Im Jahr 1700 wohnten in Berlin 28.500 Menschen. Jeder fünfte gehörte zu den geflüchteten Franzosen. Für sie wurden neue Stadtteile gebaut, die heute wesentliche Teile der Berliner Mitte ausmachen, die Dorotheenstadt und die Friedrichstadt.

Wer nun glaubt, die damalige Einwanderung sei problemlos verlaufen, macht sich was vor. Die Quellen aus jener Zeit sind voll der Reportagen und Berichte über Streitigkeiten und Aggressionen zwischen der deutschen Bevölkerung und den neu Zugewanderten. Mit den Flüchtlingen wurden Wohnungen und Lebensmittel knapp und teurer. Die Sprache der Eingewanderten verstand man nicht und ihre Religion war den Lutheranern fremd. Die Altdeutschen bangten um Arbeitsplätze und um ihre berufliche Existenz. Es gab Fälle der Brandstiftung, und Fenster in den Wohnungen der Eingewanderten wurden eingeschlagen. Die Zugezogenen waren alles andere als eine homogene Gruppe. Sie stammten aus unterschiedlichen Regionen, pflegten wie die Deutschen soziale Abgrenzungen. Aber durch die Verhältnisse wurden sie gezwungen, zusammen zu rücken. Kaum einer sprach deutsch. Kontakte mit deutschen Nachbarn blieben selten. Ehen mit Deutschen waren in den ersten Jahrzehnten so gut wie ausgeschlossen. Noch bis 1714 hofften die meisten Franzosen, bald wieder in ihre Heimat zurückkehren zu können.

Nach dem Spanischen Erbfolgekrieg war dieser Rückkehrtraum ausgeträumt. Einwanderer und Altdeutsche mussten sich arrangieren. Im Nachhinein ist festzustellen, dass die Kohabitation gelang, weil den Eingewanderten Kultur, Sprache und zum Teil sogar Selbstverwaltung belassen blieb, sie auf der anderen Seite als Staatsbürger institutionell in den preußischen Staat eingebunden wurden. Das mag erklären, warum zwischen den Migranten und ihrer deutschen Umgebung Spannungen blieben, die staatliche Loyalität gegenüber der „Obrigkeit" bei den Zugewanderten jedoch ausgeprägter war als bei den Deutschen. Die Wissenschaftler haben dafür den Begriff der Akkulturation geprägt. Sie meinen damit, dass Migranten bei hinreichendem Schutz in ihre Umgebung hineinwachsen, dass die Umgebung sich aber in der Folge der Kontakte ebenfalls verändert.

Über viele Generationen wurde an der französischen Muttersprache als Alltagssprache festgehalten. Selbst bei den hoch Aufgestiegenen blieb das Französische ein Statussymbol ihrer Herkunft. Aber alle, auch die Handwerker, Gewerbetreibenden, Ladenbesitzer und die vielen Haushaltsangestellten und Dienstkräfte mussten Deutsch lernen. Noch bis spät ins 19. Jahrhundert wurde in ihren Gottesdiensten auf Französisch gepredigt und auf Deutsch gehandelt. Ab der dritten Generation wächst die Rate der Mischehen, mehr bei den Arbeitern und Angestellten, weniger in den höheren sozialen Schichten. Um 1800 heirateten bereits über 70 Prozent der Berliner mit Migrationshintergrund in deutsche Familien ein. Die Spannungen wurden erkennbar geringer. Die Deutschen begannen, die Segnungen ihrer neuen Mitbürger zu nutzen und zu genießen. Die Gartenlokale gehen auf die Franzosen zurück wie auch der Genuss von Weißbier und Spargel, den es dort gab. Nicht alle Erwartungen der preußischen Obrigkeit gingen in Erfüllung. Man förderte Startup-Betriebe zur Seidenraupenzucht in Moabit. Maulbeerbäume wurden am Spreeufer gepflanzt, wo heute am Mobiter Werder architektonisch die Schlange wie eine Raupe in Stein gebaut worden ist. Doch das wurde ein Flop. Der Boden war zu sandig und zu morastig. Alte Maulbeerbäume aus jener Zeit stehen noch nahe dem Französischen Friedhof oder sind ein Hinweise auf anderen Friedhöfen, dass sie einst von den Hugenotten angelegt worden sind. Erfolgreicher waren die Hugenotten hingegen im Anbau von Obst und Gemüse. Ihr Schlager war der Spargelanbau, der den Geschmackssinn der Berliner nachhaltig veränderte.

Für die Anlage des Gendarmenmarkts brachten die Migranten erhebliche Summen auf. Schon 1708 begannen sie, den Französischen Dom zu errichten – fast zeitgleich machten es ihnen die Deutschen auf der gegenüber liegenden Seite mit dem Deutschen Dom nach. Doch „Dom" bedeutete nun nicht wie im Mittelalter die kulturelle Funktion eines alles überragenden kirchlichen Zentrums. Das Wort kam aus dem Französischen in den Berliner Sprachgebrauch. Dóme bedeutet Kuppel. Solche Kuppeln wurden den beiden Kirchen erst 1785 aufgesetzt. Nicht weit vom Markt entfernt errichteten die Hugenotten das Französische Gymnasium. Es existiert mit den historisch bedingten Unterbrechungen bis heute, wenn auch inzwischen nicht mehr in dem alten erhaltenen Gebäude in der ehemaligen Niederlagestraße. *„Bildung ist der Rohstoff für Integration"*, ist die Botschaft des Gymnasiums. Das bekräftigte 1987 der französische Präsident Francois Mitterand und sagte über die Berliner Bildungseinrichtung: *„Dieses Gymnasium ist einmalig in der Welt"*, was er sicher nicht nur quantitativ meinte.

Das Kokettieren mit der französischen Sprache wurde ab 1700 in Berlin ähnlich beliebt wie heute die englische Sprache den Alltag beherrscht. Am preußischen Hof war die französische Sprache die gehobene Sprache und Pflicht für alle Diplomaten. Der legendäre Friedrich schrieb, philosophierte und dichtete auf Französisch. Frankreich war für ihn das Vorbild für Kunst und Wissenschaft. In der Berliner Mundart sind viele französische Marotten eingegangen. Der Muckefuck ist inzwischen wieder außer Mode gekommen, weil es diesen falschen Kaffee aus der Zichore nicht mehr gibt. Heute würde man dazu eher Plörre sagen, obgleich plärren das nervende Heulen von Kindern meint, anders als den lauten Streit unter Erwachsenen, den Klamauk. Kinkerlitzchen begleiten noch heute den stressigen Alltag und können schnell in der Stampe möglichst en passant herunter geschluckt werden. Die Boulette darf dabei nicht fehlen. Auch sind die Boutiquen der Sprache erhalten geblieben, und jeder Hausbauer kennt den Polier. Wer sich mit den bisweilen rauen Essgewohnheiten in Berlin schwer tut, wird nichts dagegen haben, dass seine Zweifel als etepetete begutachtet werden.

In den folgenden Einwanderungswellen wiederholen sich die Probleme der heimatlos gewordenen Migranten in der neuen Umgebung und die Anpassungsschwierigkeiten der Aufnahmegesellschaft. Im 19. Jahrhundert kommen die Migranten hauptsächlich aus Russland und Polen. Die Wenigsten zogen freiwillig nach Berlin. Viele haben ihren eigenen biografischen Bruch nicht überstanden. Die meisten aber haben in der Stadt Wurzeln geschlagen. Ohne sie ist der industrielle und politische Aufstieg von Berlin in einem Jahrhundert gar nicht zu verstehen. Am Ende kommen Zehntausende Juden, auch unter ihnen die meisten sehr arm und mit geringen Perspektiven. Aber was wären Wissenschaft und Kultur in der Weimarer Republik gewesen ohne die nach Berlin eingewanderten Juden? Dann kamen Stillstand und Verfolgungen. Bevor die Juden ausgerottet wurden, haben die Nazis Polen und Russen „nach Hause" geschickt und andere „Ausländer", die sich nicht assimiliert hatten. Am Ende hatten die Nazis nicht nur die größte Menschheitsvernichtung aller Zeiten organisiert, sie hatten das eigene Land und mit ihm Berlin auch in die größte Katastrophe und zivilisatorische Verarmung gebombt. Die kreative und produktive Vielfalt des alten Berlin ist verloren gegangen.

Für den Wiederaufbau waren dann wieder die „Gastarbeiter" nötig, die mit großen sozialen Versprechungen aus den ärmeren Ländern angeworben werden mussten. Allerdings saßen die Ressentiments gegen Ausländer tief. Ein Einwanderungsland wollte man nicht werden. Die meisten Gastarbeiter wurden aber Einwanderer und holten ihre Familien nach. Die große Konfusion begann, weil über 40 Jahre lang mit einer kurzsichtigen Ausländergesetzgebung der realen Entwicklung entgegen gewirkt wurde. Als der Irrtum ab Anfang dieses Jahrhunderts schrittweise korrigiert wurde, waren die Schäden aus den „Missverständnissen" schon so groß, dass mehr Kräfte für ihre Heilung benötigt wurden als für dynamische, Zukunft gewinnende Prozesse eingesetzt werden konnten. Die Sanierung des Kottbusser Tors verschlingt mehr Geld als sein neuer Aufbau als Ghetto gekostet hatte. Der Gendarmenmarkt hingegen ist ein Stück prachtvolle Mitte von Berlin, bringt mehr Ruhm, Ehre und Geld, als seine Schöpfer je erwarten konnten.

„As-salamu Alaaikum"; Friede sei mit euch. Die Sehitlik-Moschee am Columbiadamm nahe dem früheren Flugplatz Tempelhof ist ebenfalls wie der Französische Dom am Gendarmenmarkt ein prachtvoller Bau, der wie eine selbstbewusste Manifestation von Ruhm, Ehre und Geld der eingewanderten Muslime erscheinen mag. Er ist auf dem ehemaligen muslimischen Diplomatenfriedhof errichtet, der als repräsentativer Beweis der Nähe des osmanischen Reichs mit dem Preußischen Hof angelegt war. Als Vorbild für die zwischen 1998 und 2005 gebaute Moschee diente die osmanische Moscheearchitektur des 16. und 17. Jahrhunderts. 12 Meter durchmisst die Kuppel, 33 Meter hoch ragen die Minarette in den Himmel. 3000 Gläubige finden in dem Kulturzentrum Platz. Brandstiftungen begleiteten die Baugeschichte. Hausherr ist die TÜRKISCH-ISLAMISCHE UNION DER ANSTALT FÜR RELIGION (DITIB). Leider steht sie nicht mitten in der belebten Stadt. Ihr fehlt das urbane Umfeld.

Gegen Ausländer an sich habe er nichts, hat Thilo Sarrazin immer wieder behauptet. Aber die vielen Muslime seien das Problem, da sie kulturell nicht integrierbar seien und auf niedrigem ökonomischen Niveau eine politisch-kulturelle Hegomonie anstrebten. Sie seien genetisch den Anforderungen in Deutschland nicht gewachsen. Um auf die biologische Eigenheit der Muslime hinzuweisen, versteift sich der Hobbybiologe Sarrazin kurz vor der Veröffentlichung seines Bestsellers im Jahre 2010 zu einer die deutsche Geschichte geradezu zertrampelnden Aussage: *„Alle Juden teilen ein bestimmtes Gen."* Damit wollte er sagen, auch die Araber und Türken, also Menschen muslimischen Glaubens, teilen ein Gen, das nicht zum deutschen Leben passt. Der Autor mit der ruhigen Stimme behauptet, ausschließlich Fakten in die Diskussion zu bringen. Seine genetischen Argumente klingen dann so: *„Es ist bekannt, dass der Anteil der angeborenen Behinderungen unter den türkischen und kurdischen Migranten weit überdurchschnittlich ist. Aber das Thema wird gerne totgeschwiegen. Man könnte ja auf die Idee kommen, dass auch Erbfaktoren für das Versagen von Teilen der türkischen Bevölkerung im deutschen Schulsystem verantwortlich sind."* Und überhaupt kommen nach Sarrazin die Kinder bei den Muslimen überwiegend aus dem falschen Milieu: *„Es gibt auch das Problem, dass 40 Prozent aller Geburten in der Unterschicht stattfinden."*

Die Abschaffung Deutschlands ist nach den Vorstellungen der Sarrazini nicht eine Folge eines ungeheuerlichen Planes einzelner Verrückter oder gar eines geheimen Führers der Muslime in Deutschland. Sie ist die notwendige Folge genetischer und sozialer Verwerfungen, die naturwüchsig aus der Ansiedlung von Menschen muslimischen Glaubens entstanden sind. In den Worten des großen Analytikers: *„Falsche Rollenvorbilder, mangelhafte Bildungserfolge und sexuelle Frustration können zu einer erhöhten Gewaltbereitschaft führen, die vornehmlich in Jugendgangs ausgelebt wird, der eigentlichen Heimat vieler junger muslimischer Migranten. Dort finden sie die Anerkennung, die sie suchen, wenn auch für das Falsche, nämlich Gesetzesbrüche, Diebstahle, Schlägereien."*

Zelal löst sich gerade aus dem Kinderalter. Als Mädchen beginnt sie zu verstehen, in einem Land namens Deutschland zu leben, aber in diesem Land nicht dazu zu gehören, von vielen weg gedrängt zu werden. Sie sieht mit den Augen weiter, ordnet Bilder in Zusammenhängen. Die kleine Welt um das Kottbusser Tor erhält Fenster, durch die sie nach draußen schaut. Sie sieht junge Menschen, die in Rostock andere Menschen durch die Straßen jagen. Sie sieht, wie Häuser in Flammen stehen, sie erfährt von den Anschlägen in Hoyerswerda und Mölln. Sie versteht, dass diese Taten ihnen gelten, die man Ausländer nennt, unerwünscht. Am 29. Mai 1993 ist sie 13 Jahre alt, Teenager. Nicht nur die Pogrome in Sivas erschüttern sie. Da gibt es auch in Solingen den Brandanschlag gegen das Haus, in dem nach Deutschland gezogene Türken wohnen. Fünf Menschen verlieren dabei ihr Leben. Sie sieht die Bilder im Fernsehen. In der Community wird aggressiver und nervöser geredet. Immer wieder stehen Deutsche hinter den Taten. Gesetzesbrüche, Schlägereien, Diskriminierungen, Feuer, Morde, vornehmlich ausgelebt in Jugendgangs. Sind das die Deutschen? Sind wir, die Ausländer, die Opfer? Sie spürt, wie sich alles in ihr gegen diese Rollenzuweisung wehrt.

Im Dorf lernt Zelal die Angst kennen, im eigenen Land in die Grenzen verwiesen zu werden, ausgegrenzt zu werden. Sie erlebt, wie stumm und traurig auf einmal viele ältere Menschen aus ihrer Umgebung werden, die früher gerne lachten, Fröhlichkeit vorgelebt hatten. Sie hört immer wieder *„die Deutschen"*, wenn es um banale Abweisungen geht oder tiefere Verletzungen. Sie beobachtet Jungen, die auf ihre Weise ohne Trainer Kampfsport üben. Doch sie kennt auch Deutsche, die sich empören, schämen, sie auch mal in den Arm nehmen und zu trösten versuchen und ihr sagen: Hier musst du keine Angst haben, wir werden uns wehren. Sie erfährt von ihren deutschen Freunden, dass es in Deutschland Gegenden gibt, in denen die Rechten ganz nach ihren alten Vorbildern in Heimatvereinen Nazizellen aufbauen. Besondere Tarnungen müssen offensichtlich kaum gesucht werden. Darüber zu reden, mit anderen dagegen zu demonstrieren, Menschen quer zu den Herkünften zu finden, mit ihnen Position zu beziehen, sich in die Augen schauen zu können, hilft. In der Familie wird viel über die unbarmherzigen Deutschen geredet. Die Mutter Behar meint: *„Es wird zu viel über uns geschrieben und gesprochen. Das ist* *nicht gut. Über uns sollte nur reden, wer mit uns redet."* Hasan der Vater sagt es seinen Kindern immer wieder: *"Wir sind hier keine Opfer, wir sind Teil der Gesellschaft und müssen mehr dafür tun, mit den anderen Teilen der Gesellschaft in Kontakt zu kommen."*

Zelal lernt in diesen Jahren, genauer hinzuschauen, wach zu sein, was um sie geschieht, sich vor Verallgemeinerungen zu hüten und Verharmlosungen zu misstrauen. Auch den braven, mitfühlenden Menschen misstraut sie, Journalisten, Politikern, Geistlichen, Gutmenschen. Sie bekennen sich mit Worten als Menschenfreunde, die nichts gegen Ausländer haben und viel gegen die Rechtsradikalen im Lande. Aber sie leben keinen Alltag, in dem Ausländer vorkommen oder eine Rolle spielen. Das ist selbst bei ihren Lehrern so. Zelal entwickelt ihre eigene Methode, sich zu vergewissern, mit welchen Menschen sie es zu tun hat, seien sie nun Deutsche, Türken, Muslime oder Christen. Sie schaut den Menschen direkt in die Augen, sie hält den Augen der anderen stand. Sie gewinnt ein neues Wort, mit dem sie Erfahrungen gewinnt: Augenhöhe. „Auf gleicher Augenhöhe" wird nun ihr Maßstab, mit dem sie sich unter anderen Menschen bewegt.

Sie zieht sich nicht ins Schneckenhaus zurück, lebt nicht aus Angst. Sie genießt die Empörung ihrer Mutter, wenn in der Schule von anderen Eltern abschätzig über die *„Türkenklasse"* gelästert wird. Eine Opfergesellschaft darf es im Dorf nicht geben. Die Familie Erzan lässt sich nicht zurück in die Türkei schicken. Sie verschanzt sich nicht hinter Durchhalteparolen aus ethnischen oder religiösen Hauptquartieren. *„Spielregeln sind immer nur so gut wie sie in der Praxis taugen"*, sagt Hasan Erzan häufig und fügt zu, *„das gilt auch für Weltbilder."*

Fast alle Bewohner im Dorf waren in irgendwelchen Organisationen. Man hielt das Dorf sauber vor Eindringlinge aus dem rechtsradikalen Milieu. Mit denen gab es keine Möglichkeit zu reden. Die Auseinandersetzung suchte man mit denen, die zuhören konnten und Verantwortungen übernehmen wollten. Das Dorf war alles andere als ordentlich organisiert. Jenseits der Zuweisungen von Opfer und Täter zu überleben, kostete viel Lebenskraft und konnte nicht in Programmen formuliert werden. Es gab auch viele in den zugewanderten Familien, die den Anschluss an den Dorfalltag nicht fanden. In den Hausfluren tummelten sich dunkle Gestalten, auch solche aus der Drogenszene suchten dort Unterschlupf. Wirkliche Kriminalität war eher selten, und keiner kam auf die Idee, die Polizei zum Säubern zu rufen. Hilfe im Dorf galt auch denen, die zu schwach waren, aus eigener Kraft ihr Leben zu meistern. Zelal und ihre Freunde müssen lernen, die Ursachen zu finden, die Menschen so offensichtlich aus den Bahnen werfen können. *„Ich habe mich mit den Menschen zusammen getan, für die Humanität wichtiger war als die störungsfreie Ordnung. Ob sie Muslime, Deutsche oder Atheisten waren, hat für mich keine Rolle für mein soziales Leben gespielt. Aber ich habe gelernt, dass es Humanität nur in Zusammenhang mit Verantwortung und eigenem Tun gibt."* Innerhalb des Dorfs war es selbstverständlicher als außerhalb, dass gegenseitige Hilfe, Solidarität und alltägliche Kommunikation Voraussetzungen waren, um in Deutschland überleben zu können, selbstbewusst Teil der Gesellschaft zu werden, die man als so abweisend empfinden musste. Nicht das Gymnasium, das Dorf war die entscheidende Schule des Lebens für Zelal.

In sich war das Dorf keine heile Welt für die Kinder, die in ihm aufwuchsen. Manche sprachen den Mädchen schlichtweg das Recht ab, sich überhaupt öffentlich Gehör zu verschaffen. Andere verspotteten die Suche nach dem Menschlichen als Kapitulation vor den Rassisten, der deutschen Mehrheitsgesellschaft. Auch die Nichtanerkennung einer nationaltürkischen Oberhoheit im Dorf war ein Grund, Misstrauen gegen die Abtrünnigen mit der deutschen Schulbildung zu säen. Auch in ihrem Dorf begegnet Zelal Menschen, die sie hartnäckig zu einer Anderen machen, sie anders sehen, als sie sich selbst fühlt. Trotzdem empfindet sie noch zwanzig Jahre später ihr ausgeprägtes Heimatgefühl in diesem Dorf: *„Ich bewege mich am liebsten und wohl immer noch am meisten hier in meiner Mikrowelt. In ihr fühle ich mich am sichersten und am wohlsten."*

Die angestammten Deutschen nennt sie, wie es viele im Dorf tun, die Weißdeutschen. Unter ihnen hat sie genauso viele Freundschaften wie in ihrer eigenen Herkunftsgruppe. Einige leben auch im Dorf, andere lernt sie in der Schule kennen. Das Fremde, die Abgrenzungen sind für die Kinder vor allem die oft unsichtbaren Lenkungen durch die Eltern. Im Gymnasium begleiten Zelal solche lenkenden Reflexe: *„Anbahnungen finden auf einmal ihr jähes Ende. Die ist bei uns nicht erwünscht, mit der musst du nicht zusammen gehen."* Die Weißdeutschen waren da viel rigoroser als sie es aus ihren Familien kannte. Aber sie waren ja auch die Mehrheit der Gesellschaft, auch in der Schule. Untereinander nehmen die Schülerinnen und Schüler sich zunehmend in Gruppenmerkmalen wahr. *„Typisch kurdisch!"* Das hört sie von deutschen Mitschülern ebenso wie von türkischen.

Durch die Schule kommt sie glatt durch. Im Nachhinein ist sie fast erstaunt, mit wie wenig Aufwand sie die Anforderungen erfüllt. In den Sprachen ist sie exzellent und ihre Lieblingsfächer sind Geschichte und Politik, in denen ihre Interessen weit über den Schulstoff hinausreichen. Auch in Mathematik hat sie keine Schwierigkeiten, aber die Naturwissenschaften liegen ihr nicht. Ihre Familie tut alles, ihr den Schulalltag zu erleichtern. Der Schulstoff bleibt der Familie fremd, und Zelal ist auf sich allein gestellt, da ihre Eltern in den Lehrern keine Partner finden. Nur wenige Kinder aus dem Dorf gehen in den 90er Jahren aufs Gymnasium. Doch ihre Familien können sie nun nicht mehr beim Lernen fördern oder unterstützen. Die Community steht mit Stolz und Anerkennung hinter ihnen. Alle empfinden diesen Erfolg als Aufwertung, dass sie es schaffen können. Die sieben Auslandskinder aus dem Dorf halten zusammen. Sie verbindet mit der Schule eine eigene Schule, die ihnen immer wichtiger wird: Sie lernen über das Wissen das Verstehen, was Menschen innerhalb der Schulmauern verbindet, was sie zusammen halten muss. Das zu verstehen, wird Zelals eigentliche Schule. In ihr entwickelt sie den gleichen strebsamen Ehrgeiz wie früher in der Grundschule.

Da gewinnt sie ihren Blick für die Deutschland- und Europazentrierung des Gymnasiums, sieht, wie der vermittelte Bildungsstoff mit dem ihr fremden Bildungshintergrund zusammen passt, aus dem die Unterrichtscurricula geschrieben sind. Als Eingewanderte muss sie viel lernen, was ihren altdeutschen Mitschülern selbstverständlich ist. In ihrer eigenen Schule findet sie allerdings unter den Mitschülern weitere Dimensionen von Kultur, die ihrem realen Leben näher kommen. Sie sucht nach Austauschformen zwischen Menschen mit den unterschiedlichen Kulturhintergründen, wie sie im Dorf gegeben sind. Sie entwirft die Utopien einer multikulturellen Gesellschaft, die aus den Zuwanderungen in Berlin entstehen kann: *„Es gibt viele Perspektiven einer Weltgeschichte, wenn man jedem Menschen seine Identität aus seiner Geschichte und Kultur lässt. Dann lernt man, wie alles zusammen gehört."* Das ist das Erbe ihres eigenen Schulprogramms, mit dem sie ins Studium und in den Beruf gehen will.

Fast 20 Jahre später ist es kaum zu fassen, wie nebeneinander in Deutschland Welten zerbrechen, weil die Augenhöhen nicht mehr verbinden können. Aus dem Nationalsozialistischen Untergrund fliegt jenes fürchterliche Nazitrio auf, dessen Konten mindestens 11 Morde vornehmlich an Bürgern füllen, die aus der Türkei nach Deutschland gekommen waren. Jahrelang hatten die deutschen Behörden total versagt. An die Mär von den Dönermorden hatte in Kreuzberg kaum jemand geglaubt. Nun, da endlich Licht in die Geschichte kommt, was hinter dem mörderischen Terror gestanden hatte, gibt es den großen öffentlichen Aufschrei, wie konnte das passieren. Doch der Aufschrei gilt nicht ihnen, die von diesen Exzessen der Ausgrenzung betroffen sind. Die Empörung der Deutschen gilt in erster Linie dem Versagen ihrer Sicherheitsorgane. Wieder erlebt sie, wie sich viele Migranten in die Schneckenhäuser zurückziehen, wieder steigt Angst und Misstrauen. Die Deutschen, die sich ihrer Sicherheitsdienste schämen, können ihre neue Mitbürger aus den anderen Ländern nicht in die Arme nehmen, ihnen Wärme und menschlichen Schutz geben.

Zeitgleich mit den Entdeckungen dieses Abschnittes einer finsteren deutschen Zeitgeschichte steigt wie ein Komet Thilo Sarrazin am Populistenhimmel auf. Gerade wird darüber spekuliert, was in den Verfassungsämtern alles schief gelaufen ist, wie das Böse in Deutschland so lange Zeit unentdeckt bleiben konnte, da hageln die Worte des kühlen Rechners auf die Köpfe der nach Deutschland Gezogenen: *"Ich muss niemanden anerkennen, der vom Staat lebt, diesen Staat ablehnt, für die Ausbildung seiner Kinder nicht vernünftig sorgt und ständig kleine Kopftuchmädchen produziert. Das gilt für 70 Prozent der türkischen und 90 Prozent der arabischen Bevölkerung."* Und mit vernichtender Respektlosigkeit folgt der Kanzelsatz: *"Eine große Zahl an Arabern und Türken in dieser Stadt, hat keine produktive Funktion, außer für den Obst- und Gemüsehandel."*

Um das Kottbusser Tor und den anliegenden Straßen sieht man viele Obst- und Gemüseläden mit den prächtigsten Auslagen in Berlin. Zum Einkaufen kommen die Menschen von weit her. Die Lokale in der Oranienstraße genießen einen Kultstatus, Touristenführer sind voller Empfehlungen. Es gibt auch die unzählig vielen anderen kleinen Läden, in denen es Exotisches und Alltägliches zu entdecken und zu kaufen gibt. Das Dorf ist nicht Dahlem, wo Zelal an der FU in schmucken Villen Kunstgeschichte und Kulturwissenschaften studiert hat. Im Dorf überwiegen die alten Mietshäuser, als hier noch die Industriearbeiter lebten, als in Gewerbehöfen das Handwerk zuhause war, als materielle Armut und soziale Stärke die Menschen eng zusammen führte. Doch die Häuser sind nicht grau, nicht verarmt. Die meisten sind saniert, hell, im Sonnenschein freundlich. Die Mieten steigen, und Anwälte, Ärzte, Dienstleister aller Art mit nicht deutschen Namen machen ihre Präsenz auf Schildern neben den Haustüren deutlich. Das Dorf als Abfallbecken des sozialen Abstiegs, als Brutkasten der Abschaffer von Deutschland ist schon früher eine Mär gewesen, jetzt spricht es längst den Sarrazini Hohn.

Zelal schlendert gerne durch die Adalbert- und Oranienstraße, in denen immer viel Betrieb ist, in denen die Höfe hinter den Vorderhäusern voller kleiner Werkstätten, Läden und Projekten sind. Die Menschen sind auffallend jung, sitzen vor den Lokalen auf den Bürgersteigen und trinken Tee, handeln mit verrücktesten Utensilien, bauen kleine Läden auf, die oft nach kurzer Zeit wieder leer stehen. Jedes Haus kann Geschichten sich stets steigender Geschäftigkeiten in den letzten Jahren erzählen. Was gestern noch so aussah, sieht heute schon anders aus. Die Bilder des Basars finden mitten in Europa einen neuen Rahmen. In der Waldemarstraße liegt das alevitische Gemeindezentrum, offen und nicht mehr versteckt im Hinterhof. Zelal plaudert mit den Vorstandsmitgliedern in einer Sprache, die kaum jemand kennt. Das Zentrum ist offen und lädt Besucher auch in deutscher Sprache ein. Lang zieht sich die Straße durchs Dorf bis rüber zum Mariannenplatz, auf dessen weiten Wiesen unter hohen Bäumen gegenüber dem ehemaligen Künstlerhaus Bethanien viele Familien picknicken. Längst wohnen die Migranten hier wie Bürger, die selbstbewusst ihre Umgebung sauber halten. Sie hausen da nicht

mehr, eingewiesen und untergebracht. Ärzte gibt es, Psychologen, Steuerberater und Sozialarbeiter, mit ihren Namensschildern ausgewiesen als die einst in diese Stadt Gezogenen.

Einwanderer bringen ihre eigene Geschichte mit, die sich beim näheren Hinsehen als genauso komplex erweist wie die Geschichte eines Deutschen. Da kommen nicht einfach Menschen mit dem ethnischen Merkmal als Türken, Kurden, Araber, Muslime. Zelal geht auf einen kurdischen Namen zurück und bedeutet „reines Wasser". Dieser Name entstand in ländlichen Siedlungsgebieten zwischen dem Schwarzen und dem Kaspischen Meer in den zerklüfteten Bergen in Südostanatolien. Landwirtschaftlich lebende Familien in dörflichen Gemeinschaften brachten solche Namen im engen Leben mit ihrer Umgebung in die Welt. Das ist doch alles Türkei, sagt ein schneller Blick auf die Landkarte. Nein, sagen andere, die es genauer wissen müssen. Das sind die kurdischen Kerngebiete in der Türkei. Dort wird vor allem kurdisch gesprochen, der Kumandschi-Dialekt.

Die türkischen Regierungen haben die Sprache bis vor Kurzem verboten, und sie haben behauptet, es gebe nur Türken in Ostanatolien. *„Nein"*, sagen Zelals Eltern. *„Zuhause wurde nicht kurdisch gesprochen sondern Zazaki, eine Sprache, die nicht arabisch, nicht türkisch und nicht kurdisch ist. Und außerdem sind wir nicht Muslime sondern Aleviten, wie alle im nördlichen Siedlungsgebiet der Zaza. Aber südlich von uns wird auch Zazaki gesprochen, nur sind die Menschen dort Sunniten."* Immer wieder wurden die Aleviten attackiert und verfolgt. So ist es gekommen, dass Zaza Nord nichts mit Zaza Süd zu tun haben wollte. Auch geheiratet wurde nicht untereinander. Doch am Ende waren die Zaza natürlich den Kurden näher, denn mit ihnen teilten sie die Ächtung und Verfolgungen durch die Türken. Jetzt hat Zelal angefangen, die zazakische Sprache zu lernen. Sie will wissen, woher sie stammt, wer ihre Vorfahren waren, welche Geschichte sie mit sich trägt.

— BERLIN, GESCHICHTE IN GESCHICHTEN —

BILD AUF SEITE 202 · Ein „Dorftor", Waldemarstraße
BILD OBEN · Im Dorf, Adalbertstraße

Unterschiedliche Bildungsgeschichten in der Community lockern die Verbindungen unter den Kindern. Getrennte Lebenswelten des Alltags entstehen. Zelal geht noch zur Schule. Andere beginnen bereits ihre Lehre als Friseurinnen oder in der Bank, arbeiten im elterlichen Lokal oder entdecken die Betätigungsfelder im Handel und Tourismus. Zum Abitur gibt es im Dorf eine Riesenfete, und aus allen Lebenswelten kommen sie, sind stolz, dass es eine von ihnen geschafft hat. Für die Kinder ist ein Studium das Höchste, viele Eltern träumen davon. Zelal nimmt ihre Lernerfolge gegenüber den Gleichaltrigen als Privilegien wahr, mit denen sie sich aus Klasse und Milieu abgehoben hat. Sie sucht nach Wegen, denen zurück zu geben, die ihr das Abitur möglich gemacht haben. Auf der Abiturfeier spürt sie die Neidlosigkeit der Dorfgemeinschaft. Ihre Anteilnahme, ihr Stolz wird ihren weiteren akademischen Weg begleiten. Sie hat keine Güter zu verteilen, hat keine Machtmittel, um die Entwicklung im Dorf zu fördern. Aber sie nimmt einen Grundsatz mit in ihr Studium: *„Ich möchte meine Privilegien gerne teilen."*

Die Freie Universität in Dahlem erlebt sie als elitäre Schule. Sie ist eine sehr gute Studentin, arbeitet härter und disziplinierter als viele weißdeutschen Studierenden. Das Herkunftsgefälle erzeugt Cliquen und unsichtbare Grenzen. Die Codes der wissenschaftlichen Fachsprache sind lernbar, die der sozialen Gruppen werden kaum gelehrt. Das erklärt ihr auch, warum es nach dem Studium die Absolventen mit Migrationshintergrund auf dem Berufsmarkt schwerer haben als die Weißdeutschen. Studien und Statistik bestätigen ihre eigenen Erfahrungen.

Zu ihren Privilegien gehört, dass sie argumentativ mit der Sprache umgehen kann. Sie kann in Auseinandersetzungen gegen halten, Positionen artikulieren wenn es darauf ankommt, dass nicht nur Bauch und Gefühl entscheiden. Dem Zahlen versessenen Sarrazin hält Zelal gerne selber Zahlen entgegen. Berlin ist die Heimatstadt von rund 3,5 Millionen Menschen. Etwa 950.000 von ihnen haben den sogenannten Migrationshintergrund, zur Hälfte mit deutschen Pässen als deutsche Staatsbürger, zur Hälfte als Ausländer mit anderer Staatsangehörigkeit. Nur aus sarrazinischer Sicht handelt es sich um eine eigenständige Bevölkerungsgruppe. Tatsächlich gibt es 185 verschiedene Ethnien in Berlin, die untereinander nichts anderes verbindet als ihre nicht deutsche Herkunft. In den Bezirken leben sie in stark wechselnden Verbindungen. In Berlin-Mitte leben zum Beispiel 38.000 Menschen türkischer, 15.000 Menschen arabischer und 13.000 Menschen polnischer Herkunft. Die meisten aus der Türkei und arabischen Ländern eingewanderten Berliner leben in Neukölln und in Kreuzberg. In den Bezirken Lichtenberg, Marzahn-Hellersorf, Treptow-Köpenick, also im Osten der Stadt leben nur wenige von ihnen. Stattdessen dominieren dort Menschen, die aus Russland, aus Kasachstan, aus Polen oder aus Vietnam kommen. Da lebt die Geschichte des geteilten Berlin weiter. Und im Bezirk Zehlendorf-Steglitz wohnen etwa genauso viele Menschen US-amerikanischer Herkunft wie mit türkischem Hintergrund.

Selbst die Zählweise der 175.000 Türken und der 50.000 Araber ist grob und wird der Identität dieser Berliner nicht gerecht. Den Türken werden die Kurden zugerechnet, den Arabern Menschen, die ihre Wurzeln in über 20 unterschiedlichen Ländern haben. Da sie überwiegend Muslime sind, werden sie als Kollektiv angesehen, mit dem die kaum lösbaren Probleme in die Stadt gekommen seien. Von den 4.000 Obst- und Gemüsehändlern in Berlin stellen sie etwa die Hälfte. Nach der sarrazinistischen Logik ist der Rest der Bevölkerung vor allem Hartz IV-Empfänger auf Kosten der übrigen Gesellschaft.

Die rechtliche und statistische Definition für Eingewanderte und Menschen mit Migrationshintergrund ist kompliziert, folgt aber der späten Einsicht in der Politik, dass Deutschland ein Einwanderungsland geworden ist. Zu den Personen gehören alle, die seit 1950 nach Deutschland zugezogen sind sowie deren Nachkommen. Zu den Personen gehören auch alle Ausländer, die in Deutschland ohne deutschen Pass wohnen, unabhängig davon, ob sie im Inland oder im Ausland geboren wurden und unabhängig von ihrer Nationalität. Weiterhin zählen zu den Personen mit Migrationshintergrund auch die in Deutschland geborenen eingebürgerten Ausländer sowie die in Deutschland Geborenen mit deutscher Staatsangehörigkeit, bei denen sich der Migrationshintergrund aus dem Migrationsstatus der Eltern ableitet. Dazu gehören zum Beispiel die deutschen Kinder von Spätaussiedlern aus den osteuropäischen Ländern und zwar auch dann, wenn nur ein Elternteil diese Bedingungen erfüllt, während der andere keinen Migrationshintergrund aufweist.

Allein gelassen blieben über Jahrzehnte zu viele Einwanderer überfordert, die soziale und wirtschaftliche Integration in Deutschland zu meistern. Zelal kennt viele Geschichten, in denen alle Bemühungen der Eltern gescheitert sind, wenigstens ihren Kindern ein besseres Leben in Berlin zu ermöglichen. Viele Menschen werden den Anschluss nicht mehr schaffen, weil man viel zu spät im Lande und in der Stadt erkannt habe, mit gemeinsamen und großen Anstrengungen eine gemeinsame gute Zukunft für alle Bewohner der Stadt zu erreichen. Aber es ärgert sie, dass immer noch alle Probleme auf die vielen Migranten zurückgeführt werden und nicht auf die Verhältnisse, in denen sie in der Stadt leben mussten und auch nicht auf die Versäumnisse der städtischen Einrichtungen, die neuen Berliner zu fördern, um ihnen gleiche Chancen einzuräumen.

Zelal hat sich im Wirtschaftsministerium informiert. Sie wollte Antwort auf die Frage haben, was die „Ausländer" die „Deutschen" jährlich kosten, und was sie in die öffentlichen Kassen einbringen. Das Ergebnis bringt sie selbstbewusst in ihre Dialoge ein: Die ausländischen Mitbürger bezahlen jährlich 25 Milliarden mehr in die Staatskasse als sie aus ihr erhalten. Solche Zahlen finden sich im Sarrazinbuch nicht. Die Gastarbeiter, die einst kamen, arbeiteten in den Fabriken, spülten das Geschirr und putzten die Klos. Auch mit diesen Arbeiten stützten sie bereits das Bruttosozialprodukt. Heute geht man durch die Gründerszenen der neuen Wirtschaft in Berlin und findet viele Ausländer in leitender Position, statistisch weit über dem Maß, das ihrem Anteil in der Gesamtbevölkerung zukommt. Das neue Berlin entsteht in der dynamischen Veränderung seiner Bevölkerung.

Auch dafür gibt es Zahlen, die im Sarrazinbuch der Zahlen vergeblich gesucht werden. In Berlin engagieren sich immer mehr Unternehmen, die von der Bevölkerung nicht deutscher Herkunft getragen werden. 90 Prozent von ihnen sind in den letzten zehn Jahren entstanden. Im gleichen Zeitraum schafften die weißdeutschen Gewerbetreibenden einen Anteil von 40 Prozent. Kaum beachtet wird die Tatsache, dass Deutschland inzwischen auch zum Einwanderungsland für Hochqualifizierte geworden ist. Die OECD führt für diese Gruppe ein Länderranking. Danach klettert Deutschland von Jahr zu Jahr einen Platz höher in Richtung Spitzenklasse unter den Industrienationen. Es kommen Wissenschaftler, Ingenieure, Ärzte, Wirtschaftsfachleute, aber auch qualifizierte Leistungsträger für die Gesundheitsbereiche oder für den Handel. Sie kommen überwiegend aus den europäischen Ländern, aber auch vom amerikanischen Kontinent, aus Schwarzafrika und Asien. Viel seltener kommen sie jetzt aus der Türkei oder aus den arabischen Ländern. Wie sich Deutschland durch seine muslimisch gläubige Bevölkerung abschafft, versteht keiner von den neuen Bewohnern der Stadt.

Latente Diskriminierungen unterhalb grölender Horden von Rechtsradikalen erleben die Zugezogenen aber immer noch und fast alle, gleich welchen sozialen Stand sie haben und wie hoch ihre wirtschaftliche Wertschöpfung für den Staat ist. Zelals Beruf ist es geworden, Menschen in alltäglichen diskriminierenden Situationen zuzuhören, sie zu beraten, ihnen zu helfen. Solche Situationen sind so alltäglich, dass sie keine Schlagzeilen hergeben. Zelal erzählt eine Geschichte, die sie selber erlebt hat. Bei Regenwetter hatte sie sich ein Kopftuch umgelegt. Sie ging über den Herrmannplatz, wird von einem Mann angerempelt, der ihr heiser *„Kopftuchzicke"* entgegen schreit. Instinktiv, ein Reflex der Hilfesuche, schaut sie sich um, sucht die Augen der Menschen. Es sind viele Menschen um sie herum. Doch schnell wendet sich die Neugier. Man schaut weg, es gibt keinen Blick der Zuwendung. Der Mann rempelt sie noch einmal und lässt erst los, als sie sich entschieden wehrt. Die Menschen in unmittelbarer Nähe wenden sich ab. *„Wir bekommen in entscheidenden Situationen keine Hilfe."*

Erlebnisse und prägende Erfahrungen für das Leben begleiten die Kinder in den Schulen. Es gibt sie für die Wohnungssuchenden mit den nicht deutschen Namen, auf Ämtern oder vor den Eingängen von Clubs. Der Partytalk mag weit entfernt von Rassismus sein, beginnt in der Regel aber immer mit der Frage: Woher kommst du? Das Spiel mit der Wohnungssuche läuft fast immer gleich. Zelal kann es als Probe aufs Exempel jeden Tag demonstrieren: Am Telefon die Frage, wann kann ich zur Besichtigung kommen? Die Antwort, wir werden uns melden. Das bedeutet in der Regel Ende der Kommunikation. Fünf Minuten später die gleiche Aktion, nun eingeleitet mit dem Namen Johanna Schmidt. Mit Johanna Schmidt gibt es keine Probleme für die Terminabsprache. Zelal kennt die psychischen Energien, die in Diskriminierungen ausbrechen. Die da hart und stark auftrumpfen, sind meistens selber schwach. Aber sie handeln im *„Gefühl, die Mehrheitsgesellschaft zu unterstützen, sie stärker zu machen, wenn sie die Minderheiten ausgrenzen."* Diskriminieren aus Schwäche ist der Reflex der Sarrazini, eine Haltung und eine Praxis, die keine Zukunft für die Stadt möglich machen werden.

In Berlin haben Unternehmer und Führungskräfte mit Migrationshintergrund 2013 einen eigenen VERBAND DER MIGRANTENWIRTSCHAFT gegründet. Sie treten selbstbewusst auf und verweisen gerne darauf, dass 50 Prozent der jährlichen Unternehmensgründungen in Berlin aus ihren Reihen stammen, von Berlinern mit oder ohne deutschen Pass. Es sei Zeit, so fordern sie, die Themen Migration und Integration nicht nur mit den sozialen Problemen in der Stadt zu verbinden. Sie wollen für die Perspektiven werben, die mit den Einwanderungen entstanden sind. Sie sind die öffentlichen Rollenzuweisungen nach Opfern und Tätern gründlich Leid geworden. Sie wollen die Menschen in den Vordergrund rücken, fordern ein anderes Verständnis von Deutschen und Berlinern. *„Die Existenzgründer mit Migratinonshintergrund von heute werden die erfolgreichen Unternehmer von morgen sein."* Das ist ihre werbende Botschaft. Das neue Berlin ist ohne Zuwanderer nicht zu denken und entsteht nur, weil es sie gibt.

Die Sarrazini sind eine die Zukunft der Stadt belastende Restgruppe der in sich verharrenden Weißdeutschen. Ihr Erkennungsmerkmal ist ihre Unfähigkeit zum Gespräch. Sie bleiben ihren Vorstellungswelten treu, dass Deutschland eine nicht teilbare Volksgemeinschaft sei. Die Probleme des Landes und seiner Hauptstadt sind für sie Folgen der zu hohen Zahl an Ausländern, Asylsuchenden und Flüchtlingen. Journalisten schreiben ihnen das immer wieder gebetsmühlenartig in die Massenmedien. Bei ihnen lebt, fleißig unterstützt von den Konflikte schürenden Journalisten, das fatale Wort des damaligen Bundeskanzlers Helmut Kohl aus dem Jahr 1982 fort, wonach die zu vielen Türken und Asylanten Deutschland in einen „Staatsnotstand" treiben. *„Das Boot ist voll"*, war damals ein geflügeltes Wort und schmückte das Cover des SPIEGEL. In einem Gespräch mit der britischen

Regierungschefin Margaret Thatcher hatte der damalige Bundeskanzler den Vorschlag gemacht, 50 Prozent der Gastarbeiter wieder aus dem Land führen zu wollen mit etwas Geld im Gepäck, um nicht den Bestand des deutschen Staates zu gefährden.

Gut beraten hatte der Bundeskanzler seine Doktrin des Staatsnotstandes nicht zum Programm seiner realen Politik machen können. Erst 21 Jahre später wurden die panischen Ängste des Kanzlers der Einheit überhaupt erst bekannt und von den meisten Menschen kopfschüttelnd schnell wieder vergessen. Anfang der 80er Jahre hatte der Bundeskanzler nur eine aus seiner Sicht bittere Erfahrung ausgesprochen, die in den Medien und in der Mehrheit der Gesellschaft geteilt wurde. Am Ende des Nachkriegswirtschaftswunders fing die Konjunktur in Deutschland zu stottern an. Nun wollte man schnell wieder die Gastarbeiter los werden und nach Hause schicken. Die Regierung hatte ein Programm der finanziell geförderten Rückführung beschlossen. Das hatte sich als Reinfall erwiesen. Die meisten Familien blieben, weil sie sozial bereits im neuen Land verankert waren und in ihrer Mehrheit nicht vor den Arbeitsämtern Schlange standen. Das Scheitern der „Repatriierung" war der Anlass für den Bundeskanzler, sich gegenüber seiner britischen Kollegin besorgt über einen drohenden „Staatsnotstand" in Deutschland zu äußern.

Für Thilo Sarrazin war die Enthüllung dieses Treffens zwischen Kohl und Thatcher ein neues Sprungbrett, noch einmal seine Geisteshaltung den Medien zu präsentieren. *„Wir werden auf natürliche Weise durchschnittlich dümmer"*, dozierte er mal wieder über seine Zahlen und Folien. Das habe der frühere Bundeskanzler damals sehr genau erkannt. Nur sei er leider zu schwach gewesen, seine Einsicht in politische Taten umzusetzen. Als sei drei Jahre nach Erscheinen seines Buches keine Aussage auch nur einer Erörterung wert, hämmerte er weiter seine genetischen Interpretationen in die Öffentlichkeit: Das Unglück Deutschlands seien die Zuwanderer *"aus der Türkei, dem Nahen und Mittleren Osten und Afrika."* Die bekämen mehr Kinder als die Deutschen. Es würde die Bevölkerungsgruppe ständig wachsen, in der eine verminderte Intelligenz an die Kinder weiter gegeben wird. Denn, das weiß Thilo Sarrazin, der Erbanteil bestimmt 80 Prozent der Intelligenz. Rassismus war ein deutscher Grundwert. Im Rassismus der Sarrazini gibt es einen Reinheitskult, der sich ausschließlich durch das Vorhandensein des Fremden definiert. Der Rassismus gedeiht in geschlossenen Gesellschaften. Im Rassismus gedeihen der Wille zum Abschieben und die Wut auf die Gebliebenen.

Zwei Jahre vorher hatten sich dann doch die Wege von Zelal und Sarrazin gekreuzt. Wie auf der Opernbühne treffen sie aufeinander. Für den Star, umhegt im Kokon seiner Medien ist es nur ein Moment der Wahrnehmung *"einer anämischen Intellektuellen."* Für sie ist es wie ein Stich ins Herz, das Erleben von unumstößlicher Ausgegrenztheit in ihrer Stadt. Für die Medien, das Publikum ist es eine Show der Ungleichen, in der immer nur die Stars im heldenhaften Licht stehen. Eine Lust ist es, in den Medien zuzusehen, wie die Helden auf Provokationen parieren, die sie selbst geschaffen haben. So erfahren die Menschen über die Medien im Juli 2011 eine bizzare Geschichte über Thilo Sarrazin in Kreuzberg, die aus anderer Perspektive auch erzählt werden muss.

Güner Yasimin Balci ist Schriftstellerin und Journalistin. Sie hat viel für das ZDF gearbeitet, eine der wenigen in deutschen Medien erfolgreichen Autorinnen aus der Gruppe der neuen Deutschen. Güner Balci hat ein Leben, das mit dem von Zelal viele Ähnlichkeiten hat. Auch sie ist in Berlin als Tochter von Gastarbeitern aufgewachsen. Auch sie entstammt einer alevitischen türkischen Kurdenfamilie. Wie auch Zelal hat sie eine liberale Erziehung gehabt und hat sich durchgesetzt als Frau, als Reporterin, als Schriftstellerin aus einer Familie mit Migrationshintergrund.

2008 erscheint von ihr ein Buch auf dem Markt, das Aufsehen erregt und die Blicke auf die Hinterhöfe in Neukölln lenkt: ARABBOY – EINE JUGEND IN DEUTSCHLAND ODER DAS KURZE LEBEN DES RASHID A. Der Roman ist geschrieben wie eine Reportage. Balci erzählt aus ihren eigenen Lebenserfahrungen in Neukölln über einen in Berlin geborenen Jungen libanesisch-palästinensischer Eltern. Er ist in keiner Kultur zu Hause und folgt konsequent den Machtgesetzen des Straßendschungels. Seine kriminelle Karriere ist ebenso erschütternd wie die Hilflosigkeit der deutschen Behörden, die Unfähigkeit der sozialen Einrichtungen. Der ARABBOY scheitert auf ganzer Linie, verirrt sich im Drogenmilieu, terrorisiert seine Umwelt, bevor er sein eigenes Leben verliert. Balci wird bekannt, findet eine Bühne im ZDF. Sie hat ihr Thema und ist eine fantastische Beobachterin der Crash-Potentiale der Kulturen. Nach 2011 zeichnet sie gemeinsam mit Nicola Graef ein beeindruckendes Portrait der Neuköllner Jugendrichterin Kirstin Heisig. Die Reportage TOD EINER RICHTERIN – AUF DEN SPUREN VON KIRSTEN HEISIG wird vom WDR-Fernsehen veröffentlicht und mit dem CIVIS-Preis ausgezeichnet.

Im Sommer 2011 hat sie nun die Idee, für eine ZDF-Sendung mit Thilo Sarrazin durch Kreuzberg zu schlendern, um ihn mit dem Stück Stadtrealität zu konfrontieren, die für den Autor und sein großes Publikum für die Abschaffung Deutschlands steht. Ein großes Kamerateam und ein Tross von Journalisten begleiten die beiden. Vieles ist inszeniert, Konfrontationen können da nicht überraschen, wenn sich so eine wandernde Maschinerie durch den Alltag wälzt. Balci hat die Tour gut vorbereitet. Der Beitrag soll wie ein öffentlich zu besichtigender Dialogtest erscheinen.

Schon bei der ersten Station läuft die Sache schief. Am Maybachufer gibt es den berühmten Markt, den die Berliner kurz und durchaus liebevoll „*Türkenmarkt*" nennen. Dicht gedrängt ist es da, und eng stehen jede Menge Stände mit herrlichem Gemüse, leuchtendem Obst, duftenden süßen Spezialitäten, allerlei Kurzwaren und jede Menge Stoffen. Ein großes Panorama für jenen Kanzelsatz von Sarrazin: *„Eine große Zahl an Arabern und Türken in dieser Stadt, hat keine produktive Funktion, außer für den Obst- und Gemüsehandel."* Die Obst- und Gemüsehändler sind aber auch Zeitungsleser und wissen, was der Besucher mit dieser Feststellung belegen wollte. Die Buhrufe sind unüberhörbar. Sie gelten nicht nur Sarrazin sondern dem aufdringlichen Medientross, der Zurschaustellung ihrer Missachtung. Einen Dialog mit Menschen, die man nicht anerkennen will, kann es kaum geben. Die Karawane zieht weiter.

Die Autos fahren über das Kottbusser Tor Richtung Oranienstraße. Dort sind Treffen in einem türkischen Restaurant und im alevitischen Gemeindezentrum vorgesehen. Auf dem Bürgersteig weisen gestanzte Botschaften den Weg. Die Anarchie hat ihren eigenen Humor: *„Alles für Alle, bis Alles alle ist."* Die Straße ist im Sommer voller Menschen, bunt und schrill. Armut ist schon längst nicht mehr das Markenzeichen der Dorfstraßen, so grell auch die Graffitis an den Wänden und Türen leuchten mögen. Die Autokolonne läuft ein, wie auch immer sie es geschafft haben mag, in dieser verkehrsreichen Enge einen Parkplatz gefunden zu haben. Hier nun treffen Zelal und Sarrazin aufeinander, offensichtlich ungeplant zufällig und doch symbolisch folgerichtig.

Sarrazin beschreibt das Treffen wenig später in der Zeitung: *„Wir parkten etwa 100 Meter vom Restaurant entfernt. Beim Aussteigen sah mich ein junges, gut gekleidetes Paar offenbar türkischer Abstammung. Der Mann trug eine Sonnenbrille. Die Frau war sehr schlank und auf etwas anämische Weise intellektuell wirkend."* Der mit der Sonnenbrille soll sofort lautstark skandiert haben: *„Sarrazin raus aus Kreuzberg!"* Die schlanke Frau soll zu ihm gesagt haben: *„Sie haben hier nichts zu suchen."* Im Lokal habe es nur

Tumult und lautes Geschrei gegeben. *"Eine vernünftige Diskussion war nicht möglich"*, schreibt Sarrazin. Kaum besser geht es dem Autor in der alevitischen Gemeinde. Auch hier platzen die vorbereiteten Gespräche. Immerhin konstatiert Sarrazin: *"Man (die Gemeindevertreter) spreche sich gegen gesellschaftsspaltende und das Wohl der Gemeinschaft gefährdende Aussagen aus und wolle sich an keiner Diskussion beteiligen, in der das friedliche Zusammenleben nicht im Mittelpunkt stehe."*

Der ehemalige Berliner Senator hat sich tapfer geschlagen, wie man seiner Eigendarstellung dieser Kreuzbergtour entnehmen muss. Am Ende fühlt er sich nur bestätigt und gibt seinen Lesern zu bedenken: *"Ich nehme das Günstigste an, nämlich dass sich der Restaurant-Manager und der alevitische Gemeinderat dem Druck von radikaleren Elementen aus der türkischen Gemeinschaft beugten. Selbst unter dieser Annahme habe ich Kreuzberg tief nachdenklich verlassen."* Die Zeitung beendet den Erlebnisbericht von Sarrazin mit ihrer eigenen Interpretation, mit der aus der Episode das Grundsätzliche, die geltende Anschauung deutlich werden soll: *"Ein verdienter ehemaliger Berliner Senator, der sich nichts hat zuschulden kommen lassen, außer ein Buch mit unwillkommenen Zahlen und deren Analyse zu schreiben, wird aus einem zentralen Berliner Stadtteil, der nach eigenem Selbstverständnis die Speerspitze der Integration in Deutschland darstellt, förmlich herausgemobbt. Wehe uns, wenn, wie viele hoffen, Kreuzberger Zustände die Werkstatt des künftigen Deutschland sind."*

Zelal liest diesen Artikel zufällig auf dem Weg nach Thessaloniki im Flugzeug, in dem diese Zeitung zur freien Bedienung ausliegt. Sie ist empört und überlegt, welchem Adressaten sie ihre Empörung mitzuteilen hat. Sie schreibt nicht an Thilo Sarrazin und nicht an die Zeitung. Sie verfasst einen Brief an Güner Balci, die diese Konfrontation für ihren ZDF-Beitrag vorbereitet und organisiert hatte. *"Was habt ihr"*, so fragt sie, *"von den Empörten*

— BERLIN, GESCHICHTE IN GESCHICHTEN —

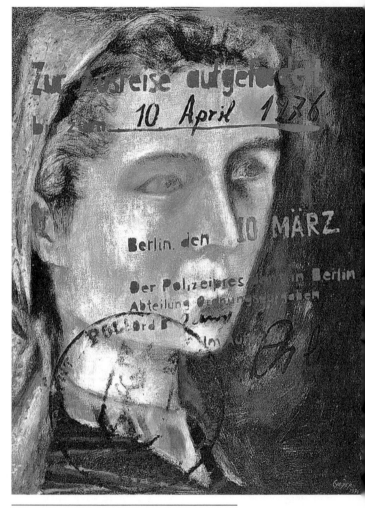

BILD OBEN · *Zurück in die Heimat*. Grafik von Hanefi Yeter

erwartet? Offene Arme und/oder ein herzliches Händeschütteln in unterwürfiger Manier?" Sie wehrt sich dagegen, wie Medien Thilo Sarrazins erfolgreiches Instrument werden konnten, indem sie ihn auf Schritt und Tritt begleiteten, um nur das wiederzugeben, was er sieht, was ihm widerfährt. Man wolle, so sieht es Zelal, einen Sarrazin zeigen, der das Gespräch suche und unterschlage, dass dieser zu keiner Zeit gesprächsbereit gewesen sei. Die Empörung in Kreuzberg über Sarrazin bekomme keine andere Sprache als Zitate, die auf die bösen Täter in Kreuzberg zurückschlagen sollen, die den neugierigen Bürger Sarrazin unangemessen treffen.

Empörung ist auch Pathos, und Pathos erzeugt seine eigene Sprache. Zelals Pathos spricht: *„Wir brauchen keinen Sarrazin, der uns vorschreibt, wie, was und wann wir essen müssen, damit wir in diesem System überleben können. Wir brauchen keinen Sarrazin, der uns erklären muss, wie wir zu leben haben, damit wir dem Staat nicht auf der Tasche liegen. Wir brauchen keinen Sarrazin, der meint, dass wir unsere Geburtenrate zu kontrollieren haben, weil wir für die Verdummung des Staates verantwortlich seien, weil seiner Meinung nach Intelligenz vererbbar ist, und in seinen Augen nur die Intelligenten das Recht auf Existenz haben. Wir brauchen keinen Sarrazin, der uns erklärt, dass wir – die ‚Unterschicht' – in diesem kränkelnden System kein Existenzrecht haben. Wir brauchen aber auch keinen Sarrazin, der uns ‚tabubruchartig' erklären muss, dass MigrantInnen diesem Staat im Allgemeinen nicht gut tun. Wir brauchen sein Bestsellerbuch nicht, um über unseren Kosten-Nutzen-Faktor zu lesen. Wir sind Menschen, Güner, keine Zahlen!"* Das aber verstehe Sarrazin nicht, und deshalb sei die Empörung gegen diese mediale Dialogschau eine Haltung, im ungleichen und falschen Spiel nicht mitspielen zu wollen.

Güner Balci hatte aus ihrer Sicht über die Kreuzberger Begegnung berichtet. Erst aus wirklicher Nähe werden Verletzungen deutlich, die Zelal ihrer Kollegin mitteilt. Die Beleidigungen und

Beschimpfungen trafen nicht nur den Herausforderer. Der hatte offensichtlich auch kräftig ausgeteilt. So schreibt Zelal: *„Du hast nicht erwähnt, dass er mich als ‚strohdumm' und meine männliche Begleitung als ‚linksradikalen Faschisten' abgestempelt hat. Du hast nicht erwähnt, dass Sarrazin ihm in chauvinistischer Manier das Recht abgesprochen hat, sich zu empören, weil er nicht aus Deutschland stamme, und sich deshalb als ‚Gast' zu verhalten habe. Du hast nicht erwähnt, dass er uns permanent unterbrochen hat, und sich nicht mal getraut hat, in unsere Augen zu schauen. Warum scheut er sich davor? Liegt es etwa daran, dass er durch den Augenkontakt den Menschen in uns erkennen würde?"*

Im Dorf gibt es keinen, der in diesem spektakulären Aufeinandertreffen der beiden Welten nicht Partei ist. Im neuen Berlin findet sich keiner, der eine Diskussion einfordert mit einem Autor von so trauriger Gestalt – einer deutschen Geschichte, auf der die Zukunft nicht zu bauen ist. Längst ist eine Gesellschaft entstanden, in der die Aufteilung zwischen deutsch und fremd keinerlei Perspektive aufweist und keine Probleme lösen kann. Der innere Frieden wird von den Sarrazini gefährdet, wenn ihnen nicht ihre Deutungshoheit der realen Verhältnisse genommen wird.

Mit den Gründerjahren wird wirtschaftlich vollzogen, was kulturell schon längst sichtbar geworden ist. Im Dorf ist in der Naunynstraße das translokale Theater Ballhaus Naunynstraße entstanden. Shermin Langhoff hatte es mit anderen eingewanderten Künstlern 2008 zum Leben erweckt. Es ist eine offene Einrichtung, in der die Herkunft keine entscheidende Rolle mehr spielen soll. Shermin Langhoff will zeigen, dass die Kultur in Berlin längst „postmigrantisch" ist. Die Resonanz ist beachtlich, die Auslastung des Theaters liegt bei 90 Prozent. Die Stücke über die Lebensrealitäten in Berlin spielen sich in die Herzen des großen Publikums der überwiegend jungen Menschen. Shermin Langhoff ist oben angekommen. Sie leitet jetzt das Gorkitheater.

Die Stadt verändert die Menschen, die in ihr leben, und sie verändert sich durch die Menschen, die in sie kommen. Unterschiedliche Blicke auf sich und die Stadt stehen nebeneinander, voller Herkunft und Vergangenheit, dieser aber nicht mehr angehörend. Im Theater entsteht kein neuer Multikulti-Schwärmer-Ethos. Perspektiven jenseits des weißen Mannes, akademisch gebildet, heterosexuell, Einkommen sicher, können schrill und voller Aggressionen sein, wie das Theaterstück SCHWARZE JUNGFRAUEN beweist, das Shermin Langhoff nun schon in zwei unterschiedlichen Fassungen auf die Bühne gebracht hat.

Zelal arbeitet mit diesem Ballhausprojekt, zu dem auch die AKADEMIE DER AUTODIDAKTEN gehört. In der Akademie wird unter anderem die KIEZ-MONATSSCHAU hergestellt. Im Reportageformat öffnen begabte migrantische Künstlerinnen und Künstler Zugänge zu der neuen postmigrantischen Realität im Dorf und in der Stadt. Das ist ein Weg, wie Zelal ihre Bildungsprivilegien teilt und weiter reicht, damit das Netzwerk gegen Diskriminierungen in Berlin dichter und wirksamer werden kann. Dialoge mit Thilo Sarrazin sind für die Akteure und Repräsentanten im neuen Berlin nicht mehr notwendig.

Eines jedoch steht fest: Dem „Einwanderer" nach Berlin hätte schon längst ein Denkmal gesetzt werden müssen.

DIE STADT IN NEUEN KLEIDERN

Vom Hauptbahnhof führt der Weg über den Washingtonplatz geraden Schrittes zum Bau des Bundeskanzleramtes, im Volksmund Waschmaschine genannt. Eine freundliche Fußgängerbrücke überspannt die Spree und endet im weiten Land der Regierung von Deutschland, dem Regierungsviertel. Aus grünen Wiesen ragen die langen Bänder vom Kanzleramt und dem Bundestag auf, überwölbt von der Reichstagskuppel, vorsichtig markiert mit den Flaggen und Fahnen in deutschen Farben, die hier gar nicht schwer und steif im blauen Himmel wehen. An der Spree führt eine gepflegte Promenade durch das Regierungsviertel, vorbei an einer Strandbar, in der dicht beieinander Menschen sitzen, die nur selten in deutscher Sprache reden. In entgegen gesetzter Richtung führt die Promenade unter die Moltkebrücke aus roten Sandsteinen, lebhaft gegliedert und mit Figuren besetzt. Altbacken erhaben, fast wie ein Relikt aus einer verlorenen Zeit fügt sie sich in die modernen Kreationen aus Beton, kubischen Formen und Glas, die den Blick von ihr über den Bahnhof, die Hotels, das Parlament, die Schweizer Botschaft bis zum berührungsnahen Kanzleramt frei geben.

Grün und grau sind jetzt die Grundfarben, die den Spaziergänger am Fluss vom Innenraum des Hauses der Regierungsmacht fernhalten und die große Zentrale mit einer fast lieblichen Außenwelt verbinden. Die Farben und Formen spiegeln sich in riesigen Fenstern, und diese treiben ihr vibrierendes Spiel im ruhigen Wasser der träge dahin fließenden Spree. Unendlich hoch ranken die Kletterpflanzen an den Mauerwänden und bändigen die massive Kraft des kalten und grauen Betons. Den Weg an ihnen entlang verkürzen die in kurzen Abständen vorbei schwimmenden Ausflugsschiffe. Von ihnen kommen die einzigen Stimmenfetzen, die zu hören sind. Die Spree fließt in einem langen Bogen, und erst am Ende der Ausläufer des Kanzleramts, nun ganz nahe, zieht einen das elegante Dach der ehemaligen Kongresshalle wie eine Stein gewordene Verbeugung an. Die letzten auslaufenden hohen Zacken des Kanzleramtes enden wie ein riesiges Schiff auf dem trockenen Platz eines kleinen Hafens. Nun haben die Menschen wieder die Freiheit, die vorgegebene Spur zu verlassen. Der Kai öffnet sich zu den Terrassen der Halle mit Stühlen und Tischen, an denen zu sitzen und auf den Fluss zu sehen das Leben in einer schönen neuen Welt ist. Der Tiergarten ragt bis an diese Ecke der Spree und lädt in seine grüne Nähe ein. Die dominierenden Gebäude des Amtes und der Halle, die sich hier fast berühren, haben nichts bedrohlich Großdimensioniertes, wie es oft solchen wichtigen Gebäuden zu eigen ist. Fast lächeln sie im Zwiegespräch mit den Bäumen, die ihnen zur Seite gestellt wurden. Ein schöner Sommertag versöhnt in der Wahrnehmung des Betrachters alle Unvereinbarkeiten von Macht, Natur, Stress, Langeweile, Sorgen, Wünschen, Kälte, Illusionen. Es ist ruhig hier und doch voller Bedeutungen.

Die Moderne der Architektur erdrückt den Menschen nicht, der sich am Ufer der Spree und den Tiergarten im Rücken, inmitten der Hektik und Angestrengtheit des Geistes bewegt, die in den Gebäuden ihr ständiges Zuhause haben. Man schaut hinein und weiß, dort nicht seinen Alltag zu finden. Aber man verliert auch Angst und Scheu vor allen, die man nicht kennt. Der Weg von der Regierung zur Kultur ist kurz. Anders als dort ist man hier nicht den Terminen und Vorlagen des politischen Tagesgeschäfts ausgeliefert, dem man andererseits auf angenehm gespannte Weise räumlich so nahe ist. So bewegt man sich frei in den Kulissen unter dem schwebenden Dach mit dem geschwungenen Bogen - fast wie der König in seinem Sanssouci ohne Sorgen.

Die Kongresshalle wurde 1957 gebaut, ein bemerkenswertes Haus in jener an architektonischen Zeichen so armen Zeit. Ihr Äußeres ist weitaus imponierender als ihr Inneres, wenngleich in dessen Weiten aufregende Auflösungen des rechten Winkels zu finden sind. Die Halle ist das Werk des amerikanischen Architekten Hugh Stubbins. Über dem weich wie ein Ei gerundetem Baukörper schwebt das legendär geschwungene Betondach, dem die Halle ihren Namen SCHWANGERE AUSTER verdankt. Zu Füßen des Baus im Übergang zum Tiergarten liegt der große BUTTERFLY in leuchtendem Messing von Henry Moore geschaffen, über flachen Wassern schwebend, die ihn mit heiteren Springbrunnen umspielen.

1989 zogen die großen Kongresse unter den Funkturm und die Halle wurde zum Haus der Kulturen der Welt (HKW). Sie ist als ein kosmopolitischer Ort zum Knotenpunkt zeitgenössischer Künstler und Denker der Welt geworden, die reale Grenzen ihrer Lebensräume überschreiten, einander suchen und finden in Gedanken und Ausdrucksweisen jenseits von ethnischer Herkunft und der Enge ihrer Geltung. Vom Alltag der Menschen sind sie weit entfernt, wenn sie sich in diesem Schmelztiegel treffen und die Vielfalt der Welt als Einheit zu begreifen versuchen, um einen Rahmen für das scheinbare Chaos unverbundener Entwicklungen zu finden. Dieser Rahmen soll ausstrahlen auf die Stadt, die Menschen aus über 180 Ländern an sich gezogen hat. In den Köpfen derer, die im HKW arbeiten, leben, reden und präsentieren, gelten in der Welt längst wichtigere Maßstäbe als sie noch die meisten benutzen, die gerne die andere Herkunft von Menschen als Grund für Beschränkungen ihres eigenen Daseins beschwören.

Die Eliten der Welt gehen in der Halle ein und aus. Es umgibt sie ein geschützter Raum, dessen Türen zwar offen stehen, der die Signale aber nur schwer nach draußen dringen lässt, welche Perspektiven für das Zusammenleben in einer Stadt, in einer Welt zu finden sind. Die Sprachen des HKW sind bunt und voller Klang. Aber draußen sind sie wie das Esperanto, eigentlich erlernbar und verständlich überall, aber nicht gesprochen und beiseite gedrängt, wenn der Alltag wieder die Macht über die Zungen erlangt.

Das HKW ist ein offenes Haus für unzählige Projekte, Veranstaltungen, Experimente, Anregungen geworden. Nirgendwo sonst in der Stadt wird die Kultur als Nebeneinander von Zeiten und Räumen so eindringlich ein Miteinander. Das taucht Teilnehmer und Betrachter in ein schwirrendes Licht, durch das die Schöpfungen der Menschen eine neue Ordnung ersehen können. Deshalb ist das HKW Avantgarde. Von Anfang an musste die Avantgarde die Wirklichkeit im Auge behalten, in der sie agiert. Diese Wirklichkeit ist die Stadt, die das Haus umgibt. Seine architektonische Präsenz gibt der Avantgarde Gewicht, verdichtet aber gleichzeitig ihre Ausdrucksformen zu einer Sprache im Haus. Oft sind die Präsentationen lautstark, werden aber draußen nicht gehört oder verstanden. Viele große und kleine Gemeinden sind entstanden und die Neugier darauf, wie nicht Gekanntes, nicht Gewohntes Stimme und Gesicht erhalten, verbindet sie. Die Straßen und die Stadien werden sie nicht füllen. Aber mit dem Haus haben sie eine sichtbare und stolze Einrichtung gegen Ressentiments und für den Reichtum, den Toleranz schafft. Und ganz selbstverständlich ist die Kongresshalle Stein gewordene Sprache gegen Fremdenfeindlichkeit geworden.

Wieder draußen an der Spree findet der Spaziergänger Harmonie zwischen Natur und Stadt, wenn langsam Bäume und Himmel die Halle liebevoll einbetten und nur noch ihre Silhouette in Linien über die Wipfel der ausladenden Kastanien schwebt. Dann denkt man nach und verliert den Faden zu den bewegenden Kräften des Geistes im Inneren des Baus, der langsam in Ferne versinkt. Da drinnen arbeiten sie am ANTHROPOZÄN-PROJEKT. Wie alle HKW-Projekte ist auch diese Erforschung des evolutionären Charakters der Lebensverhältnisse multikulturell und interdisziplinär, Grundlagenforschung mit Mitteln der Kunst und ihrer Interpreten. Es sollen die Wirkungen verstanden werden, wie die erst spät in die Natur gekommenen Menschen das

— DIE STADT IN NEUEN KLEIDERN —

BILD OBEN · Die Kongresshalle für die Kulturen der Welt

Eigenleben von Natur und Kultur zunehmend aufgelöst haben und ständig dabei sind, neue Welten der gegenseitigen Durchdringung zu schaffen. Die von Menschen gemachte Welt erkennen die Künstler, so die Annahme, besser als die Wissenschaftler. Aber wer soll das verstehen? So zieht es den Spaziergänger weiter den Fluss hinunter, und es scheint ihm nicht weiter der Erforschung wert, wie Natur und Kultur in den Gestaden der Spree durchdrungen sind.

Doch das Anthropozän-Projekt ist weit ins Politische gespannt und so sind die Gestade der Spree an dieser Stelle ihr richtiger Resonanzboden. Die letzten 12.000 Jahre der Erdgeschichte haben die Menschen genutzt, um die Welt mit Feuer, Maschinen, mit Kriegen, und mit wirtschaftlicher, sozialer und technischer Intelligenz neu zu bauen. Dabei wurden die in Millionen Jahren in fossilen Brennstoffen gelagerten Kohlendioxine in kurzer Zeit in die Luft geschleudert mit den dramatisch verheerenden Folgen, den weltweiten Klimawandel künstlich eingeleitet zu haben, der nun in immer offensichtlicherer Weise den politischen Alltag in vielen Ländern zu beherrschen beginnt. Das augenblickliche Zeitalter ist das erste von Menschen geschaffene Erdzeitalter. Deshalb heißt es Anthropozän. Dieses Zeitalter hat kurzfristig viele Gewinner. Sie verstehen es auf ihre Weise, einflussreich die Geschicke der Welt zu lenken. Es gibt aber auch die stets wachsende Zahl der vielen Verlierer, meistens ohne vernehmbare Stimme, sicher ohne Lobby. Die Verlierer sind die Brennpunkte der großen Krisen, sie reißen die bestehenden Verhältnisse mit sich in die Abgründe.

Der Krieg gegen die Natur, da sind sich die Menschen unter dem Dach der schwangeren Auster einig, muss mit anderen Mitteln geführt werden, als sie den großen Mächten mit ihren politischen Strukturen und mit ihren Diplomatien möglich sind. Das immer gleiche Spiel der großen Mächte bekommt Risse, die deutlich auf jedem wichtigen Krisengipfel zu besichtigen sind. Die Macht der Staaten mit den alten Grenzen beginnt in den Köpfen der Menschen zu erodieren. Im Zeitalter des Internets ist die Kommunikation grenzenlos geworden. Die Teilnehmer im Anthropozän-Projekt berichten, wie sich die Menschen überall in der Welt auf ähnliche Weise verändern. Anteilnahmen und Einmischungen in die vielen Krisen breiten sich Grenzen überschreitend jenseits der politischen Filterungen der Machteliten immer weiter aus. Was öffentliche Relevanz erhält, bestimmen nicht mehr ausschließlich Regierungen oder große Medienredaktionen. Das Bild von der Erde in den Köpfen der Menschen entsteht jenseits der Grenzen von Kulturen, Staaten, Sprachen und Zeitzonen. Aus den Bildern wachsen Werte und Haltungen zu einem Bewusstsein, das die Erde als Ganzes in den Mittelpunkt rückt. In der globalen Kommunikation verbinden sich Einzelne mit Anderen, wo immer sie zu Hause sein mögen. Sie begreifen die Erde als Einheit. Menschen, die miteinander reden, so unterschiedlich sie auch leben mögen, finden auf dieser ganzen Erde zueinander als Menschheit. Sie finden eine andere Sprache und Praxis für diesen alten Wert. Es drängt sie, ihre Vielfalt als Einheit zu zeigen, und sie suchen dafür die öffentlichen Räume, die Plätze und Straßen in den großen Städten.

Weit entfernt von dem Weltgeist erzeugenden Haus der Kulturen der Welt gibt es in Neukölln in einem ehemaligen Brauereigebäude die WERKSTATT DER KULTUREN. Auch sie ist eine Einrichtung gegen Fremdenfeindlichkeit und für Toleranz durch das öffentliche Zeigen der Vielfalt in der Einheit. Auch sie arbeitet mit den Werkzeugen der Kunst. Doch nicht das Innenleben der geistigen Durchdringung einer großartigen Idee ist ihr Werk, sondern die prächtige Zurschaustellung einer bunten Kostümwelt der vielen Gruppen in Berlin, die aus anderen Ländern hierher gezogen sind. Seit 1996 veranstaltet die Werkstatt den Karneval der Kulturen, der alljährlich zu Pfingsten, zeitlich weit jenseits der Karnevalsaison, durch Kreuzberg zieht und Hunderttausende in ein lautes und farbenprächtiges Spektakel multikultureller Fröhlichkeit auf die Straßen treibt.

Am späten Vormittag ist auf dem Weg vom Halleschen Tor über den Blücherplatz dichtes Gedränge. In der Zossener Straße rauf zur Gneisenaustraße, durch die sich der Karnevalsumzug über viele Stunden ziehen wird, ist kaum ein Durchkommen. Langsam, Schritt für Schritt, zieht die Menge die wenigen hundert Meter, Kinder mit farbig geschminkten Gesichtern, Junge und Alte. Es ist ruhig, und es fehlt jede, für Berliner Massenaufläufe so spürbare, Aggressivität der Menschen. Der Himmel ist hell in der Mittagszeit. Vor den Häusern stehen an den Hauseingängen die Bewohner und lächeln. Sie schützen ihre Steine vor den Austretern mit den schwachen Blasen. Der Geruch von Gegrilltem liegt in der Luft, bei den Döner- und Bratwurstbuden gibt es Hochbetrieb. Vom Südstern wummen die Bässe einer Band herüber.

Anders als in der Kongresshalle an der Spree sind die Kreuzberger Straßen an diesem Tag voll purer Genüsslichkeit. Sie vereinen die Kulturen im Karneval, was immer sie sonst trennen mag. Mit den großen Umzügen im Rheinland am Rosenmontag hat der Karneval am Pfingstsonntag Manches gemeinsam. Trotzdem ist er der ganz andere Karneval, nicht verankert in deutschen Traditionen und in der vierviertel getakteten Musik. Da herrschen auf den Wagen und tanzend vor und hinter ihnen die Orixás, afrobrasilianische Naturgötter, schaurig schön anzusehen. Sie schweben nicht mal eben so über die Ozeane nach Berlin ein. Sie haben in einem kleinen Schuppen am Fuße des Kreuzbergs ihr Zuhause. Da verführen die fliegenden Teppiche von Alex Flemming als Verbindung der arabischen Fantasie mit der westlichen Technologie, mit denen der Künstler vom Prenzlauer Berg den

Karneval schmückt. Für ihn tobt auf dem Karneval das Leben wie im Graffiti auf allen Kanälen der Sinnesfreuden. Aus Bahia ist Gracy Kelly Sodre Mendonca nach Berlin gekommen. Was für ein Name für eine Berlinerin! Mit Putzen und Babysitting hat sie sich durchgeschlagen, hat dann Partys organisiert und ist eine große DJane geworden, umworben in der ganzen Welt. Der Cross Cultural Sound ist das musikalische Gewand des Karnevals, dessen fast 5.000 Akteurinnen und Akteure überwiegend so reich an Fantasie sind wie arm an Mitteln für ihren Lebensunterhalt. Brasilien – Berlin ist denn auch ein auffallendes Markenzeichen des stundenlangen Umzugs über die Gneisenaustraße. Dann steigt auch die Zahl der brasilianischen Touristen in Berlin rapide. Viele entdeckt man am Rand der Straße. Rund 10.000 junge Menschen aus Brasilien wohnen inzwischen in der Stadt. Beim Karneval glaubt man, alle seien begnadete Tänzer, farbenfrohe Designer, lebenslustig, voller Musik.

Unter den Bäumen rechts und links und in der Mitte der breiten Fahrdämme drängen sich dicht an dicht die Massen der Besucher. Der Karneval ist etwas für die Augen und für die Ohren. Die Idee hinter dem Karneval reicht weit über den genüsslichen Augenblick seiner Inszenierung hinaus. Sie ist nicht jedem gegenwärtig, der sich seinen Sinnesfreuden hingibt und prächtigen Federschmuck gegen viel nackte Haut, aufreizende Rhythmen gegen die Bewegungseleganz der Tanzenden abwägt. Mit dem Karneval soll ein Fest gegen Rassismus und Fremdenfeindlichkeit in Deutschland gefeiert werden. Seht her, hier sind wir, die wir nach Berlin gezogen sind, in eine Stadt, die nun auch unsere geworden ist! Heute feiern wir zusammen, ausgelassen, schräg, voller Fantasie, mit dem Ausdrucksreichtum unserer Herkunft und verstecken nicht, wie wir fühlen, welche Schätze in uns leben! Schaut her, freut euch an uns, macht mit, lasst uns zusammen dieses Fest der Fröhlichkeit genießen!

Berlin wäre nicht Berlin, würden sich nicht ernsthaft und Stirne runzelnd die Kritiker mit ihren Sorgenfalten an diesem Tag lautstark zu Worte melden. Das sei ja alles ganz großartig, meinen sie, was da die vielen Künstler, Darsteller und Musiker mit Idealismus auf die Beine stellen. Aber der Karneval verliere seine klare Botschaft, verkomme von einer Demonstration zu einem Touristenbesäufnis. Statt der wünschenswerten Selbstbehauptung der vielen Kulturen verflache er zu einer platten Show der Unkultur. Das Massenspektakel sei inzwischen nichts anderes als normaler Karneval geworden, den kaum noch etwas vom Kölner oder Mainzer Frohsinn unterscheide. Die Zeichen der Entleerung seiner Botschaft seien nicht mehr zu übersehen. Die Zahl der teilnehmenden Gruppen werde kleiner, nicht nur aus finanziellen Gründen. Statt der einst mehr als 100 Wagen, schafften es heute nur noch 80 auf die Straße, die sich den Aufwand an Kostümen, Materialien, Ausstattungen und Choreografien leisten können.

Das integrierende Erleben eines Karnevals der kulturellen Vielfalt ersticke in den dumpfen Erlebnisreflexen einer normalen Großveranstaltung für Spaßmenschen, die resistent gegen das Nachdenken seien. Die leidenschaftlich agierenden Akteure würden sich etwas vormachen, wenn sie glaubten, ihr Engagement erreiche eine Toleranz erzeugende und den Stolz auf den Reichtum so vieler Kulturen in einer Stadt fördernde Wirkung. Die Wahrnehmungsschwelle verharre auf niedrigstem Niveau. Und außerdem goutiere das Fernsehen ohnehin nur Rosenmontagszüge, nicht aber den Berliner Karneval. So sei das nun einmal in Deutschland. Bedenkenträger speisen ihre Analysen aus der Größe des Events. Die Massen schreiben die Idee um. Die Integrationsabsicht degeneriert zum Schauspiel, das andere Bedürfnisse befriedigt. Die Idee des Karnevals erstickt in der Popularität ihrer Ausdrucksformen. Mit dieser Kritik können nur Wenige etwas anfangen, die auf dem Karneval in erster Linie einen schönen bunten Tag erleben wollen. In Kreuzberg ist Karneval, und wie! Das Spektakel gehört den Menschen, nicht den Analysten. Endlich, in die große Umzugsstraße hineingeschoben, stehen sie dicht gedrängt, hopsen und jubeln, wenn ein Wagen an ihnen vorbei schleicht mit den maskierten Tänzern davor und dahinter. Da wird gepfiffen und geschrien, die Akteure werden angefeuert und selbst lautes Helau darf nicht fehlen. Auch geschunkelt wird, und vielen hängt lässig die Bierflasche in der Hand. Es kommen viel zu viele Touristen und nehmen das alles nicht richtig ernst, wird gestöhnt. Es sind zu viele dabei, die den Charakter dieses Festes nicht suchen, nicht erahnen. Sie wollen sich nur amüsieren und besaufen. Doch kann man wirklich erkennen, wer hier Tourist ist und wer nicht, wer die Botschaft aufnimmt und wer von ihr unberührt bleibt?

Da ist das dänische Ehepaar mit einem roten Cocktail in ihren Gläsern, das nun zum elften Mal zu dieser *„geilen Party"* in die *„schräge Stadt"* gekommen ist. Wieder gekommen ist auch Jerzy Kaszek aus Warschau, aus der tollsten Stadt in Europa, wie er sagt, der er eine solche Szene so sehr wünschen würde. Eine ältere Frau aus Italien schwärmt, wie friedlich die Stimmung bei diesem lauten und bunten Trubel sei und wünscht sich, so müsse es auch außerhalb des Karnevals sein. Samira kommt aus dem Iran, trägt ein Kopftuch und wohnt seit acht Jahren in Kreuzberg. Sie hat noch keinen Karneval in ihrem Stadtteil verpasst und ist sich sicher, sich an diesem Tag in ihrem neuen Zuhause besser zu fühlen als an den meisten anderen des Jahres. Um sie stehende iranische Freunde klatschen in die Hände. Selbst der mit einem orangefarbigen Hut geschmückte Holländer bezeugt seine alljährlich Anwesenheit mit dem Bekenntnis, er möge die Menschen lieber arm und bunt als reich und verschlossen. Viele Touristen kommen nach Berlin wegen dieses besonderen Karnevals. Sie kommen wegen der farbigen Vielfalt und genießen sie. Sie sind nicht die Personifizierung des Genusses dumpfer Einfalt. Sie gegen die Autochthonen auszuspielen, verstößt gegen das Prinzip der Verbindung, das dieses Fest prägt.

Und die Türken, dazu die vielen Bewohner muslimischen Glaubens in Kreuzberg und Neukölln? Auch sie stehen zu Tausenden am Straßenrand und feiern in großen Familien, in Gruppen oder allein. Viele haben sich die Gesichter angemalt, sind bunt kostümiert, tanzen. Ausgelassen und fröhlich verschmelzen sie mit den Anderen in der verstopften Straße. Ihre Künstler und Akrobaten haben keine eigenen Wagen in dem Zug. Sie demonstrieren nicht ihre eigenen Kulturen und Traditionen von der Mitte aus für die Massen an den beiden Seiten. Die meisten Imame und Autoritäten von ihnen predigen gegen den Karneval. So viel Schaustellung von Körper und Haut ist der Hölle und der Dekadenz zu nahe und ist gegen die Gebote. Aber die Diktate und Gebote sind in vielen Köpfen längst gebrochen. Die Straße auf dem Karneval bevölkern auch sie, nicht als Muslime sondern als Neuköllner oder Kreuzberger. Sie sind Einwohner der Stadt und Teilhaber des Karnevals geworden, der zu ihrer Stadt gehört.

Um Mitternacht ist alles vorbei. Dann erlahmen die Kneipen, weil Stimmen und Beine nicht mehr mitspielen, Alkohol die Köpfe vernebelt oder das Geld in der Tasche ausgegangen ist. Dann ziehen die Wagen der Straßenreinigung ihre Bahnen und kehren Tonnen der Abfälle in ihre Bäuche. Zahlreiche Gestalten huschen von Container zu Container und beladen ihre Plastiktüten und Trollis mit Pfandflaschen. Journalisten ziehen zu den Pressekonferenzen der Polizei und der Veranstalter. Besondere Vorkommnisse des Tages sind nicht zu vermelden. Also stellen die Journalisten die Sinnfrage, um trotzdem etwas Neues vom Karneval berichten zu können. Vassiliki Gorbas, Leiterin der Werkstatt der Kulturen, bleibt cool: *„Habt ihr diesen wunderbaren Tag denn* *gar nicht mitgekriegt?"* fragt sie die Journalisten und schreibt ihnen in den Notizblock: *„Es ist sehr schwierig für die Gruppen. Sie müssen das Geld für die Teilnahme allein aufbringen, das sind dreitausend bis neuntausend Euro pro Wagen. Die machen der Stadt so ein schönes Geschenk und möchten endlich auch finanzielle Anerkennung dafür haben."*

Genuss für lau ist sicher eine wesentliche Voraussetzung für die massenhafte Resonanz dieses Festes. Das gibt es in der Kongresshalle im Haus der Kulturen der Welt eher nicht. Auf dem leeren Tresen einer Kneipe nahe dem Blücherplatz liegt verloren ein Blatt Papier des Sierra Sport and Culture Clubs Berlin. *„Wir wollen,"* steht da zu lesen, *„unseren Freunden sagen, dass wir auch in Frieden leben möchten. Wir haben eine großartige Kultur, die schönsten Strände der Welt und wunderbare Leute. Vor dem Krieg waren wir eines der friedlichsten Länder der Welt. Alle sind wir uns einig, dass wir zu diesem Bild zurückkehren möchten."* Die Gruppe braucht: Kostüme, Stoffe und Kurzwaren, eine LKW-Pritsche mit vier Metern Ladefläche, finanzielle Unterstützung von 500 Euro. Der Weg von Kreuzberg bis in die Kongresshalle ist noch sehr weit, weit wie die Wege zwischen ihren leisen Innenwelten und den schrillen Außenwelten der Straße.

BILD OBEN · Fliegen durch die Welt

BILD UNTEN · Am Straßenrand

BILD RECHTE SEITE · Schönheit in Bewegung

— DIE STADT IN NEUEN KLEIDERN —

BILD OBEN · Karneval der Kulturen – Our Culture Our Pride

DAS GROSSE TREFFEN

— DAS GROSSE TREFFEN —

Am Rande des Bayerischen Viertels liegt zwischen den verkehrsreichen Achsen Grunewaldstraße und Hohenstaufenstraße der Barbarossaplatz in einer ruhigen und sehr bevorzugten Wohngegend nahe der westlichen Innenstadt. Benannt ist der Platz nach dem Kaiser Friedrich I. aus dem Mittelalter, der 1122 in Schwaben geboren auf einem Kreuzzug 1190 auf mysteriöse Weise in einem Fluss ertrunken sein soll. Die Legende will wissen, dass der Kaiser nie ganz gestorben sei. In seinem großen Denkmal auf dem Kyffhäuser Berg südöstlich des Harzes darf er weiter sein geheimnisvolles Überleben in den Köpfen seiner Verehrer ausbrüten.

Fünf Straßen laufen auf dieses kleine Rondell zu, auf dessen Mitte ein breitwandiger aus Steinen gehauener achteckiger Brunnen steht. Auf seinem Rand sitzen in Bronze gegossen anmutige Kinder, seligen Blickes in verspielten Posen dem Inneren des Brunnens zugewandt. Am Rande des Platzes steht wie eine mittelalterliche Burg eine große Grundschule mit einem mächtigen Eingangsportal. Das Gebäude beherbergt ebenfalls die Schöneberger Volkshochschule. Prächtige Bäume säumen den Platz und erzeugen mit ihren weiten Kronen eine märchenhafte Stimmung. Die setzt sich fort in der Karl-Schrader-Straße mit dem Blick auf den hochsteilen Turm der Apostel-Paulus-Kirche, erbaut in neugotischem Stil mit roten Klinkern und 1894 geweiht.

Das war die Zeit, in der auch die Gebäude der Pestalozzi-Fröbel-Stiftung fertig gestellt worden waren, die auf der linken Seite der Straße liegen. Unterbrochen von einer alten mit Eisengittern verzierten Backsteinmauer, auf der auf jedem ihrer Stützpfeiler verspielt mystische Tierfiguren aufgesetzt sind, strecken sich die Gebäude dieser Einrichtung mit ihrem wunderschönen Park und mit Kinderspielplätzen auf der Rückseite bis in die Nähe der Rosenheimer Straße. Die endet hier wie auch die Schraderstraße, die in die Schwäbische Straße mündet, bevor diese in einen sie teilenden Park übergeht, den nur durchläuft, wen die mit Bier und Schnaps benebelten Gestalten auf den Bänken nicht davon abhalten. Das etwas verwirrende Straßendreieck wird von einem herrschaftlichen, weiß verputzten alten fünfstöckigem Eckhaus dominiert, das im runden Bogen von der Rosenheimer zur 120 Grad versetzten Schwäbischen Straße gebaut ist, die von hier aus hoch zur Grunewaldstraße zum U-Bahnhof Eisenacher Straße läuft. In diesem Haus wohnt im 2. Stock in ihrem großen Atelier die Malerin Gisa Hausmann.

In dem weitläufigen Gebäudekomplex des Pestalozzi-Fröbel-Hauses an der Karl-Schrader-Straße sind heute noch eine Fachhochschule für Sozialpädagogik und diverse Einrichtungen für Kinder und Jugendliche untergebracht. Schon äußerlich sieht man den Gebäuden an, mit welchen finanziellen Problemen soziale Einrichtungen zu kämpfen haben. Widmungen über den Portalen aus der Zeit vor dem 1. Weltkrieg deuten an, dass hier stets ein Zentrum der modernen Erziehung und Sozialarbeit gewesen ist. Vor allem Frauen haben hier die Geschichte großer Reformen geschrieben.

Patronin dieser frühen und offenen Erziehungsarbeit im Umfeld einer prüden, puritanisch versteiften Männerwelt der Kaiserzeit war Henriette Schrader-Breymann. Mit anderen Frauen hatte sie die finanziellen und baulichen Voraussetzungen geschaffen, in ihren Häusern Pestalozzis Idee umzusetzen, Kindern das Umfeld einer guten „Wohnstube" einzurichten. Henriettes Onkel war Friedrich Fröbel, ebenfalls ein Reformpädagoge. Seine Theorien kreisen um die *„freitätige Entwicklung des Kindes im Spiel"*, ein Programm für die Dynamik selbstbestimmter Entfaltung, das 1968 in den alternativen Kinderläden Pate stand. Gründerin einer „Sozialen Frauenschule" auf diesem Gelände war im Jahr 1908 Alice Salomon. Der wenig gepflegte Park zwischen den beiden Teilstücken der Schwäbischen Straße ist nach ihr benannt. Sie schuf eine der ersten Einrichtungen, in der Frauen durch eine akademische Aus- und Weiterbildung prägenden Einfluss auf die Sozialarbeit erlangen konnten. Vieles aus dieser Tradition strömt ein Gang über das weitläufige von hohen Bäumen beschützte Gelände hinter der Häuserfront noch heute aus. Hier steht immer noch eine Wiege für Ideen, die behutsam in die Praxis umgesetzt ihren Gang in die Breite antreten. Die „Kiezoase" entstand Anfang diesen Jahrhunderts, ein Projekt, das als Mehrgenerationenhaus Schule gemacht hat.

Häuser und Straßen, Geschichten und Geschichte liegen in diesem Viertel sehr nah beieinander. Beim Durchfahren oder in geschäftiger Eile zur Erfüllung alltäglicher Lebensaufgaben können sie kaum erahnt werden. Die Straßen sind eher unspektakulär. Alter Baubestand wechselt mit neuen Häusern, die nach dem Krieg für Sozialwohnungen geschaffen wurden. Das nebenan in der Akazienstraße oder in der Goltzstraße gepflegte Kiezleben, das sich bis zum Winterfeldplatz und zum Nollendorfplatz erstreckt, prägt nicht mehr die Straßenbilder in diesem Viertel. Scheinbar unberührt von dem Ort, in dem sie sich bewegen, huschen die meisten Menschen vorbei, die Augen auf den Boden gerichtet, mürrisch Taschen tragend oder mit Stöpseln in den Ohren, mit ihren Sinnen aus dem Hier und Jetzt ins Nirgendwo gezogen. Wer die Anforderungen des Fortbewegens aber hinter sich lässt, sich die Ruhe gönnt, sich auf die Zeit einzulassen, die in diesen Steinen steckt, wird spannungsreiche Entdeckungen machen. Mit Zeit und Ruhe hat die französische Journalistin Pascale Hugues ihrer Schwäbischen Straße ein wunderbares literarisches Denkmal gesetzt.

Hinter den Mauern des Bayerischen Viertels brechen sich an verborgenen Stellen die Zeiten in der Kunst. Gisa Hausmann ist eine Malerin, die eine Welt in Bildern malt, die so gar nichts mit den Anblicken zu tun hat, wie sie diese Straßen und Plätze bie-

— BERLIN, GESCHICHTE IN GESCHICHTEN —

BILD OBEN · Im Bayerischen Viertel

ten. In ihren Bildern malt sie die Welt der Gestalten aus verloren gegangenen Zeiten der Zwiesprache. Die Zwiesprache der Kunst, welche aus der Vergangenheit in die Gegenwart gezaubert wird. Aus den großen Epochen führt sie Meisterwerke in unterschiedlichen Kulissen einer scheinbar sehr vertrauten Welt zusammen, spielerisch, so mag man zunächst meinen, aber voller Spannungen, wie man beim längeren Betrachten merken wird. Für den Auftritt ihrer Hauptgestalten hat sie eine Bühne geschaffen, die von hohen antiken Säulen im korinthischen Stil begrenzt den Blick frei gibt auf eine zauberhafte Naturwelt oder auf die ausschließlich Stein gewordene Stadt aus Wolkenkratzern und hohen Häusern. Theatralisch auf die Bühne gestellt erscheinen die Figuren als Zeugnisse der großen Malerei aus vergangenen Zeiten. Da erscheinen sie wieder, in die Kulissen moderner Zivilisation gestellt. Sie spielen ein skurriles Theater in einer total entrückten Welt der künstlerischen Fantasie, will man zunächst glauben. Doch wandert man über die Zitate und folgt ihren Bewegungen zueinander, sucht ihre Verbindungen im Zusammenspiel des Bildes, dann wird aus der Summe des Realen eine fantastische Welt des Surrealen, die einen als eigene gegenwärtige Erlebniswelt zu sich zieht, wie sie nur hinter den Fenstern in den Innenräumen der Häuser entstehen kann. Die Malerin verlässt nur sehr selten ihre Wohnung, in der sie seit bald 40 Jahren lebt. Schichten und Verschachtelungen von Zeit und Erlebnissen sind bei ihr aufs Engste mit diesem Ort ihres Lebens verwoben. Sie wirken in ihren Bildern nicht durch eine direkte Umsetzung von Erinnerungen und Zeiten, die sie von sich mit einem perfekten Gedächtnis für die Einzelheiten aus ihrem Viertel erzählen kann. Ihre Bilder haben mit diesen Umgebungen scheinbar nichts gemeinsam. Sie arbeitet an einem großen Zyklus, den sie DAS GROSSE TREFFEN nennt. Doch Vieles in den geheimnisvollen Bildern erschließt sich, wenn man an die Verschachtelungen der Menschheit denkt, wie sie die 100 Jahre Geschichte dieses Wohnorts geprägt haben. Eingeschlossen in der großen Atelierwohnung dichtet die Malerin eine Welt, in der das Unvereinbare nebeneinander rückt und Metamorphosen hervor bringt, mit der die Gegenwart ohne die Zeichen aus der Vergangenheit ihr Gesicht verlieren würde. Eine solche Kunst kann nur in einem Haus entstehen, in dem sich Himmel und Erde mit Steinen und Pflanzen, mit Erinnerungen, Scham und Freuden, mit Ideen und Verwerfungen, mit Alltag und Ewigkeit, mit Misslingen und Überleben in kaum zu entschlüsselnder Weise vermengt haben. So eine Lebensgeschichte verschmilzt mit dem Bayerischen Viertel.

Die Sinne für solche Vermengungen weiten sich, je langsamer die Schritte werden, um das Spiel mit Erinnerungen zu suchen, die in diesem Viertel in den Steinen wohnen. Die Blicke werden dann frei, die statischen Zeugen der dahin rauschenden Gegenwart mit den Dramen ihrer Vergangenheit zu beleben. Die Langsamkeit des Gehens schafft die Zeit, die fliegende Gegenwart geschäftigen Treibens in der Stadt in die Wurzelwerke ihrer so jungen Geschichte zu verfolgen. Das Bayerische Viertel in Berlin ist kein Nabel der Welt. Große Treffen der Kunst imaginieren andere Epochen, größere Namen, andere Städte, grandiosere Kulissen. Wer hier durcheilt, findet wenig, wovon er berichten kann. Es lebt sich hier gut und ruhig. Wer einen angenehmen Tag erleben möchte, kann sich wohlfühlen unter allerlei Müßiggängern in den mehr oder weniger schmucken Straßen. Er findet viele offene Cafés und Restaurants zum Verweilen, hippe Läden und gesprächige Menschen. Wer aber durch das Viertel schlendert und sich darauf einlässt, was es ihm zu erzählen hat, gewinnt einen Blick, der alles Diesseitige des Augenblicks in eine Woge aufbäumender und abflutender Erzählungen schiebt. Dann fließen Menschen und Zeiten ineinander, leuchten Namen und Ereignisse auf und verglühen.

Auf der Bühne des großen Treffens treten seltsame Gestalten auf, die irgendwie bekannt erscheinen und doch als Gegenwart verschollen sind. Da bringt es sogar die Dalmatinerhündin von Wolfgang Joop auf ihrer Reise nach New York zur Bühnenehre. Wie eine Diva und Gestalt einer nicht beschreibbaren Liebesbeziehung posiert sie mit großen Heldinnen und Helden vor der Großstadtkulisse, die wie ein Schloss der Moderne gen Himmel strebt. Oder ist es gar nicht die Kulisse von New York sondern einer Stadt, die es gar nicht gibt, nur im Nirgendwo hinter einem Fluss aus Überall? Auf der Bühne der traumhafte Pierrot von Jean Antoine Watteau mit seinen zu kurzen weißen Hosen und dem zerbrechlichen Blick in die Manege, unsterbliche Figuration der Commedia dell'Arte, nun ein Bühnenstar umgeben von Gestalten, die er nicht kennt, ihnen aber auch nicht aus dem Wege geht. Hinten an der Kaimauer Plakatwänden mit wieder gezauberten Tagesstars aus tiefer Vergangenheit und gestern noch erlebter Gegenwart. Oder als Innbegriff der weiblich verschlossenen Göttlichkeit die Traumgestalt der Psyche nach einer eher groben Vorlage von Max Klinger. In sich ruht sie in ihren feinen Gewändern, strahlt unnahbare Schönheit aus, konzentriert in schraubender Bewegung, schmal und hoch, die Hand fragend unter das Kinn gestützt, ausgesetzt den Weiten einer versteinerten Welt. Oder der Satyr von Paul Rubens, dieser Raubold, gezähmt und versunkenen Blicks, ein trunken in sich ruhendes Ungeheuer. Oder Toulouse-Lautrec, die große Leonor Fini in prächtigen Portraits ihrer dekorativen Selbstinszenierung. Oder in satirischer Abwandlung halb Grande und halb Pferd die großen Spieler und Spielerinnen des politischen Welttheaters nach Vorlagen des spanischen Hofmalers Diego Rodriguez de Silva y Velázquez vor einer märkischen Seenlandschaft mit sanft im dramatischem Himmel verschwimmenden Bergen der Voralpen. Oder umspielt von fragilen jungen Athleten, als Beau in seiner Selbstinszenierung der

Kaufmann Harald Glööckler, der aus seiner Kunstwelt in der nahen Friedrichstraße vor den nicht endenden Wolkenpalästen der Skyline New Yorks sich selbst in pompösen Gewändern ausstellt. Als Attribute der Bühnentreffen tauchen sie auf den Plakaten der Wände am Fluss aus dem Diesseits der Stadt ins Jenseits der Bühne der Fantasie auf, Marilyn Monroe oder Michael Jackson bevölkern die Bilder, japanische Kurtisanen hinter Gittern, pompejische Fresken, die Selbstportraitierung der Künstlerin und fallende Blätter aus Kunstbüchern. Ihre Sprache ist die Magie.

Was sind das für Bilder, die vom ersten Blick an das Herz kräftiger schlagen lassen, voller Farben und sinnenfroh! Man kann in ihnen spazieren gehen, sich als Zuschauer zu Füßen der Bühne setzen, ihnen Geschichten entlocken oder in sie Geschichten hinein dichten, gestochen scharf in den Details, von denen es schier unendlich viele gibt. Sie entstehen auf den 170 Quadratmetern in der Rosenheimer Straße, geschaffen in der vollständigen Ausschöpfung der Zeit und Anspannung einer Frau, deren Leben sich vollständig in die Arbeit an diesen Bildern zusammen gezogen hat. Abgeschottet von den Tagesabläufen konzentriert sie um sich herum die geballten Energien eines winzigen Stücks Erde in einer Stadt an einer genau zu markierenden Stelle, an der alle Zeiten der Entwicklung der Menschen in hunderten Jahren zusammen geflossen sind.

Sich der inneren Kräfte bewusst zu werden, um Spuren zu finden, die in neuen Kompositionen zusammen fließen, ist ihre Kunst. Nur Wenigen ist es vergönnt, diese kreativen Potenziale in einer solchen bildnerischen Konzentration erschließen zu können. Es ist aber jedem gegeben zu erahnen, aus welchem Stoff Kunst entsteht und welcher Humus ihren Wachstum fördert, wenn man durch die Straßen flaniert und die Schichten des Lebens auf sich wirken lässt, die mit den Steinen, die man sieht, innig verbunden sind.

Was mache ich mit meinem Leben, wozu ist es gegeben, wie kann es zerstört werden? Alle Widersprüche möglicher Antworten prallen in den Straßen des Viertels hart aneinander. Das große Schulgebäude in der Münchner Straße mit den zwei Türmchen an der Giebelseite zur Hohenstaufenstraße war bis 1935 das Werner-Siemens-Realgymnasium. 1903 gegründet versuchte die Schule dem üblichen Drill und Gehorsam der Untertanenpädagogik jener Zeit ein Konzept der liberalen und aufgeklärten Erziehung entgegen zu setzen. 1918 wurde in der Aula der Schule der BUND ENTSCHIEDENER SCHULREFORMER gegründet. Bis die Nazis auch hier die Schulherrschaft übernahmen, war das Gymnasium eine der wenigen Schulen mit einem ausgeprägten republikanischen Geist. 1928 hatte sich die Schülervertretung mit einer Aufsehen erregenden Resolution an das Preußische Abgeordnetenhaus gewandt und freie Liebe und freie Homosexualität ab dem 16. Lebensjahr gefordert. Für die Resolution hatten sie Unterschriften in den umliegenden Straßen eingesammelt.

1929 schickte der polnische Fabrikbesitzer David Reich und seine Frau Helene ihr drittes erst neunjähriges Kind Marcel zu Verwandten nach Berlin, einem Patentanwalt und einem Zahnarzt. Die Eltern und die Verwandten wollten für den Jungen eine optimale Schulbildung. Marcel kam auf das Werner-Siemens-Gymnasium. Er war ein überaus begabter und erfolgreicher Schüler. In seiner Biografie meinte Marcel Reich-Ranicki: *„ ... Ich wartete ab zehn Uhr vor dem Schulgebäude ... denn ich hatte die schriftliche Prüfung so gut bestanden, dass ich von der mündlichen Prüfung befreit worden war."* Von Schulfesten, Ausflügen und Versammlungen war er wie alle seine jüdischen Schulkameraden ab 1933 ausgeschlossen. 1931 waren von den 382 Schülern des Gymnasiums 212 jüdischen Glaubens. 1934 war die Zahl bereits auf 72 gesunken. Nach der Schließung der Schule 1935 durch die Nazis wechselte der Junge auf das Fichte-Gymnasium im nahen Wilmersdorf. Eine Immatrikulation an der Universität verhinderten die Nazis und schoben ihn Ende 1938 mit anderen *„Polenkindern"* ab. Am 1. September 1941 wurde verfügt, dass alle Juden stets deutlich erkennbar den gelben Stern zu tragen hatten.

Das blieb Albert Einstein erspart. Er wohnte seit 1918 im Bayerischen Viertel. Ende 1932, nach einer Reise in die USA, packte er seine Koffer und verließ Deutschland für immer, weil er zu genau ahnte, was aus dem braunen Mob werden würde, der damals die Straßen zu beherrschen begann. Einstein lebte zwölf Jahr lang in einer großen Sieben-Zimmer-Wohnung in der Haberlandstraße 5. Hier starb seine Mutter, hier lebte er, als er 1921 den Nobelpreis für Physik erhielt. Einstein hatte eine gastliche und offene Wohnung. Carl von Ossietzky besuchte ihn des Öfteren, auch Max Planck, Charlie Chaplin, Max Liebermann, Franz Kafka und Heinrich Mann waren seine Gäste. Es ging gesellig zu bei Einsteins, und es waren oft sicher große Treffen in der Haberlandstraße. Die Straße wurde übrigens 1938 umbenannt, einen Teil in Nördlinger Straße und einen anderen Teil in Treuchtlinger Straße. Haberland war ein Jude. Erst 1995 beschloss der Bezirk, die Straße wieder zurück in Haberlandstraße zu benennen. Da gab es in Bayern heftige Proteste, die den Bezirk zu einem Kompromiss zwangen. Die eine Hälfte bekam den alten Namen wieder, die andere Hälfte blieb weiterhin Treuchtlinger Straße.

In der Münchner Straße stand die Synagoge mit ihrer großen Kuppel. Auf sie liefen die Sichtachsen der Straßen zu. Kurt Weill, der Bertolt Brecht kongeniale Komponist, leitete 1921 den Synagogenchor. Wegen der dicht an ihr stehenden von „Ariern" bewohnten Gebäude konnte in ihr im November 1938 kein Feuer gelegt werden. Die Zerstörungen im Krieg waren nicht übermäßig stark. Die mit ihren 800 Plätzen große Synagoge wurde 1956 abgerissen. Es gab im Viertel kaum mehr Bewohner des mosaischen Glaubens. Schüler waren es, die Jahrzehnte später 1995 damit begannen, eine „Denksteinmauer" aufzubauen, die immer noch wächst. Jeder Stein enthält die Namen von Nachbarn, die einst im Viertel gelebt hatten und jetzt vergessen waren. Inzwischen haben Viele im Viertel die Geschichte wieder entdeckt, die seit der Nazizeit und danach so gründlich zerstört und verdrängt worden war. Ihre Spuren waren zunächst kaum mehr zu finden. Jetzt sind es immer mehr geworden und sie werden immer heller. Die Stadtführerin Gertrud Blankenburg hat viele Geschichten in ihrem 2011 erschienenen Buch zusammen getragen: *„Das Bayerische Viertel in Berlin-Schöneberg – Leben in einem Geschichtsbuch".*

Kann man Menschen, die es nicht mehr gibt, so genau zeichnen und malen, dass man ihnen ansieht, wer sie sind, wozu sie fähig und für welche Empfindungen sie offen sind? Gisa Hausmann ist eine Künstlerin, die genau solche Empfindungen durch ihre Technik der pointierten Details hervor zu zaubern versteht. Fast besessen arbeitet sie Punkt für Punkt an ihren Bildern. Nicht die Wirkungen des Großen und Ganzen in den Kompositionen von Farben und Formen interessieren sie. Sie erarbeitet sich durch Beachtung der kleinsten Linien und Schattierungen, der anatomischen und physiologischen kleinstteiligen Attribute ihrer Personen und Objekte eine Individualität von Abbildern, die eine eigene Welt ergeben. Mit dieser Welt konfrontiert sie die Betrachter, die Wahrnehmungen und Empfindungen gewinnen, die sie sonst in der Individualität ihrer realen Weltbilder kaum erkennen oder übersehen. Ihre gemalten Bilder strahlen den Ausdruck von Stolz, Artistik, Macht, Traurigkeit, Ratlosigkeit, Entsetzen, Gleichmut, Angst, Selbstbewusstsein, Lebenskraft aus. Ihre Bilder filtern aus der Vielfalt der Möglichkeiten der menschlichen Existenz eine Botschaft und geben ihr einen Rahmen. Gisa Hausmann ist eine Meisterin dieser Individualisierung. Während sich alles in ihrem realen Leben um sie verändert hat, vertiefte sich ihre Ausdrucksweise immer konstanter in die Erschaffung eines

— BERLIN, GESCHICHTE IN GESCHICHTEN —

Straßen, die Namen von Juden tragen, werden umbenannt. Die nach dem Gründer des bayerischen Viertels benannte Haberland Straße wurde in Treuchtlinger und Nördlinger Straße umbenannt.

27.7.1938

Denkmal
Orte des Erinnerns im Bayerischen Viertel
Ausgrenzung und Entrechtung, Vertreibung,
Deportation und Ermordung von Berliner Juden
in den Jahren von 1933 bis 1945

Die jüdischen Kultusvereinigungen haben für die Beseitigung der Synagogenruinen zu sorgen.
Der Wiederaufbau ist nicht gestattet.

24.3.1939

— DAS GROSSE TREFFEN —

BILDER LINKE UND RECHTE SEITE · Zeichen der Zeit

individuell künstlerisch gestalteten Sinns für die Darstellung des immer Bleibenden. Ein berühmtes Werk ist der Zyklus geworden: IHRE WERKE WURDEN VERBRANNT UND VERGESSEN. Kann man einer Gestalt ansehen, sie sei ein Mörder oder sie sei Gefangener, gar ein zu Tötender? Kann man Täter als Täter oder Opfer als Opfer erkennen?

Kann man sich vorstellen, dass in diesem Viertel vor 100 oder 80 Jahren Menschen herumliefen, neben einander wohnten, mit einander lachten, von einander profitierten, um wie auf Kommando zu jubeln, wegzusehen, gleichgültig zu bleiben, wie Nachbarn enteignet, drangsaliert, vertrieben, ermordet, vergast wurden? Selbst wenn man die Geschichte im Großen und Ganzen kennt, ihre Abläufe ahnt, wie hätte man individuell zeigen oder zeichnen können, was die Menschen in ihren Taten und Verhaltensweisen als Nachbarn auszeichnete? Der Weltgeschichte als Nachbarschaftsgeschichte kann man nicht ausweichen, man kann vor ihr nicht die Augen schließen. Sie ist das Wurzelwerk, aus dem auch die Kunst entsteht.

Das Haus, in dem Gisa Hausmann lebt und arbeitet, gehörte bis 1937 einem Eigentümer jüdischen Glaubens. Wer hier alles gewohnt hatte, ist nicht mehr bekannt. Wahrscheinlich wohnten in den großen Wohnungen auch gut verdienende jüdische Familien, Ärzte, Rechtsanwälte, Schauspieler, Geschäftsleute. Hausbesitzer jüdischen Glaubens verloren in großer Zahl ihre Häuser bereits vor 1938, bevor die Synagogen angezündet und jüdische Geschäfte geplündert wurden. Das entvölkerte Haus in der Rosenheimer Straße, so sagt man, wurde einem SS-Arzt überlassen, der es für die nächsten 40 Jahre bewirtschaftete und nach dem Krieg eine florierende Praxis in München unterhielt. Er wird es ähnlich gemacht haben wie es bei anderen enteigneten Häusern dokumentiert ist. Die Neubesiedlung des Viertel erfolgte durch Vermietungen an regimetreue Kampfgefährten. Man achtete damals sehr darauf, dass „Reindeutsches" erkennbar und lautstark wurde und sich in einem reichen Betätigungsfeld in der Nachbarschaft austoben konnte.

Die Geschichte des Bayerischen Viertels begann mit dem anbrechenden 20. Jahrhundert. Nach seiner Entstehung wuchs es schnell und trug den nicht amtlichen Namen JÜDISCHE SCHWEIZ. Investitionen und Bauplanung sind eng mit dem Namen Salomon Haberland verbunden. Er hatte die weiten Wiesen und Felder in Schöneberg erworben, die damals noch außerhalb der Stadt lagen. Hier wollte er öffentliche Einrichtungen und Wohnquartiere für das finanzstarke und gutbürgerliche Bürgertum schaffen. Das machte er im engen Einvernehmen mit der damals noch selbstständigen Stadt Schöneberg. Die hatte beim Verkauf des riesigen Grundstückareals die Auflage gemacht, dass sie nur einer Bebauung zustimmen werde, die der Stadt spürbar Geld in die Kasse spült. Deshalb sollten Wohnungen für finanzstarke Haushalte mit hohem Steueraufkommen entstehen. Haberland musste also Komfort, Geschmack, Gediegenheit und Großzügigkeit des Wohnens gewährleisten. Auch der äußere Eindruck der Siedlung sollte überzeugen. Die Baukörper sollten Repräsentativität ausstrahlen und die Fassaden mussten durch viele figürliche und dekorative Statuselemente geschmückt werden. Zwischen 1900 und 1914 entstand ein geschlossenes überwiegend neues Wohnviertel mit baumreichen Straßen, eleganten Fassaden, mit über 250 Quadratmeter großen Wohnungen, die Empfangsräume hatten, aber auch Zimmer für das Hauspersonal mit gesonderten Treppenstiegen für diesen Stand.

Die Häuser hatten - und haben – zur Straße Vorgärten und nach hinten grüne Höfe statt der üblichen eng gestaffelten Quergebäude, wie sie in den Hinterhöfen der Mietskasernen standen. Sie waren außen reichlich mit Schmuckelementen und innen mit prächtigen Stuckdecken in den Wohnungen verziert, mit reich gegliederten Treppenhäusern, in denen an Marmor und Spiegelwänden nicht gespart wurde. Die Bewohner sollten stets den Eindruck haben, in herrschaftlichen Stadtpalästen einer weiter entwickelten mittelalterlichen Stadt zu hausen. Die Häuser sollten erzählen, wer in ihnen wohnt. Haberland knüpfte an die Vorliebe für neugotische Formen seiner Zeit an. Ihm schwebte ein Stadtviertel vor, das dem Auge wie ein prächtiges Märchen aus Alt-Nürnberg erscheinen sollte. Das Haus, das er selber bezog, war so ein Alt-Nürnberger Wohnpalast. Zu dieser Identität einer Märchenstadt innerhalb der großen Stadt sollten auch die Straßennamen beitragen. Sie wurden durchgehend nach Namen bayerischer Städte benannt. Die zahlreichen eingelagerten Plätze verewigten Namen aus der Reichsgeschichte des Mittelalters.

Salomon Haberland hatte die Idee, in seinem Stadtviertel für etwa 30.000 Menschen einen öffentlichen Raum mit privaten Nutzungen und Gestaltungen zu schaffen, in dem der Traum von der Größe und Herrlichkeit des Reiches durch die Anlage stark gegliederter und reich verzierter Häuser verbunden wurde mit dem Fortschritt der Bautechnik. Das passte in das Bild, das sich die vermögenden Menschen der Kaiserzeit von ihrem neuen Reich gemacht hatten. Service wie Aufzüge mit Messingbeschlägen in den Gebäuden, Zentralheizung, Küchen und Bäder wurden als Fortschritt groß geschrieben. Die schöne neue Welt blieb allerdings den strengen Höhenmaßen der Stadtplanung verbunden. Mit den Durchsichten der Straßen und Plätze wurde die Illusion erzeugt, in einer geschlossenen ruhigen Stadt zu leben, in der die Kreativität und der Reichtum ihrer Bewohner durch private Bequemlichkeit, zahlreiche Dienstleistungen und öffentliche Schaulust belohnt wurde. Im Kaiserreich war der Geschmack weit verbreitet, dass in der Gegenwart alle Epochen einer grandiosen Vergangenheit mit ihren Stilelementen bewahrt und ineinander verschmolzen werden sollten.

Die Geschlossenheit dieses Märchenviertels ist unwiderruflich dahin. Nachdem viele seiner Bürger vertrieben und deportiert worden waren, wendete sich der Krieg gegen die Vertreiber und zerstörte ihre Häuser. Was die Bomben nicht schafften, erreichten die Bauämter nach dem Krieg, die Fassaden schleifen ließen und den Abbruch von Häusern eher honorierten als deren Wiederaufbau. Nur noch wenig aus dieser einst prächtigen Zeit der Verschmelzungen konsumtiver Moderne und verträumter Reichsverherrlichung in den Fassaden ist heute noch zu erkennen. Dieses Wenige lässt die kollektiven Illusionen ahnen, die in diesem Viertel zu Hause waren. Auf dem Spaziergang durch die Straßen des Viertels findet man immer wieder Spuren dieser illusionären Welt von damals. Einzelne Häuser stehen noch. Manche sind in jüngster Zeit liebevoll restauriert worden. Türmchen und Giebelschmuck, Portale und kunstvolle Fenstersimse zieren die Fassaden. Vor allem die Plätze lassen ahnen, wie sie einst als vornehme Gärten angelegt waren, in denen man gerne zusammen saß und auf den Wegen flanierte. Doch die meisten Häuser wurden im Krieg zerstört. In den 50er Jahren begannen die Bereinigungen der Kriegsschäden, bei denen man gleich mit bereinigte, was gar nicht zerstört worden war. So ist eine Mischung aus alter Pracht und schäbigen Zweckbauten entstanden, die heute das Viertel prägt. Autistisch stehen die Häuser nebeneinander, die äußerlich nichts miteinander verbindet.

Natürlich ist die Bombardierung die große Zäsur für die Veränderung des baulichen Stadtbildes gewesen. Aber es lässt sich trefflich darüber streiten, ob nicht in der Zeit des Wiederaufbaus der Stadt noch größere Wunden zugefügt worden sind. Ruinen wurden eingerissen, gestaltlose, einfache Häuser mit niedrigeren Geschossen hochgezogen. Nicht einmal die Traufhöhe blieb erhalten. Die neuen Baukörper blieben wie auf halber Strecke nach oben stehen, endeten mit flachen Dächern, hatten keinerlei ästhetischen Ehrgeiz. Das lag nicht nur am Mangel an Kapital. Der Zeitgeist beseelte die Bauämter und belohnte die Bauherren, wenn sie überflüssigen Schmuck von den Fassaden beseitigten. Modern wurde, was es genormt in Baumärkten zu kaufen gab. Das gestaltende Handwerk war der Verlierer. Mussten repräsentative Gebäude wiederhergestellt werden, kaufte man Handwerker und Stuckateure in Polen ein. So entstanden die graden und schmuckfreien Außenwände vieler alter Häuser. Quersteine, Simse, Türmchen und figurale Verzierungen passten nicht in die Trümmerzeit, in der man aus den Ruinensteinen einfältige Häuser mit dünnen Wänden und kleinen Fenstern auf den Grundstücken zwischen den alten Häusern hoch zog. Wo vorher die Paläste des Bürgertums standen, breiteten sich die öden und gesichtslosen Straßenzüge aus. Auch städtebaulich und architektonisch begann die Erinnerung an das Erbe dieses Viertels erst Jahrzehnte nach dem Krieg.

Wer – wie Gisa Hausmann – die längste Zeit seines Lebens in diesem Viertel lebt, ist in diesen Verwandlungsprozess eingeschmolzen. Ihm bleibt nicht verborgen, wie sich Weltbilder, Identitätsbrüche, Stolz und Zerbrechen in den Steinen abgelegt haben, in denen er lebt. Die Melange der Psyche, die da entstanden ist, empfinden viele, die von außen mit ihr in Berührung kommen, als aufregend, kreativ, aufreizend und typisch für eine Stadt, die sich stets wandelt und immer wieder in neuen Formen weiter lebt. Aus dem Innenleben dieser Menschen sind eher Verstörungen zu vermelden. Die Schilder an den Häusern, die psychische oder soziale Hilfen anbieten, sind kaum zu zählen. Klare Orientierungen für einen Gemeinsinn fehlen, die Identität mit dem Viertel führt über die Selbstdarstellung des Einzelnen in seiner unverwechselbaren Originalität. Eine Vorstellung von Ästhetik als etwas das Streben der Menschen Einendes ist abhanden gekommen. Ein buntes Völkchen bewegt sich inmitten des unvereinbar nebeneinander Gestellten, schön anzuschauen auf den Bürgersteigen, in den Läden, in den vielen einladenden Cafés. Irgendwie haben sie sich mit ihrer neuen Umgebung arrangiert, sie besetzen die öffentlichen Räume des Viertels neu, mehr um die alten Häuser herum als um die einfachen Baukörper, die danach kamen. Was sie in diesem wieder angenehm zu lebenden Viertel zusammen hält, ist jenseits der Individualität jedes Einzelnen im Stadtbild nicht mehr zu erkennen.

Auf der Bühne des Großen Treffens versammelt die Malerin nicht nur allerlei Zitate aus der Kunstgeschichte und führt in archaischen Kulissen zusammen, was nie zusammen reales Leben gewesen ist. Jeder bleibt bei diesen Treffen für sich allein. Dennoch erscheinen die Bilder in sich geschlossen und einladend prächtig. Als Künstlerin erreicht sie diese Surrealität durch die peinlich genaue Arbeit am Detail. Ihr Werkzeug ist der Computer. An ihm pixelt sie bei riesigen Vergrößerungen jeden Ziegelstein, jede Kante einer Mauer, jede geometrische Verschiebung in den hohen Häusern, jede Falte eines Gewandes ihrer großartigen Gestalten, jede Verschiebung der Farben, die durch das Licht entsteht, das durch die Kulissen scheint. Jede gespreizte Hand vornehmer Damen ist ein Ausdrucksbild für sich, Gesichter ihrer mythischen Figuren gewinnen ihre überweltliche Stärke in den Augen, im Mund, in den Haaren. Im Himmel strahlt die Sonne hinter gewitterschwangeren Wolken, und die Blätter rankender Gewächse oder von raumgreifenden Bäumen zeigen Bewegungen des aufkommenden Windes. Voller Geschichten sind ihre Bilder, doch jede Figur, jedes belebende Attribut dieser Geschichten ist eine Erzählung für sich, zusammengehalten im Stil, in der Komposition, im Spiel von Licht, Schatten und Farben der Geschichte, die sie als Bild malt.

Gisa Hausmann hat einen einfach zu beschreibenden Alltag. Sie steht morgens sehr früh auf und beginnt sofort mit der Malerei am Computer. Oft arbeitet sie bis spät in die Nacht, bis ihr Körper rebelliert. Hört sie mit dem Malen früher auf, zieht sie vor den Fernseher, der für sie ein Fenster der Nacht ist. Dann sucht sie sich ihre Wege zu den großen Dramen der Welt, in die sie ihre Lebenserfahrungen projiziert. Oft kann sie nicht einschlafen. Dann arbeitet sie weiter am Rechner, bis ihr die Augen im Morgengrauen zufallen. Ihr Lebenspartner ist eine Katze. Ihre Herausforderung ist ein alter Computer, an dem sie täglich Stunde um Stunde mit einer Mal- und Zeichentechnik arbeitet, die sie selbst erfunden und zur Perfektion entwickelt hat. An einem komplexen Bild arbeitet sie oft viele Wochen, manchmal Monate lang. In einem Bild des Zyklus Das grosse Treffen, so lässt sich rekonstruieren, stecken mindestens 800 Arbeitsstunden. In der sozialen Währung gelten 8.50 Euro als untere Grenze der materiellen Existenz. Würde sie einen solchen Lohn in Rechnung stellen, müsste ein Bild etwa 7.000 Euro kosten, illusorisch auf einem Kunstmarkt, auf dem die Rückwendung zur Geschichte und den Geschichten ihrer Erzählung wertlos geworden sind. Trotzdem arbeitet sie, ohne die Stunden zu zählen, weil ihre Kunst und nicht ihr magerer Verdienst Basis ihrer Existenz ist.

In den Bildern sind Vordergrund und Hintergrund gleichermaßen wichtig. Detailgenaues Zeichnen gibt allen Elementen die gleiche Wichtigkeit. Dutzende von Geschichten und Hunderte von einzelnen Elementen fügen sich zwischen den Kulissen und der Bühne zum Bildganzen. Psyche ist der Mythos einer ewig glühenden, nie erlösten Gestalt, für sich ein Bild würdiger und bewegender Schönheit. In die Szene des gesamten Bildes gesetzt, verliert sie nichts von ihrer Einzigartigkeit, ist aber nur deshalb real und denkbar, weil es auch die vielen anderen gibt, mit denen sie zu einer Bildwelt verschmilzt. Die Einheit des Ganzen in dem Zusammenspiel der Vielen ist das Ergebnis der zeichnenden Kunst. Am Computer ist die technische Tiefenschärfe dieser

Kunst zu bewundern. Wie klein ein Detail auch sein mag, bei hundertfacher Vergrößerung oder mehr zeigt sich, dass es ausgemalt ist wie ein eigenständiges Gemälde. Eingefügt in die Montage des Zusammenspiels von Mythen, Gestalten, Zeiten und Ausdrucksformen von Bewegung, Innehalten, Licht und Schatten entstehen Bilder, die etwas Ganzes ergeben, obgleich jedes Detail, jede Figur, jedes Zitat unabhängig von dem zu sein scheint, was sie umgibt. Die Malerin erzählt Geschichten jenseits der Zusammenhänge einer Geschichte, jenseits der realen Zeit und des realen Raumes, in denen die Geschichten ihren Zauber entfalten. Durch ihre Kunst finden die Geschichten eine neue Geschichte, die Geschichte des Fantastischen und Schönen, die es ja tatsächlich gegeben hat.

Auch im Bayerischen Viertel kann man solche Metamorphosen, das Spiel von Geschichten und Geschichte erleben. Die Kulisse bleibt ein unspektakuläres Stück der Stadt, wenn man es durcheilt, um seinen Aufgaben des Tages nachzukommen. Tatsächlich ist es aber ein surrealer Boden der Stadt, auf dem man sich bewegt, dessen Beziehungsgeflecht gebrochener Unvereinbarkeiten sich dem erschließt, der sich die Zeit nimmt, den Augenblick hinter sich zu lassen. Was man entdeckt, belebt die heute unspektakulär eingerichteten Straßen in einem Mikrokosmos des dunkelhellen 20. Jahrhunderts. Hier ist alles, was dieses Jahrhundert groß, aber auch fürchterlich, vor allem verwirrend gemacht hat. Auf diese Spur gesetzt lebt dann das Viertel in ganz anderen Farben und Formen auf, finden Menschen und Gegenstände andere Beziehungen zueinander, die oft nur noch in der Fantasie als zusammen gehörig gedacht werden können.

Haberland hatte genau geplant und gebaut, was sein Zielpublikum zu Beginn des 20. Jahrhunderts in Berlin ersehnte. Es kamen in Scharen die betuchten Bürger, kauften und mieteten. Ärzte, Rechtsanwälte, Akademiker, Beamte, Künstler, Pensionäre, Kaufleute bevölkerten die neuen Häuser. Viele waren Bürger des mosaischen Glaubens, obgleich Salomon Haberlands Gesellschaft, die BERLINER BODEN-GESELLSCHAFT keine jüdische Einrichtung war. Haberland war ein liberaler, fast assimilierter Jude, der dem Kaiser näher stand als der Thora. 1933 lebten mehr als 13.000 Menschen seiner Religion in dem Viertel, fast die Hälfte der Bevölkerung.

Zehn Jahre später kann die Gestapo im Juni 1943 Hermann Göring versichern: *"Das Bayerische Viertel und ganz Schöneberg sind judenfrei."* Vor 1933 waren die Bewohner stolz auf ihr Viertel. Sie nannten es gerne *"Einsteinstadt"* oder *"Industriegebiet der Intelligenz."* Wie mögen sich die Menschen 1939 gefühlt haben, die sich auf den Bänken des Bayerischen Platzes gegenüber saßen? Da gilt von einem auf den anderen Tag die Verordnung: *"Juden dürfen am Bayerischen Platz nur die gelb markierten Bänke benutzen."* Ein Jahr später kommt dann die Verordnung: *"Lebensmittel dürfen Juden in Berlin nur nachmittags von 4 – 5 einkaufen."* Die zunehmenden Einschränkungen und Ausgrenzungen eskalieren seit 1933 Jahr für Jahr. Es bleibt unvorstellbare Traurigkeit, wie das in einem solchen Viertel funktionieren konnte. Oder ist diese Traurigkeit nur ein Empfinden im Nachhinein, in der Komposition eines Viertels, wie es mal gewesen ist? Im Frühjahr 1943 kommt dann der Massenmord. 6.000 noch verbliebene Juden werden vor allen Augen in dem Viertel eingesammelt, zusammen getrieben und auf Lastwagen für die Deportation in die Vernichtungslager verfrachtet. Beschreibungen aus jenen Tagen fehlen. Nur ganz Wenige überleben diese Aktion.

Erst fast 40 Jahre nach Ende des Krieges haben Schülerinnen und Schüler aus dem Viertel begonnen, diese Geschichte des unvorstellbaren, des surrealen Zusammenlebens wieder zurück zu holen in den öffentlichen Raum. Mit der MAUER DES GEDENKENS begann diese Rückbesinnung auf dem Gelände der ehemaligen Synagoge. Inzwischen ist aus diesem Anfang ein – für das gesamte Viertel – prägendes Flächendenkmal geworden, das als größtes Denkmal des Bezirks Tempelhof-Schöneberg gelten kann und ohne das Engagement seiner Bewohner nicht zu realisieren ist. Über 500 Stolpersteine haben die Bürger vor ihren Häusern inzwischen gepflastert. An markanten Stellen hängen 80 Tafeln an Laternenmasten. In der Westarstraße, Münchner Straße, Haberlandstraße, Salzburger Straße und in anderen Straßen hängen sie und informieren über die Demütigungen und Drangsalierungen in jener Zeit.

Die Künstler Renata Stih und Frieder Schnock haben diese 70 mal 50 Zentimeter großen Tafeln gestaltet, die etwa drei Meter hoch angebracht sind. Auf beiden Seiten informieren sie in Wort und Bild über die perfiden Maßnahmen. Sie umspannen das gesamte Viertel und wurden so platziert, dass von einer Tafel eine Sichtachse zur nächsten Tafel geschaffen wurde. Größere Informationstafeln gibt es am Bayerischen Platz, vor dem ehemaligen Gymnasium sowie am Rathaus Schöneberg.

In diesem Rathaus gibt es seit 2005 zudem die Dauerausstellung: WIR WAREN NACHBARN – BIOGRAFIEN JÜDISCHER ZEITZEUGEN. Inzwischen wurden 145 Familien-Alben zusammengestellt. Gemeinsam wurde gefeiert und gelacht, gemeinsam getrauert und geweint. Man besuchte sich gegenseitig, ging in die gleichen Vereine. Man hatte gleiche Hobbys und gleiche Lokale. Und auf einmal galt das alles nicht mehr. Man erlebte, bejubelte und erlitt – ja wie? – die zunehmende Ausgrenzung, Entrechtung, Verachtung, Vertreibung, Vernichtung ab 1933. Nach 1945 war es um die Geschichte der endgültigen Deportation und Ermordung im Viertel mucksmäuschen still geworden. Die Stille hat sehr lange gedauert. Nun sind die Geschichten wieder aufgetaucht, mischen sich in die Gegenwart, werden Teil des kollektiven Gedächtnisses eines Ortes.

Das grosse Treffen als Kunstwerk eines gewaltigen Zitatschatzes der Kunstgeschichte sprengt den zweidimensionalen Rahmen eines Bildes, in den es in Höhe und Breite gesetzt ist. Die Bühne vor der Seenlandschaft ist nicht nur als surrealer Ort in den märkischen Sand gesetzt. Die steinerne Hochhausstadt ist nicht nur Manhattan, vor der die surreale Bühne mit den Gestalten alter Meister und plakativer Moderne ihre grotesken Begegnungsauftritte inszeniert. Das bildhafte Aufeinandertreffen der gezeichneten und gemalten Zitate in der Opulenz der Details schafft einen Sinn, wenn man die Trennungen in Zeiten und Lebensumständen anerkennt, ihre innere Verbindung als Menschheitsgeschichte aber nicht leugnen kann. Ein Bild, das davon erzählt, fließt aus seinem Rahmen in den Kopf des Betrachtenden und mischt sich in die Navigation im Hier und Jetzt. Das Unvereinbare der sichtbaren Steine und der in ihnen lebenden Menschen auf den Hausmann-Bildern ist ebenso die Beschreibung einiger Straßen mit Häusern, in denen die Gewalten der Zeit alle gewachsenen Vereinigungen zu einem Ganzen gründlich zerstört haben. Wie das Unvereinbare aufs Neue dennoch immer wieder verbindet, wird auf den Bildern ebenso wie im Bayerischen Viertel augenfällig. Die Künstlerin ist seit Jahrzehnten in dieses Viertel hinein gewachsen. Verschanzt in ihrer Atelierwohnung in der Rosenheimer Straße arbeiten in ihr die Metamorphosen dieses Ortes ohne Ende und lassen aus ihr ihre Bilder wachsen.

BILD AUF SEITE 263 · *Psyche*. Gemälde von Gisa Hausmann

BILD OBEN · *Das große Treffen*. Gemälde von Gisa Hausmann

HOMMAGE FRANZ HESSEL

„Der alte Westen hat verloren, wie man von Schönheiten sagt, die aus der Mode gekommen sind. Man wohnt nicht mehr im alten Westen. Schon um die Jahrhundertwende zogen die wohlhabenden Familien fort in die Gegend des Kurfürstendamms und später noch weiter bis nach Westend oder Dahlem, wenn sie es nicht gar bis zu einer Grunewaldvilla brachten. Aber manche von uns, die im alten Westen Kinder waren, haben eine Anhänglichkeit an seine Straßen und Häuser, denen eigentlich nicht viel anzusehen ist, behalten."

Der alte Westen, das war die Gegend vom Landwehrkanal bis zum Tiergarten, rechts und links der Potsdamer Straße. Heute prägen ihn große Verwaltungsgebäude, Kultureinrichtungen, der Potsdamer Platz und das angrenzende Botschafsviertel. Nur noch wenige Wohnhäuser stehen in seinem Zentrum, mehr allerdings in einigen Wohnstraßen südlich des Kanals. Als achtjähriger Junge zog Franz Hessel mit Mutter und Bruder 1888 in die Genthiner Straße 41. Sein Vater, ein wohlhabender Bankier in Stettin, war gestorben. Von seiner Erbschaft konnten die Hessels ein gutbürgerliches Leben führen. Ab 1899 studierte Franz Hessel in München Jura und Orientalistik und lebte in einer legendären Wohngemeinschaft in Schwabing bis 1906. Bis zum Ausbruch des 1. Weltkriegs zog er dann als Bohemien auf den Montparnasse nach Paris und heiratete Helen Grund, die mit dem Kunsthändler Henri-Pierre Roche zusammen lebte. Die drei Freunde spielen in den Dreiecksverhältnissen seiner Romane eine große Rolle. In den 20er Jahren war er dann wieder in Berlin, nun Lektor im Rowohlt-Verlag, und wurde ein enger Freund von Walter Benjamin, mit dem er Teile des Romans von Marcel Proust ins Deutsche zu übersetzen begann: Auf der Suche nach der verlorenen Zeit.

Hessel blieb trotz Berufsverbots nach 1933 bis 1938 in Berlin. Er fühlte sich als Berliner und als Pariser, als Europäer mosaischen Glaubens. Widerstrebend emigrierte er aus Berlin, wenige

— BERLIN, GESCHICHTE IN GESCHICHTEN —

BILD OBEN · *Franz Hessel in Les Milles.* Radierung Gisa Hausmann

Tage bevor die Synagogen in Deutschland brannten, im November nach Paris. Als die deutschen Truppen sein Paris besetzten, floh er kriegsbedingt vor der Gestapo in den Süden Frankreichs, wurde aber von der französischen Polizei aufgegriffen und vom Innenminister der Vichy-Regierung im Lager Les Milles nahe Aix-en-Provence interniert. Als Sechzigjähriger erlitt er dort einen Schlaganfall und starb an den Folgen der Lagerhaft am 6. Januar 1944 in Sanary-sur-Mer.

Hessel hat 1929 eine der schönsten Liebeserklärungen an Berlin in dem Buch SPAZIEREN IN BERLIN veröffentlicht. Doch seine Spuren in Deutschland wurden von den Nazis gründlich beseitigt. Heute kennt ihn kaum mehr jemand. Seine Romane, Erzählungen, Gedichte und sein wunderschön elegisches Berlinbuch wurden 1933 auf dem Scheiterhaufen der Bücherverbrennung verbrannt und aus dem deutschen Kulturschatz verbannt. Nur langsam kommen seine Bücher wieder ans Licht, so auch sein Berlinbuch. Doch das haben sie einem besonderen Ereignis der Familiengeschichte zu verdanken.

Der Name Hessel überlebte nämlich vor allem durch seinen Sohn Stéphane Hessel. Er kam am 20. Oktober 1917 in Berlin auf die Welt. Mit seiner Mutter und einem Bruder zog der Junge bereits 1924 nach Paris und wurde später, als die Deutsche Wehrmacht das Land überfallen hatte, Widerstandskämpfer der französischen Resistance. 1944 schnappte ihn die Gestapo in Paris und verschleppte ihn in das KZ-Lager Buchenwald. Stéphane Hessel überlebte mit viel Glück, weil ihm ein deutscher Aufseher zu einer anderen Identität durch gefälschte Papiere verholfen hatte. Doch die neuen Papiere machten ihn noch nicht zu einem befreiten Menschen. Kurz vor Kriegsende wurde er mit weiteren Häftlingen in ein anderes Lager überstellt. Ihm gelang am 8. April 1945 die Flucht aus dem Eisenbahnwagon auf dem Weg in das Vernichtungslager Bergen-Belsen.

Stéphane Hessel wurde nach dem Krieg hoher französischer Diplomat und war unter anderem in der UN-Kommission tätig, die den Text der Deklaration für die Allgemeinen Menschenrechte formuliert hat. Jahrzehnte arbeitete er im französischen Außenministerium für unterschiedliche Regierungen. Im Februar 2013 ist er gestorben. Wenige Jahre vorher ging sein Name durch die ganze Welt, besonders beachtet in Europa. 2010 hatte er in einem kleinen Verlag in Montpellier einen Essay mit dem Titel Indignez – vous! veröffentlicht. Dieses Büchlein Empört Euch! ging millionenfach über die Ladentische und war nur 21 Seiten dick. In klarer Sprache aus humanistischer Gesinnung rief der 93 Jahre alte Mann die zivilisierten Menschen zum Widerstand gegen die wirtschaftlichen und politischen Kräfte auf, die gerade dabei waren, das marode Finanzsystem in Europa zu Lasten der Bevölkerung zu retten und zu sanieren. Der Essay endet mit dem großen Pathos: *„Den Männern und Frauen, die das 21. Jahrhundert machen werden, sagen wir in tiefer Zuneigung: 'Schöpfung ist Widerstand. Widerstand ist Schöpfung.'"* Hessel war wieder ein Name der weiten Öffentlichkeit geworden. Nun erinnerte man sich auch wieder der Bücher seines Vaters.

Zweiundachtzig Jahre nach Erscheinen Franz Hessels Spazieren in Berlin gibt es nun endlich wieder eine neue Ausgabe dieses vielleicht malerischsten Buches, das je über Berlin geschrieben worden ist. Kurz vor seinem Tod hat der Sohn Stéphane ein Vorwort für dieses neu aufgelegte Buch geschrieben. Des Vaters feinsichtige Beobachtungen Berlins im ersten Drittel des vorigen Jahrhunderts und die feinsinnige Wertschätzung des Vaters, gelenkt durch die französische Erzieherin des zwölfjährigen Stéphane in Paris, haben sich in dem so alt gewordenen Menschen und Diplomaten in einem weichen Licht und in einer großmütigen Vision verdichtet: *„So erhielt es für mich allmählich eine Botschaft aus dem noch nicht von Nazi-Gräueln entwürdigten und zerstör-*

ten, hin zu dem vereinigten und zeitgemäß geschönten Berlin des jungen einundzwanzigsten Jahrhunderts. Unter den verschiedenen Göttern seines geliebten Homer war Hermes für Franz Hessel – und nun auch für mich – der Erleuchtendste, der Humorvollste. Diesen herben und doch wackeren Humor finden wir in jeder seiner Zeilen."

Es ist also eine göttliche Reise durch die Stadt, indem man sich diesen Hermes anvertraut. Hermes war, so ist zu vermuten, im alten Westen von Berlin zu Hause. In der Schule bis zum Abitur hat Franz Hessel allerlei Erfahrungen mit diesem Begleiter in seinem Wohnviertel gemacht. Ende der 20er Jahre, nun auch mit seinen Lebenserfahrungen aus Paris und München, erlebt er das Viertel in gewaltigen Veränderungen. *„Der alte Westen hat verloren, wie man von Schönheiten sagt, die aus der Mode gekommen sind."* Seine Wege sind wie die Spurensuche eines Archäologen. Er findet die Schönheiten und findet Antworten, warum sie aus der Mode gekommen sind. Im Spazierengehen entsteht über sie die Zwiesprache mit seiner Kindheit. Die Steine werden Buchstaben. Die Ufer am Kanal werden Gedichte. Menschen, von denen er erzählt, werden Sätze wie eingemeißelte Inschriften, die aus der Vergangenheit in die Gegenwart als Stadt rauschen. *„Führt uns ein Anlass oder Vorwand ... in eine der altvertrauten Wohnungen, so finden wir unter neuer Schicht die frühere Welt wieder."*

Zwischen der Tiergartenstraße und der Kurfürstenstraße, durchzogen vom romantischen Landwehrkanal mit seinen zahlreichen Brücken lag früher vor den Toren der Stadt das erste dicht gebaute Wohnquartier, das man erst später, als die Stadt in alle Richtungen neue Baufelder erschloss, den alten Westen bezeichnete. Prächtige Villen und herrschaftliche Mietshäuser prägten dieses schicke Viertel. Der Geschmack seiner Bewohner war von den großen griechischen Mythen geprägt, mit denen sie ihre Kultur des Bildungsbürgertums pflegten und ihre Häuser nach außen und nach innen schmückten. Man liebte die griechischen

Göttinnnen und Götter und gesellte ihnen allerlei mythische Gestalten zu Seite. Man schmückte mit ihnen die Gärten und verewigte sie als Schirmherren oder Edeldamen an den Fassaden, die den Häusern arkadische Verspieltheit schenkten. Man umgab sich mit Göttern und Gelehrten als Himmelsboten des Schönen und Geistreichen, die den Kindern die Welt versprachen, die sie in die Schulen der Sittsamkeit und der großen Ideale führen sollten. Man schmückte sich mit Blumen aus farbigem Glas in den Treppenhäusern und baute Portale aus Putz, der wie Marmor glänzte. Man schuf als Relief oder als Statuen ganze Heerscharen von Putten über den Portalen und hinauf in die Etagen, *„die zwischen Blattwerk und Arabesken über Türen oder Fenstern hocken. Diese Putten waren immer besonders Vertrauen erweckend, da sie an den eigenen Knabenkörper erinnerten."*

Heute ist in das Zentrum dieser Seelenlandschaft das Viertel der Botschaften gerückt, mit großzügigen Wohnanlagen für die Residenten des diplomatischen Dienstes im modernen Stil, mit Ministerien und Repräsentanzen großer Organisationen. Nur ganz wenige Solitäre aus der alten Zeit künden noch von der früheren Märchenwelt. Die neue Zeit hat der Gegend ein verwandeltes Gesicht gegeben, großartig im Einzelnen, aber abweisend gegen Alle, die am Rande des Tiergartens pulsierende Geschäftigkeit der Stadt suchen. Das alte Berlin gab es schon zur Zeit von Hessels Spaziergängen nicht mehr kompakt, aber seine Spurensuche in seine Kindheit legt die Bilder frei, die immer noch in reichlicher Zahl, nun aber verstreut über die ganze Stadt, oft ohne jeden Zusammenhang zu den ihnen zugesellten Bauten zu finden sind. Der Dichter beschreibt sie in liebevoller Hingabe bis in die Unkenntlichkeit ihres Zerfalls. Er entdeckt mehr als die Ästhetik des Alten, spürt ihre Seele auf und erzählt die Empfindungen, die Kinder aus dieser Welt entstehen ließen. Er folgt wie ein Archäologe ihren Spuren, verbindet sie mit alltäglichen Eigentümlichkeiten im Leben ihrer Menschen, die sie erschaffen hatten. Er lauscht ihrer Sprache, mit der sich einst die Märchengestalten mit ihren Bewohnern unterhielten. *„Ehe wir in Museen und in fremden Ländern die echte Antike zu sehen bekommen, gesellt sich beiläufig dem Großstadtkind etwa ein bronzener Apoll, der von Vaters Schreibtisch zur Tür hinzeigt, oder im Salon eine Venusbüste, die den Marmor ihrer Armstümpfe in düsterm Glas spiegelt: seltsame nackte Wesen, man weiß nicht, ob sie zuschauen oder wegschauen."*

An vielen alten Häusern, ob am Kurfürstendamm oder Mehringdamm, in Charlottenburg oder Friedrichshain, natürlich in Grunewald und Dahlem findet man Berliner Spezies aus dieser Zeit. Gleichsam als decor en masse sind mythische Figuren eingewachsen in die Statik der Häuserfassaden, die in schier unendlicher Fantasie ihre nützlichen Funktionen tragender Steine erfüllen und doch vollkommen losgelöst von ihrer schweren Last ihr Dasein durch die Zeiten schleppen, die Atlanten und Karyatiden, wie sie als erhabene Schönheiten schon einen Tempel auf der Athener Akropolis trugen. Hessel hat sie in seiner kräftigen, sinnlichen Sprache beschrieben: *„Von so gelehrten Namen weiß das Kind nichts, es sieht Mädchen, die unter leichter Last in die Hauswand eingelassen, ihr kleines Kapitell als Kopfputz tragen. Schon vom Schoß ab werden sie Mauerwerk. Andre müssen sich mühen und ducken, um vorragendes Gebälk zu stützen. Da wechseln die Arme, bald wird der rechte, bald der linke gebraucht und die freie Hand ruht auf dem Knie. Bärtige Männer schleppen das Haus auf erhobenen Armen und mit dem Nacken. Jünglinge stemmen die eine Schulter unter den Torbogen und strecken den Arm dem Nachbarn hin über ein Löwenhaupt. Manche haben wirklich schwer zu schleppen und schlagen gewaltige Bauchfalten, andre scheinen die Mühe etwas zu übertreiben und machen mehr Muskelspiel als erforderlich."* Eisenträger und Beton kamen erst später, und die tragenden Figuren verschwanden aus der Baukunst.

BILD OBEN · Eros in Stein

BILD RECHTE SEITE · Portal

82 Seiten umfasst die Reportage über eine Stadtrundfahrt, die Franz Hessel in die Mitte seiner Spaziergänge gestellt hat. In ihr beschreibt er die Mitte der Stadt. Sie beginnt mit Eindrücken der offiziellen Einsammlung von Touristen zur Stadtrundfahrt, wie sie auch heute beginnen könnte: *„Unter den Linden nahe der Friedrichstraße halten hüben und drüben Riesenautos, vor denen livrierte Männer mit Goldbuchstaben auf ihren Mützen stehen und zur Rundfahrt einladen."* Es ist ein einmaliges Vergnügen und durch kein handelsübliches Angebot einer Stadtrundfahrt zu toppen, sich mit Hessels Buch unter dem Arm auf eine Tagesreise mitten durch Berlin zu machen und jenen Wegen zu folgen, die er mit seinem Fremdenverkehrsunternehmen KÄSE als Vorlage dieser großen Stadtreportage ausgemalt hat. Manches sieht noch so aus, wie man es beschrieben findet. Vieles aber ist inzwischen ganz anders geworden und weckt veränderte Empfindungen.

Doch, so wird man merken, man wandert immer noch durch die eine Stadt, die aus ihrem Wurzelwerk immer neue Formen der Behausungen und Blickachsen erschaffen hat. Die alten Beschreibungen, das Gegenwärtige tiefer sehen zu können, bringen die Fantasie so richtig in Gang, und wer weiß, was die Stadt noch alles mit sich anfangen lassen wird. Doch aus dem Wurzelwerk sind die zahlreichen Stämme mit Patina getrieben, oft umgeben von verlegenen in die frei gewordenen Flächen getriebenen Schachtelarrangements oder neuen die imperialen Ansprüche der Hauptstadt signalisierende Stelen fetter Investitionen. Und immer noch wächst das Netz der Äste von Bäumen dazwischen mit den Zweigen und Blättern des so leicht übersehenen Einzelnen, was Hessels Augen und Sinne so verzauberte.

Die harten Brüche, die es in Berlin zu besichtigen gibt, sind nicht durch das organische Wachsen aus seinen Wurzeln entstanden. Sie zerbrachen die Stadt einige Zeit nach Hessels Spaziergängen. Statt nach seinen Erkundungen die langsamen Schritte des

Bummelns zu genießen, toste der schallende Gleichschritt der SA und der SS durch die Stadt und klang in empfindlicheren Ohren als Ahnung, dass bald wirkliche Stürme über sie einbrechen würden. Die Nazis wüteten und brachen in den Krieg aus, der die Stadt so gründlich zerstören sollte. Ein Wiederaufbau war nicht möglich. Nach dem Krieg musste die Stadt umgebaut, neu gebaut werden. Die alten Steine bekamen ein neues Zuhause.

Diese Brüche unterscheiden heute noch Berlin von anderen großen Städten in Europa. Das Wurzelwerk der Stadt hat mit diesen Brüchen ein wildes Nebeneinander von Schönheit und Hässlichkeit in Gemengen immer neuer Stilversuche hervorgetrieben. Die Zukunft der Stadt als irgendwann geschlossenes Ganzes ist nicht zu erahnen, wird vielleicht nie ihr Ziel sein können. Die Feststellung wird in ihren Bildern anschaulich, immer unterwegs zu sein, stets gerade im Begriff zu sein, anders zu werden. So gesehen wird es ein Vergnügen, sich von Hessel auf einen Spaziergang durch die Mitte der Stadt an die Hand nehmen zu lassen, um die Metamorphosen zu erleben, wie alles geworden ist, was einmal gewesen ist.

Ganz ohne königliches Preußen geht es auch heute nicht. Die Linden hoch in Richtung Schloss steht, besser sitzt zu Ross auf hohem Sockel der große Friedrich, *„die Hand unterm weiten Mantel in die Seite gestemmt mit dem Krückstock, den berühmten Dreispitz etwas schief auf dem Kopf… Wohlwollend sieht er gerade nicht aus, soweit wir das von unten herauf beurteilen können. Wir sind fast in Augenhöhe mit der gedrängten Helden- und Zeitgenossenschar seines Sockels. Die hat´s etwas eng zwischen Reliefwand und Steinabhang. Zusammengehalten wird sie von den vier Reiterleuten an den Sockelecken, die keinen mehr herauflassen würden."*

Um den König herum das klassische Berlin, wie es seit Jahrhunderten die Bilderbücher der Residenzstadt ziert. Die Universität mit den beiden Humboldts vor dem Tor war einst des großen

Königs Bruders Schloss. Ihr gegenüber der schöne Bebelplatz, auf dem rechts geschwungen, wie einer Kommode gleich, die Fassade der königlichen Bibliothek steht, in der nun die juristische Fakultät der Humboldt Universität untergebracht ist. In der Mitte des Platzes findet man das in den Boden eingelassene Fenster, das den Blick in einen Kellerraum voller leerer Regale zieht. Hier wurden am 10. Mai 1933 die Scheiterhaufen gezündet, als Studenten und Professoren Bücher des *„undeutschen Geistes"* den Flammen übergaben. Der König hätte das wohl nicht zugelassen. In der linken Ecke des Platzes die Hedwigskathedrale mit der großen Kuppel, katholisch und vom König mitten in das protestantische Berlin als Zeichen gesetzt, ein jeder möge in seinem Land nach seiner Fasson selig werden. Und dann wieder hoch bis zu den Linden die Staatsoper als Musentempel von Knobelsdorff gebaut, die, wie seit ihrer Sanierung bekannt ist, auf Holzpfählen im weichen nassen Sand stand und erst jetzt feste und trockene Beine bekommen hat.

Vor der Zeit des berühmten Königs hatte Andreas Schlüter Unter den Linden gebaut, nach ihm Friedrich Schinkel. Das hat Hessel alles mit Respekt und Ehrerbietung auf sich wirken lassen, der ja aus Paris kannte, was denn wirklich Größe und Pracht in der architektonischen Gestaltung einer Stadt ausmacht. Gegenüber der Staatsoper nun wieder auf der anderen Seite des Boulevards steht die Neue Wache, vor der Strammstehen und Stechschritt bis in die DDR-Zeit gelernt wurden. Heute ist es vor ihr lockerer, und drinnen erinnert die Skulptur von Käthe Kollwitz Mutter mit totem Sohn an Krieg und Gewalt. Hinter der Wache stehen rund geschorene Kastanienbäumchen wie Zinnsoldaten bis zum Festungsgraben, wo das Gebäude des Gorkitheaters steht, in dem einst die Singakademie die Bachrenaissance einleitete, gestützt auf die Autographen des großen Komponisten, die in der nahen Staatsbibliothek lagern.

Dann weiter die Linden entlang das Zeughaus, ein prächtiges Barockschloss in warmen Rosatönen, die mit dem Sandstein harmonieren, aus dem die reichen Ornamente, Halbsäulen und Pilaster gefertigt sind. Die Dachfirste sind dicht besiedelt mit Skulpturen. Man muss nicht unbedingt wissen, wen sie darstellen. Sie verherrlichen die Kriegskunst, die auch in der Gestaltung der drei Giebelreliefs Pate gestanden hat. Sieht man genau hin, dann entdeckt man unter Federbüschen und Prunkhelmen allerlei Löwen, Adler und seltsame Fabeltiere. Dieses wundersam anzusehende Schloss ist nun Museum für die deutsche Geschichte und war früher das Waffendepot, die Waffenkammer der königlichen Armee, das Zeughaus eben. Einen Blick in den Innenhof sollte man werfen, wenn man nicht die unendlich vielen Räume besichtigen will, durch die der Faden der Geschichte gesponnen wird. Da findet man die 22 Köpfe sterbender Krieger, ein Meisterwerk des großen Andreas Schlüter. Sie tragen keine Masken. Die Krieger erschrecken durch reale Darstellungen des Todeskampfes.

Nun wieder auf der anderen Seite der Linden stehen noch die Palais der Prinzessinnen und Prinzen. Sie gehören zum Ensemble der alten Preußenstadt, nicht immer hohe Kunst, aber für die Augen sehr gefällig und oft genug immer wieder beschrieben. Mit gesenktem Haupt des Untertans und in patriotischer Fassung musste schon Hessel nicht mehr über diese Meile der Geschichte schlendern. Sie hat sich längst von ihren Zwecksetzungen gelöst und lädt nun ein, sich der Ästhetik ihrer Anlagen zu erfreuen. Ob der Charme des eigenen starken Daseins dieser historischen Gebäude entlang weniger hundert Meter Unter den Linden erhalten bleibt, kann man in Berlin nicht wissen. Nun beginnt der Boulevard alle Aufmerksamkeit auf sein Ende zu verschlucken. Da entsteht aus den Wurzeln wieder das riesige Schloss aus Beton mit historischen Fassaden. Allein 18 Millionen Euro kostet die Rekonstruktion der historischen Kuppel mit ihrer Laterne als Abschluss. Einmal fertig gebaut entsteht eine neue alte Mitte als Humboldt-Forum der Weltkulturen, die einmal das Preußenschloss mit den bald zu besichtigenden Fassaden gewesen ist.

Am anderen Ende der Linden, wo der Boulevard in den Tiergarten führt, steht das Brandenburger Tor. Es hat über seine Ästhetik hinaus unstrittig immer neue und wechselnde symbolische Funktionen erhalten, jenachdem, was man in ihm sehen will. Wie Ringe hat sich die Geschichte um seine Steine gelegt. Es ist ein altes Tor, einst am Ausgang oder Eingang der Stadt gelegen, davor ein Jagdrevier der Kurfürsten, der Tiergarten. Immer wieder wurde es als Demonstration einer neuen Zeit durchschritten. Die Könige und Kaiser setzten dem Tor als Zeichen ihrer Kraft die Siegesgöttin auf, im Wagen gezogen von vier Pferden: die Quadriga. Hitlers Fackelträger ließen es in dunkler Nacht makaber erschimmern. Die DDR machte es als Ende ihres Herrschaftsgebiets undurchlässig und baute vor ihm ihre Mauer. Während der Vereinigung der Stadt und des Landes hatten die Fernsehteams aus aller Welt am Tor ihre Hauptquartiere. Nun ist aus dem Tor mit seinen hohen Säulen wieder die Passage geworden, in der jeder spürt, wie es sich durch Deutschland geht. Das Wort „Tor" ist in seiner vielschichtigen Bedeutung dichte Wirklichkeit geworden wie kaum ein anderes Tor auf dieser Welt.

Franz Hessel ging durch das Tor vom Pariser Platz aus. Er empfand den Platz vor dem Tor ähnlich, wie man ihn auch heute empfinden kann, sind nicht gerade in zu großer Zahl die Souvenirhändler und Touristenabstauber aufgezogen: *„Die Form dieses Platzes mit dem abschließenden Tor, den zurückweichenden Fassaden der einfachen Palais und dem erfrischenden Rasengrün zur Rechten und zur Linken bewahrt eine Stille und Geschlossenheit, die vorübertosenden Lärm und Betrieb nicht stören kann."* Max Liebermanns Haus stand gleich rechts ans Tor gebaut und erstrahlt in neuem Glanz. Statt einfacher Palais stehen hier die Gebäude der französischen und amerikanischen Botschaft. Die Akademie der Künste hat an dem Platz ein wunderschönes neues Haus. Auch einige namhafte Finanzunternehmen zeigen sich hier weltoffen, wie wohl auch das angrenzende Hotel Adlon. Mit ihrem Verzicht auf pompöse Verzierungen und Stuck tragen die Gebäude des Platzes die Botschaft in die Zukunft, dass Maß und Proportionen ein Ensemble ergeben können, in dem Menschen nicht zu Statisten nieder gedrückt werden. Der Platz mit seinen Häusern ordnet sich dem erhabenen Tor unter. Das Brandenburger Tor beschreibt Hessel ganz im Ton seines Meisters Theodor Fontane: *„Mit den beiden Tempelhäuschen, die Schinkel dem stolzen Bau des älteren Langhans anfügte, ist es zwar den athenischen Propyläen – etwas ungenau und, wie der Erbauer selbst berichtet, nur nach Beschreibung der Ruinen – nachgebildet, aber in seiner stämmigen sandsteinernden Geradheit für unser Gefühl eigentlich mehr altpreußisch als antikisch. Es ist das Tor von Berlin."*

Hessel hat auf vielen Seiten seiner Berlinspaziergänge kleine Gassen, Plätze, Häuser, Stiegen in verwunschene Räume und Menschen beschrieben, die er in den Gemäuern der einst eng gebauten Innenstadt getroffen hat. Da kann man nachlesen, was er als altpreußisch empfand. Das Meiste aus jener Zeit gibt es heute nicht mehr. Schloss, Paläste und die Wohnungen der „einfachen Leute" waren im inneren Stadtraum eng miteinander verwoben, hatten ein verzweigtes lebendiges Wurzelwerk. Den Bauherren des neuen Berlins hätte er auf den Weg gegeben: Das Gedränge der Steine und Menschen *„hat gewiss das Königsschloss gesteigert wie in alten Städten Marktbuden und angelehnte Häuschenschar die Kathedrale, von der sie überschattet und gehegt wurden in den Tagen, als echte Pracht gut inmitten echter Armut wohnte."*

Das Tor und was es umgibt ist nicht einfach nur ein Denkmal. Es überschattet die Jahrhunderte, gehegt von der Stadt, für die es steht. Wie es Franz Hessel 1929 beschrieben hat, kann man es auch heute beschreiben. Die Menschen damals fühlten sich dem Ort ebenso zugetan wie die Menschen Generationen vor ihnen. Auch heute verfehlt es nicht seine anziehende Wirkung. Vergangenheit, Gegenwart und Zukunft verschmelzen in ihm. Durchschreitet man es, werden Abwägungen des Entweder – Oder hinfällig. Es erzeugt nicht die Verengung eines rückwärts gewandten Blicks. Es versperrt aber auch den Lobgesang auf eine funktionale Stadt nur aus Glas und Beton.

Franz Hessel war eine Romantisierung der Idylle zuwider. Er war ein Freund der damals modernen Architekten, ließ sich von der AEG-Turbinenhalle begeistern, die Peter Behrens mit dem jungen Mies van der Rohe noch vor dem 1. Weltkrieg in Moabit gebaut hatte. Er war befreundet mit Architekten der neuen Sachlichkeit, die mit dem Stilgemisch des Wilhelmismus gründlich gebrochen hatten und Licht, Klarheit und Funktionalität in die Häuser bringen wollten. Die Brücke zum Altpreußischen fand er bei diesen modernen Freunden viel spannender als bei den Adepten der antikisierenden Baukunst in der Nachfolge von Schinkel. Deshalb sind seine Beschreibungen des Alten mit viel Liebe durchdrungen, wenn er sie in Spannung setzen konnte zu den Erregungen und Hoffnungen, die er mit dem Wurzelwerk der Stadt verband, aus dem das Neue so ganz anders entstand, als es zuvor im kaiserlichen Pomp erstarrt war.

Dessen Blüten konnte er nur mit der feinen Ironie beschreiben, die Zeit möge einst gnädig über ihre Schauspiele hinweg ziehen. Ein solches Schauspiel fand Hessel, wenn er durch das Tor auf die Westseite schritt. Vor sich sah er das weite Halbrund mit den langen Steinbänken gerahmt, hinter denen die grüne Weite des Tiergartens beginnt. Auf der rechten Seite wurde der Blick auf den mächtigen Block des Reichstages gezogen. Heute wird dieses Panorama viel klarer und geschlossener wahrgenommen als das damals möglich war. Der Reichstag ist durch seine Reduzierung auf seine einfachen Formen und mit seiner neuen erregenden Kuppel von Norman Forster ein innen und außen großartigeres Parlament geworden als es früher je gewesen ist. Die breite Straße des 17. Juni als Sichtachse zur Siegessäule für die nach Westen weite Stadt bestimmte zu Hessels Zeiten noch nicht den Blick, wenn man auf die andere Seite des Tors gekommen war.

Den Zuschauer beanspruchten Kaiserstatuen auf Sockeln in Begleitungen von Zeitgenossen, die hinter ihnen auf Kanapees postiert waren. Die Marmorfiguren reihten sich vor der nahen Siegesallee, die der letzte Kaiser vom Platz vor dem Reichstag quer durch den Tiergarten bis zum Kemperplatz angelegt hatte, wo heute die grandiose Philharmonie von Hans Scharun steht. Entlang dieser Siegesallee hatte der Kaiser die Kurfürsten und Könige, die Brandenburg und Preußen seit dem 12. Jahrhundert beherrscht hatten, in Marmor wie an der Perlenkette postiert.

Auf dieser Westseite des Tores verdichteten sich in Hessels Augen Fantasiebilder kräftiger Aufräumarbeiten. In seiner hoffenden Fantasie sollte es gelingen, diese Stein gewordene Mitte der Stadt von den Puppen zu befreien und mit dem Denkmal der schönen Natur des großen Parks wieder zu versöhnen. Er konnte nicht ahnen, dass Krieg, Bomben und Mauer dieses Aufräumen besorgen würden. Durch die Umgestaltung der Stadt in den 90er Jahren hat nun das Tor rundum einen Raum erhalten, der Hessels Freude gefunden hätte. Hohn und Spott, mit dem er 1929 beschrieb, was seine Augen noch sehen mussten, sind nun selbst ein Stück überwundene Geschichte geworden.

Seine Stadtrundfahrt über die nicht mehr existierende Siegesallee beschrieb er so: *„Schau auf die schönen Bäume und Büsche an der Allee. Aber da schimmert schon wieder ärgerlich greller Marmor durchs Grün, und nun sind wir in der Siegesallee. Ja, da sind nun rechts und links brandenburgisch-preußische Herrscher und hinter jedem eine Marmorbank und auf jeder Bank sitzt - nein, sit-*

zen kann da niemand, es ist zu kalt – aber auf jeder Lehne hocken zwei Hermen jeweiliger Zeitgenossen des betreffenden Herrschers. Es hilft nicht: unser Wagen fährt unerbittlich die ganze Reihe entlang und man nennt dir die Namen. Ob wir bis zu deinem nächsten Besuch das alles wieder entfernt haben? Berlin ist ja jetzt sehr tüchtig, was Aufräumarbeiten betrifft, aber verarbeiteter Marmor soll keinen rechten Wert haben. Man müsste doch das Material verkaufen können. 32 Herrscher nebst Bänken und Zeitgenossen! Da weiß ich keinen Rat. Du machst dir aber vielleicht einen Begriff, wie schön diese Allee hinauf zur braven alten Siegessäule … früher war."

Nun langweilen sich die Majestäten noch enger aneinander gerückt in der Spandauer Zitadelle. Die Zeit früher, die Hessel beschwört, scheint heute näher. Als neue Achse nimmt nun die Straße des 17. Juni den Blick auf und führt ihn hoch zur braven Siegessäule, gesäumt von den Bäumen und Büschen an der Allee. Und nutzen kann man diese zweckfreie Schönheit auch. Dann wird sie der Versammlungsort riesiger Menschenmengen, in der Silvesternacht zum Beispiel oder als Fanmeile großer Fußballturniere.

Auf der Stadtrundfahrt findet Hessel noch einen weiteren markanten Ort, der seine Sehnsucht nach Aufräumen erweckt. Auch hier haben die Brüche der Geschichte Veränderungen zum Besseren der Stadt bewirkt. Zentrum des von der alten Mitte abgesperrten Westens von Berlin wurde nach dem Krieg das Gebiet um die Gedächtniskirche mit der Tauentzienstraße und dem Kurfürstendamm. Bedingt durch die lange Teilung der Stadt gibt es Vieles in Berlin doppelt. So haben sich bis heute in der Mitte zwei Zentren diesseits und jenseits des Tiergartens entwickelt. Das westliche Zentrum ist das Zooviertel mit dem Platz der Gedächtniskirche, den sie umgebenden höheren Neubauten und den in alter Höhe belassenen älteren Gebäuden, die schon in Hessels Weimarer Zeit den Mythos vom „goldenen Westen" ausstrahlten. Der Krieg hatte in diesem Zentrum besonders verheerende Zerstörungen hinterlassen. Gründliches Aufräumen war deshalb nötig.

Auf dem Platz, der eigentlich gar kein richtiger Stadtplatz ist, ist ein neues Ensemble von kirchlichen Gebäuden entstanden. In der Höhe wird es beherrscht von dem als Ruine gefestigten Turm der Kaiser-Wilhelm-Gedächtniskirche. Der Ruinenturm ist das Symbol für Berlins Kriegszerstörung geworden. Um ihn gruppieren sich die neuen Kirchenbauten, die große achtseitige Zentralkirche, die sechsseitige Kapelle und der vierseitige Turm. Sie gemeinsam bilden die Mitte des lang gestreckten mit Steinen gepflasterten Breitscheidplatzes. An seinen Schenkeln entlang rauscht der Verkehr auf den großen Straßen wie um eine Insel. Die neue Kirche ist von außen nicht spektakulär und mächtig gebaut. Sie scheint signalisieren zu wollen, dass Kirche nicht mehr mit Reichtum und Macht dieser Welt mithalten kann oder will. Den Kontrast zu ihrer Umgebung stärkt sie noch. Ganz nach innen konzentriert öffnet sich der dunkle Raum mit farbiger Stille, der umso einnehmender zu sich zieht, je länger man sich dem Spiel der leuchtenden Glassteine hingibt, blau, grün, rotdunkel. Das weite Oktogon mit dem großen Bronzechristus über dem Altar verströmt das physische Gefühl von Ruhe und Geborgenheit inmitten der geschäftigen Verdichtung der Stadt.

Das ist nicht mehr die Kirche des Kaisers, von Thron und Altar. Der Turm der kaiserlichen Kirche war 113 Meter hoch gebaut. Der nur noch 70 Meter hohe Turm als Ruine, Wahrzeichen der Zerstörung, Mahnung gegen den Krieg, hat den Schrecken des geschmacklosen Größenwahns verloren, dessen Teil er einst gewesen ist. Wer in diesem Tempel früher verehrt werden wollte, ist im Nachhinein nicht mehr sicher festzustellen. Jedenfalls kostete der 1895 geweihte neoromanische Pompbau 6,8 Millionen Goldmark, so viel wie sonst keines der damals in großer Zahl errichteten Repräsentativgebäude im wilhelminischen Berlin. Auf die große Kirche abgestimmt, wurden auch die umliegenden Häuser im romanischen Stil gebaut. Das gesamte Ensemble sollte den Eindruck eines romanischen Forums erzeugen. Gegenüber der Kirche, wo heute das Europa-Center steht, befand sich das legendäre Romanische Café, das seine Bezeichnung dem hier gehuldigten Mittelalter des heiligen Römischen Reichs Deutscher Nation verdankt.

Anmutungen einer romantisierenden Romanik kann dieses Zentrum des Westens heute nicht mehr erzeugen. Schon damals hatte es die freien Geister mehr ins Café, in die großen Warenhäuser und Etablissements getrieben als in die Kathedrale byzantinischer Gottesverehrung. Hessels livrierter Stadtführer hatte sich gegenüber seinen staunenden Touristen noch zu der Behauptung empor geschwungen, hier *"sei eine der schönsten Kirchen Deutschlands"* zu besichtigen. Ohne eine solche Kirche, so sah es hingegen Hessel, hätte dieser *"Broadway von Berlin"* ein *"Herz, eine Mitte, eine Resonanz"*. Stattdessen sieht er da ein Ungetüm als *"massives Verkehrshindernis"*, ausgestattet mit Marmor und Mosaiken, voller Kriegsgeschrei und gestellter Frömmigkeit. Da *"halten strebsame Leute mit Heiligenschein sich so katholisch, wie es ihre protestantischen Gliedmaße irgend zulassen."*

Hessel seufzt geradezu einer verändernden Kraft der Zukunft entgegen: *"Wenn diese Kathedrale mit dem langen Namen wenigstens ein bisschen zerfallen wollte. Da steht sie mitten im Gerassel und Gedröhn preußisch unerschüttert und macht Augen rechts nach dem lieben Gott."* Wie die Zeit über die Häufung und Ansammlung von Kitsch des kaiserlichen Berlin hinweg gerollt ist, wurde vielseitig beschrieben. Ebenso gibt es die bunten Bezeugungen aus der Gegenwart, die an dieser Stelle einen der verkommensten Weihnachtsmärkte der Stadt inszenieren. Der Grund in diesem Zentrum des Westens ist teuer und rar. So gibt es viele Visionen und Pläne von Investoren, wie an dieser Stelle weiter gebaut werden soll. Das ist alles viel stürmischer als im östlichen Zentrum der Stadt, weil Rücksichten auf das Gewesene hier weniger wiegen. In allen unterschiedlichen Bewertungen sind sich die Schreiber über das westliche Zentrum in ihren Wahrnehmungen gleich: Trotz noch vorhandener Steine ist der Kaiser rund um die Kirche mit seinem Namen dem Gedächtnis ferner als sonst in der Stadt. Und nirgends wie hier behauptet sich die Stadt im steten Wandel mit ihrem Gesicht aus alt und neu und einer Zukunft zugewandt wie rund um die Gedächtniskirche.

Berlin ist keine reiche Stadt wie München, Hamburg, Frankfurt oder Düsseldorf. Nach dem Krieg wanderten Banken, Unternehmen, Verbände, Organisationen, Geld und Macht in eben diese Städte aus, die immer reicher wurden, auch durch die Zuwanderungen aus Berlin. Nirgendwo in Deutschland gibt es so viele arme Menschen in den Häusern und auf den Straßen wie in Berlin. Nirgendwo gibt es aber auch so viele Künstler, die aus dem Überleben unterhalb von Wohlstand das Überleben der Stadt als Kunstwerk geprägt haben, sei es als Könige der Nischen, als Diplomaten zwischen den Geschichten des Kalten Krieges, als Kultivatoren der kleinen Stadtidyllen, als Schauspieler des Welttheaters auf den Bühnen des Theaters und des Lebens, als Nomaden in den immer grauer werdenden Häusern, als Künstler der Ateliers, als Erfinder für Szenen des Augenblicks, als Zwischennutzer nicht mehr benötigter Altlasten, als Grafittisprüher kilometerlanger Wände, als Kellerkinder, die laut auf die Pauke hauen und mit dem Hohn über andere selber geduckt aus der Zeit geschlichen sind. Sie alle gehören zum Wurzelwerk der Stadt, aus dem nach dem Krieg die zerstörte Geschichte gänzlich verschwunden zu sein schien.

Im Osten versuchten die Politbüroplaner ihre sozialistische Hauptstadt hoch zu ziehen. Der Plattenbau durchdrang wie ein

BILD OBEN · Der Christus in der Gedächtniskirche
BILD UNTEN · Landwehrkanal im Alten Westen

Spinnennetz die alten Straßen und ließ selbst Stalins Prachtstraße schnell hinter sich. Wo einst das Schloss stand, errichtete die Partei nach Jahrzehnten der Macht ihrem Volk den Palast der Republik. Im Westteil der Stadt blühte und gedieh eine ungebrochene Lust am Bauen von Neuem und Begradigen von Altem. Die eigenen Kräfte weit übersteigend, pumpten öffentliche Subventionen viel in das Schaufenster des Westens, das eingemauert auf einer Insel wenigstens zum Anschauen gute Figur machen sollte. Überlebt haben hüben und drüben Menschen, die sich in ihren Lebensgeschichten der Dramatik der Veränderungen durch Zerstörung, Teilung und Aufbau anpassen mussten. In eine gemeinsame Geschichte rückten sie erst wieder ab 1990 – außen stürmischer und innen zaghafter. Nun fließen aus dem Wurzelwerk wieder Ströme der Entwicklung ohne Barrikaden aus Mauern und Systemen. Geschichte ist wieder etwas Gemeinsames geworden und deshalb beginnt sie neben dem Neuen aufs Neue zu leben. Berlin ist wieder Hauptstadt geworden und kann Visionen träumen, mit seinen bunt aus vielen Völkern gemischten Bewohnern eine Stadt der einladenden Vielfalt zu werden mitten in Europa, ein Herz, eine Mitte, eine Resonanz.

So hatte sie Franz Hessel geliebt und beschrieben. Am Ende seiner Spaziergänge hat er sich an seine Berliner gewandt und sie aufgefordert: *„Gebt der Stadt ein bisschen ab von eurer Liebe zur Landschaft! Von dieser Landschaft habe ich hier nichts gesagt, habe die Grenzen der Stadt nur flüchtig mit ein paar Worten überschritten. Sie ist ja schon viel beschrieben und gemalt, die merkwürdige Gegend, in der unsere Stadt wohnt, die märkische Landschaft, die bis auf den heutigen Tag etwas Vorgeschichtliches behalten hat."* Jammern und Meckern ist des Berliners Lieblingsemotion, wenn sie über ihre Stadt reden. Doch wie leuchten die Augen, erzählen sie von den Seen, der Weite des Landes, dem Himmel, den Bäumen ihrer Mark.

Sie gehört mit in das Wurzelwerk, aus dem der Stadtprozess seinen Lauf nimmt. Dieser Stadtprozess kommt nicht zu einem Ende und erzeugt in seinem unermüdlichen Gang immer neue Dramen. Das macht es Menschen nicht leicht, die Stadt mit Traditionen, Ruhe und Geduld zu bewohnen, die ihnen das weite Land um sie herum doch nahe bringen kann. Stets glauben sie sich allein auf dieser Welt und geben anderen die Schuld an ihrer Existenz. Wie kann man zu einander finden, um diese Stadt lebenswert zu machen? Aber gegen den Prozess gibt's keine Wehr. Was immer unterwegs ist, stets im Begriff, sich zu verändern, kolonisiert die archaische Landschaft und wird von ihr geküsst, ohne mit ihr je in einer Gestalt eins werden zu können.

Es kann, so schließt Franz Hessel sein Buch, so reizvoll sein, in diesem Stadtprozess inne zu halten, nach hinten und nach vorne zu schauen: *„Der Zukunft zittert die Stadt entgegen. Wie sollte man da den Bewohnern zumuten, liebevoll in der Gegenwart zu verweilen und die freundliche Staffage im Bilde der Stadt zu übernehmen? Wir wollen es uns zumuten, wir wollen ein wenig Müßiggang und Genuß lernen und das Ding Berlin in seinem Neben- und Durcheinander von Kostbarem und Garstigem, Solidem und Unechtem, Komischem und Respektablem so lange anschauen, liebgewinnen und schön finden, bis es schön ist."*

DINNER FOR TWELVE

Nach dem großen Silvesterspektakel, das Hunderttausende in die Stadt lockt, wird es sehr ruhig auf den Straßen der Mitte. Es gibt nur noch wenige Touristen, der Weihnachtslichterschmuck wird entfernt, viele öffentliche Einrichtungen haben geschlossen, die Tage sind kurz und die Nächte lang. Gibt es zudem nebelig trübes Wetter, umhüllt eine märchenhafte Verzauberung die Wenigen, die einsam in warme Kleider gehüllt entlang der im matten Licht erstarrten Kulissen der großen und manchmal prächtigen Gebäude schlendern, von denen es viele rechts und links der Lindenallee gibt. Im Zauber von Einsamkeit und ungemütlicher Kälte verbergen die Fassaden im Häuserwald des Zentrums ihre lebhaften Geschichten. Nur wer genau hinschaut kann ahnen, welche merkwürdigen Dinge da geschehen, die man nicht sieht, doch träumend erspüren kann.

Ein kleiner Junge, etwa acht Jahre alt, drückt sein Gesicht an die Scheibe eines großen Fensters des Weinrestaurants Lutter & Wegner am Gendarmenmarkt. Um seinen Mund ist das Glas vom warmen Atem matt genebelt. Fest ist die Nase auf das Glas gepresst und leuchtet wie ein kleiner weißer Punkt unter den weit geöffneten Augen, mit denen der kleine Junge angestrengt in das Innere des Raumes schaut. Gegen die Kälte schützt ihn eine rote Bommelmütze, verbirgt seine Erregung, die ihn aus dem lichtlosen Inneren des Weinlokals gefangen hält. Da verharrt er nun am frühen Abend allein vor dem Lokal, als würde er Zeuge einer unglaublichen Geschichte, die sich gerade in den offensichtlich leeren Räumen abspielt.

Das Weinrestaurant Lutter&Wegner ist eine alte Berliner Einrichtung. Seit über 200 Jahren gibt es sie gegenüber den Ensembles der beiden Dome rechts und links des Marktes und dem ehemaligen Schauspielhauses, dem heutigen Konzerthaus in ihrer Mitte mit dem Schillerdenkmal zu Füßen seiner weit gespannten hohen Treppe. Gegenüber in der Charlottenstraße Ecke Taubenstraße ist das Weinlokal angesiedelt. Im Gegensatz zu seiner rustikalen, die Sinne kräftigenden Einrichtung früherer Zeiten, ist es heute eher jene Edelherberge mit weiß gedeckten Tischen, die dem gehobenen Publikum am Gendarmenmarkt in großer Zahl geboten sind. Es war einmal, da lud ab 1811 E.T.A. Hoffmann seine romantischen Dichterfreunde zur Tafel in dieses Lokal, in dem sie sich mit viel Wein ihre erträumten Geschichten erzählten. Sie nannten sich die Serapionsbrüder, hatten sich diesen Namen nach dem Heiligen und Märtyrer im mittelalterlichen Spanien gegeben, zu dessen Namenstag am 14. November sie ihre Zechgeselligkeiten bei Lutter&Wegner begonnen und ihre Märchenwelt gegründet hatten.

Im Spuk sehr erfahren hat sich der Kammergerichtsrat seine verzaubernde Kunst erhalten, jenseits von Lebenszeit Unsterbliche um sich zu scharen. Alle vier Jahre lädt er wie zu einer Geisterstunde Berliner Freunde aus allen Zeiten zur Tafel ein. In mystischer Verzauberung seines angestammten Lokals am Gendarmenmarkt klingen dann, nur den Versammelten vernehmbar, die Gesänge von Jacques Offenbachs Erzählungen wie eine himmlische Sphärenmusik aus den umliegenden Gebäuden der Stein gewordenen Vergangenheit auf diesem Platz. *„Wohlan,"* so hatte er seine Stimme zur Begrüßung erhoben, *„möge uns Unterhaltung als Freunde, die uns so edle Gedanken und Schöpfungen in dieser Stadt verbinden, ein treues Bild des Zusammenseins unter Gleichgesinnten werden, in dem wir unsere Schöpfungen des Geistes mitteilen und das Urteil über sie aussprechen. Nur das heitere unbefangene Gespräch, in dem ein Wort das andere gibt, kann hier zum Maßstab dienen. Da dürfen auch nicht die holden Frauen fehlen, die ein zu mannigfaltiges anmutiges Farbenspiel anzuregen wissen. Seid willkommen, liebe Freunde."* Da sitzen sie nun um ihn geschart beim funkelnden Wein und sorgsam zubereiteten Speisen und gleiten durch die ihnen eigenen Welten und lauschen den Klangspuren der Erinnerungen. Sie sitzen an einer langen Tafel vor den hohen prall gefüllten Weinregalen. Kerzenlicht flackert sanft durch den weiten dunklen Raum. Die Türen sind geschlossen. Kein Mensch stört ihr Treffen. Drinnen fabulieren sie ihre Geschichten aus der Vergangenheit und von draußen scheinen auf sie die Illuminationen des majestätischen Konzerthauses, zu ihrer Linken der Französische Dom und zu ihrer Rechten der Deutsche Dom. Vertraut ist ihnen die Kulisse und wie neugierige Kinder fasziniert sie die Moderne, die sich als Patina über die alten Steine gelegt hat und wie mit Zauberhand die ihnen so eingeprägten Denkmäler aus der alten Zeit in eine andere, ihnen nicht erreichbare Welt geführt hat.

Konzentriert der Kulisse zugewandt mit Lächeln auf dem Gesicht hat Friedrich Karl Schinkel seine Arme hinter dem schmalen Kopf verschränkt. Er sieht immer noch so jugendlich aus, doch steht ihm die Krankheit der Anstrengungen ins Gesicht geschrieben. *„Solche Lichtstrahlen auf den Steinen hatte ich damals nicht einmal träumen können, obgleich ich immer an das Licht beim Bauen gedacht habe, auch 1818 hier auf diesem Platz. Das Haus im Lichte gesehen sollte die Menschen in sein Inneres ziehen, ihnen den Weg weisen in die Verzauberung des Schauspiels als die Kunst, die Wirklichkeit in ein neues Licht zu rücken. Der Baumeister arbeitet wie ein Theaterregisseur. Er schafft die Haltung des Erhabenen in einer Ästhetik des Zweckvollen. Ich habe als Baumeister die Kulisse geschaffen, in der das Licht des Zaubers die Menschen erreicht, damit sie offen werden für die Ideen der schönen Proportionen in einer schönen Welt der Natur. Großes Bauen ist menschliche Erhebung des engen Alltags zu einer Bühne als weite Welt im kleinen Raum."*

Walter Gropius zieht sorgsam seine Fliege unter dem Kragen zurecht und denkt daran, wie er 1919 Schinkels Bauakademie aus den Entgrenzungen des Idealen runter auf den Bedarf des harmonischen Wohnens in seinem Weimarer Bauhaus geholt hatte. Er fühlt sich in der erlauchten Runde als der Einzige, dem die neue Welt der Gegenwart so folgerichtig aus den Gedanken in seiner Werkstatt erwachsen erscheint. Fast ein wenig mit abschätzendem Unbehagen streifen seine Blicke die edlen alten Teller, die Stile mischenden Elemente und Gegenstände in diesem Etablissement. Eigentlich möchte er den Freunden aus den geschichtlichen Zeiten sagen, dass sich Menschen aus den imitierenden Räumen der Vergangenheit emanzipieren müssen. Er hätte ein anderes Lokal für ihr Treffen angemessener gefunden, kann das aber hier bei Tische nicht sagen und seufzt tief, versunken in den Bildern seines Wirkens. Als er mit dem Bauhaus 1932 nach Berlin zog, war er bereits ein großer Star und seine Ideen der Moderne waren zu einer internationalen Bewegung geworden. Ein Jahr später hatten die Nazis ihn und seine Freunde als undeutsch aus ihrem Land verbannt.

Hier am Gendarmenmarkt fühlt er die Grenzen ihres Aufbruchs damals überdeutlich. Alle Handwerke und Künste zum Kunstwerk des Wohnens zu vereinen, war in den Stadtzentren voller Monumente aus den alten Zeiten schon damals nicht zu verwirklichen. Die neuen Städte mussten, so ihr neues Konzept, von den Peripherien aus wachsen. Dort fand er seine Räume, umgeben von Gärten, Wäldern und Wiesen. Er entscheidet sich angesichts der Erlauchten am Tische, die alle Berlin nur aus der Mitte der Stadt kannten, in dieser Runde der Freunde vor allem zu schweigen, nicht viel mit Worten zu reden. Er weiß, sie sind Meister der kleinen Zeichen, und so solle es keinem verborgen bleiben, wie er immer wieder mal skeptisch die Stirn runzelt oder sich ein wenig räuspert, wenn einer von ihnen das Wort ergreift. Zu fern des wirklichen Lebens der Sterblichen erscheinen ihm die Freunde der Unsterblichkeit in die Genialität ihrer eigenen Person verliebt. Nur einmal inmitten der Gespräche mit den funkelnden Gläsern des Weins zaubert er mit leichter Hand ein Modell der Siemensstadt auf den Tisch und weist mit einem langen Zeigefinger auf die Markierung von vier Wohnzeilen hin, die er zu der riesigen Siedlung beigetragen hatte. *"Ganz einfach, zweckhaft und schön."* Das sind seine einzigen Worte auf diesem Treffen, die in den fragenden Gesichtern ebenso verhallen wie die Augen vor seinem Modell ermatten.

Im beklemmenden Schweigen aus den fast duster werdenden Schatten der Tischgesellschaft hört man plötzlich ein schallendes, fast ein krächzendes und doch so herzerfrischend helles Lachen in der Runde. Sofort sind alle wieder ganz Ohr und recken ihre Hälse voller Hingabe der verführenden Kunst des Harlekins in ihrer Runde entgegen. *"Ach ihr Märchenprinzen, die ihr die Menschen so gut zu verstehen versprecht! Kommt mal runter von euren Rössern. Schaut mich an. Was soll ich mit dem Prunk und dem Plunder von euch edlen Männern? Mir ist danach zu singen, wie mir der Schnabel gewachsen ist. Weßt ihr, wie das vor paar Jahren 1926 klang?"* Und sofort trällert sie los:

Was die Männer können,
können wir schon lange und vielleicht `ne ganze Ecke mehr.

Raus mit den Männern aus dem Reichstag,
und raus mit den Männern aus dem Landtag,
und raus mit den Männern aus dem Herrenhaus,
wir machen draus ein Frauenhaus!

Claire Waldorf bewegt sich nun durch die Unterhaltung, als sei sie mitten in ihrem Varieté angekommen. Klein und pummelig mit kurzen Haaren und mit ihren Körper einsetzenden Bewegungen drückt sie ihre steif sitzenden Nachbarn zur Rechten und zur Linken zur Seite. Die glauben sie durch den Raum tanzen zu sehen und hören ihren Chanson wie aus einer fantastischen

Märchenwelt. Dabei sitzt sie ganz bescheiden an ihrem Platz in der Runde der Edlen und erzählt: *„Ich habe in ganz anderen Räumen als diesem hier gelebt, als ich mit meiner geliebten Olga von Roeder in der Schöneberger Spelunke Pyramide die Frauen wach geküsst habe. Ohwe habn wa jelacht und jeweint!"* Ihre Sätze haben als Punkt ein herzhaftes Lachen, das abrupt in stille Melancholie wechselt. 40 Jahre ihres vollen Lebens schimmern durch diese Person. Die Freunde folgen den vielen Jahren nach dem ersten Weltkrieg, in denen sie mit Olga zusammen gelebt hatte. Was für Zeiten hat es nur nach ihnen gegeben, denken die meisten. Die erlesenen Speisen auf dem Tisch, die ernsthaften Gesichter um sie herum verschwimmen in Claires Erinnerung an die langen Frühstückzeremonien im Bett mit Olga. Auch der Geschmack der Schmalzstullen mit Muckefuck ist wieder da, mag der Wein noch so funkeln und die Speisen auf dem Tisch noch so verführerisch sein. Vor ihren Augen sieht sie das Befreiungsmahl, mit dem die beiden Verfemten 1945 die Reichstrümmerhauptstadt als satanische Meisterleistung der Nazis beerdigen wollten. Doch Schwamm drüber, so wischt sie mit dem Arm energisch die Melancholie beiseite. Ihre Miene hellt sich wieder auf und stehend trällert sie: *„Weester, es jibt nur ein Berlin. Kommt her, wir werden das Kind schon schaukeln."* Herzhaftes Lachen und stürmischer Applaus gelten ihr, obgleich keiner eigentlich weiß, warum er lacht und applaudiert.

Es war für E.T.A. Hoffmann eine große Überwindung, zum ersten Mal für diese Sezession auch Frauen an seine Tafel einzuladen. Die Zeichen der Zeit waren bis in sein Schattenreich eingedrungen, und so glaubte er, dieses Wagnis dem Zeitgeist schuldig zu sein. Unsicher, dem Geist seiner Zeit vollständig verbunden, dachte er sich dieses neue Szenario als ein weiteres verwickeltes Kunststück im Ränkespiel seiner märchenhaften Fantasie. Doch jetzt überfällt ihn eine böse Ahnung. In seinem Spiel haben die

Frauen doch nur ihre Rolle gegenüber Männern. Wie Claire aus ihrem Leben mit Olga erzählt, steigt in ihm die Ahnung auf, dass sich die Zeiten zu Abgründen hin neigen. Sollte es einst möglich sein, dass die Männer gar nicht mehr gebraucht werden? Ablenkung tut jetzt gut. Fast dankbar beobachtet er, wie Max Liebermann bei so viel Temperament dieser kleinen Frau seinen Skizzenblock aus der Tasche zieht, um in schnellen Strichen den Auftritt seiner verehrten Claire zu portraitieren.

Liebermann mochte die kleine Provokation, wenngleich ihm bitter traurig zumute war, als Claire das Mahl in der Reichstrümmerhauptstadt erwähnte. Er mochte diese Frau, hätte die Göre am liebsten in den weiten Garten seiner Villa am Wannsee versetzt. Die Unterschiede zwischen ihnen konnten größer kaum sein. Als Kind war er, der Maleraristokrat, mit seinen reichen Eltern in die nahe Behrensstraße gezogen, und zeit seines Lebens hatte er Auftritte und Repräsentanz eines selbstbewussten Bürgers geliebt. Er hatte es genossen, auch als Künstler reich geworden zu sein. Und er hatte es allen vorgemacht, wie nur durch disziplinierte Arbeit Großes entstehen könne, dass auch für das künstlerische Schaffen eine preußische Haltung gilt. Aber angesichts der vielen Großen um ihn herum, von denen er wusste, wie hart auch sie gearbeitet hatten, erhob der große Mann seine tiefe Stimme: *„Ihr müsst wissen, keiner kann mit seiner Kunst ein Palais bewohnen. Ich hatte mein Malerpalais gleich rechts vom Brandenburger Tor gehabt, natürlich geerbt von meinen Eltern. Es war schön zu antworten, wenn ich nach meiner Wohnadresse gefragt wurde: in Berlin Nummer 1."* Die anderen lächeln etwas gequält, wie sie den Mann mit dem mächtigen kahlen Schädel und dem Schnauzbart da zeichnen sehen, sind doch den meisten von ihnen seine bunten Bilder tief verschlossen geblieben. Liebermann richtet sich nun auf, sitzt wie vor der Versammlung der von ihm geleiteten Akademie der Künste. Er lächelt nicht mehr und mit der rechten Hand schiebt er Weinglas und Teller zur Seite. Bilder ziehen durch seinen Kopf, wie es auch mit seiner Zeit zu Ende gegangen war. *„Es ist schon wahr. Als ich 1933 die braunen Horden unter meinem Fenster im Licht der Fackeln durch das Brandenburger Tor im Stechschritt marschieren sah und aus groben Kehlen grölen hörte, platzte es aus mir heraus: Ich kann gar nicht so viel fressen, wie ich kotzen möchte."*

Für E.T.A. Hoffmann beginnen die Bilder zu tanzen, die sich in diesem Augenblick in seiner Schänke über die schöne Musik legen, die er noch zu hören glaubt. In die beklemmende Stille, die nach Liebermanns gewaltigen Satz entstanden ist, grummelt er: *„Ich heiße Ernst-Theodor-Amadeus, liebe Freunde, ein Name, der nicht traurig klingt. Lasst uns das Delirium nicht vergessen, in das uns dieser köstliche Wein exerziert, gewürzt mit den Ahnungen, wie der Tod uns berührt zu einem doppelten Leben. Nicht das Grölen berührt mich sondern die Sphären der himmlischen Klänge von Musik."* Er hebt den vollen Becher Wein, der vor ihm steht, leert ihn in einem Zug und ruft erleichtert in sein Lokal: *„Welche Steigerung des geistigen Vermögens! Meine letzten Tage des Jahres 1822 verschwimmen nach 46 Jahren des irdischen Lebens in meiner Geburt für die Ewigkeit."*

Henriette Herz verliert einen Augenblick lang ihre Contenance bei Hoffmanns roher Huldigung des maßlosen Genusses. Sie hatte damals bewusst Abstand zu diesem eigenartig literarisierenden Juristen gehalten. Nun nippt sie nur homöopathisch an ihrem Kristall geschliffenen Glas, spürt durchaus wohlig die Schauer, die ihr manch eine der Geschichten dieses fabulierenden Genius durch den Busen gejagt hatte, dessen Manieren sie so verachtete. Ein zartes Lächeln huscht über ihr marmorglattes Gesicht, das so viele Komplimente ihrer Verehrer kennen gelernt hatte und, wie für die Ewigkeit erschaffen scheinend, allen in Erinnerung geblieben war. Ihr ist zumute, plaudernd etwas Gelöstheit in die

Stimmung ein zu bringen. *"E.T.A. Hoffmann hatte gerade seine Abendrunden bei Lutter&Wegner begonnen, da war mein Salon der guten Tagesunterhaltung in der Spandauer Straße gerade Vergangenheit geworden. Mein langes Leben dauerte 87 Jahre, und alle diese Jahre habe ich in Berlin verbracht. Ich habe mich mit Büchern und mit Menschen gebildet und war wohl die erste Frau in unserem Land, zu der die Edlen und Großen aus der Kunst und Literatur zur Geselligkeit unter Gleichen kamen. Selbst Angehörige des Hofes besuchten mich inkognito und konnten meiner Diskretion sicher sein. Eine Frau, eine Jüdin zudem – stellt euch mal vor, was das damals bedeutete. Meine Eltern waren Flüchtlinge, als Juden durch die Inquisition aus Portugal vertrieben. Wir waren Migranten in Berlin."*

Gesittet und in bürgerlicher Steifheit widmen sich die Freunde nun den Köstlichkeiten des Tisches. Voller Ehrfurcht, Aufmerksamkeit und Hingabe, so will es scheinen, hängen sie an den Lippen dieser großen alten Dame, die nach einer kurzen Pause fortfährt: *"Kultur schult sich in der Konversation, die Gleiche unter Gleichen schafft. Die Selbstständigkeit des Geistes erweist sich erst im freundschaftlichen Austausch mit Anderen, gleich welcher Herkunft, aus welchem Land, mit welcher Religion. In meinem Salon verwirklichte ich eine Idee von Berlin, von der ich wusste, dass es stets das Entstehen eines Traumes ist. Für diesen Traum habe ich einen Raum geschaffen, in dem er für die Stunden eines Tages als möglich geträumt werden konnte, meine Wohnung. Als mein Mann gestorben war, verbot es mir die Sitte, diesen Ort des Treffens weiter zu führen. Wisst ihr, ihr großen Herren, was ich danach 30 Jahre lang gemacht habe? Ich habe Kinder unterrichtet, deren Eltern das Geld für die Schule nicht aufbringen konnten. Doch wen interessierten schon diese Kinder, auch nicht die Gesellschaft meines Salons. Für mich wurden die Kleinen die Größten in der Stadt."*

Käthe Kollwitz hatte zuvor ziemlich missmutig in der Runde gesessen. Sie mochte das feine Porzellan der Teller nicht und hätte lieber ein Bier getrunken als den von Hoffmann so gepriesenen Wein. Aber bei der Rede von Henriette Herz war ihr Gesicht weich und freundlich geworden und sie lächelte ihrer Freundin zu, als sie ums Wort bat. *„Wir Frauen haben einen anderen Blick als ihr Männer. Uns ist die Gegenwart näher als die Spekulation der eigenen großen Unendlichkeit. Wir Frauen haben gelernt, dass wir die Gegenwart stärker bewegen können als die Männer mit ihren Ideen für die zeitlose Ewigkeit. Ich weiß noch, wie mir mein Königsberger Lehrer zum Abschied sagte: Käthe, lass es, allein schaffst du es nicht. Er meinte damit den Weg einer Frau in die Männerwelt."*

Sie unterbricht ihre Rede und schaut die Männer der Reihe nach in der Runde an, die ihre Augen auf die Speisen vor ihnen heften. *„Wisst ihr eigentlich, wie es sich damals am Prenzlauer Berg lebte, als ich 1891 mit meinem Mann dorthin zog? Da entdeckte ich die armen, doch so starken Frauen, die ihr immer übersehen habt,"* spricht sie, nun Gropius fest im Blick. *„Meine Kunst sollte es werden, sie als Menschen aller Länder und Kulturen zu zeigen, die Frau als Not und Leid dieser Welt, die Frau des Hungers und des Krieges, die Frau, die Kraft und Energie hat, die Lebensverhältnisse zum Besseren zu wenden. Ja ihr mögt lächeln. Als Mutter von drei Kindern war ich durch und durch Feministin der Kunst."*

Die Neue Wache! Sie schaut nun zu Karl Friedrich Schinkel rüber. Bei der Nennung dieses Wortes blickt er stolz auf und kommt ihren Augen entgegen. *„Ja, da steht die Nachbildung meiner Plastik, Mutter mit dem toten Sohn. Passt nicht zusammen, meinen Einige von euch. Passt, sage ich. Es ist meine Trauer um meinen 1937 gefallenen Sohn. Dein Monument des Herrscherhauses"*, sagt sie nun dem die Stirne krausenden Schinkel, *„wird aus meiner Perspektive zivilisiert. Meine Visionen vereinen sich mit Henriettes Tatkraft für die mittellosen Kinder."*

Mit was für Stimmen Frauen aus ihren Stimmungen reden, denkt sich Alexander von Humboldt. Man müsste meine Klassifizierung der Gegenstände der Welt erweitern um die Unterschiede zwischen Männern und Frauen, geht es durch seinen Kopf. Eigentlich wollte er schon auf den trinkgewaltigen Träumer Hoffmann geantwortet haben, als der Dichter sein Todesjahr 1822 erwähnt hatte. Da war er schon 53 Jahre alt und saß an den großen Folienbänden über seine amerikanische Forschungsreise. Alexander von Humboldt stochert etwas griesgrämig im Kaiserschmarren. Nach den Worten der Kollwitz gewinnt er schnell wieder seine aufrechte Haltung und diplomatische Würde zurück. Er hat es gelernt, dass Großes und Würdiges zu reden Haltung voraussetzt. Nun hebt er tief einatmend zu sprechen an und wendet sich an die Versammelten der Tafelrunde. Eigentlich ist er hier der einzige richtige Adelige von Geblüt und er kann mit den ungepolsterten starken Gefühlen als Botenstoff für die Kunst nichts Rechtes anfangen. Er fühlt seine Größe in der Runde als einer, der die Übersicht der Zusammenhänge sucht und will die Botschaft verkünden, dass nur wissenschaftlicher Geist gepaart mit Humanität die Menschheit adeln wird.

Wie schon in seinem irdischen Leben zieht er immer weiter die Bahnen durch die weite Welt. Immer noch haben seine damaligen Beschreibungen Bestand, registriert er im Augenblick mit Genugtuung. Auch wie hinter den Reden der beiden Frauen unversöhnlich Armut und prächtige Gesellschaft nahe beieinander liegen, hatte er schon in seinen Reisen als bittere Folgen der zivilisatorischen Evolution beobachtet. Mit Unbehagen hat er jenseits seiner irdischen Lebenszeit verstehen müssen, dass nichts so sehr die Welt verändert, wie seine und anderer Menschen Wissenschaften, die aber die Menschen niemals besser machen würden. Was hatte es für einen diplomatischen Aufschrei gegeben, als er den Menschenhandel in den Amazonaswäldern Sklaverei genannt hatte. Auch erinnert er sich, wie er oft in seinen jüngeren Jahren an der Haustür von Henriette Herz gegenüber der Marienkirche vorbei

BILD OBEN · Die imaginäre Tafelrunde
BILD RECHTE SEITE · Lutter&Wegner am Gendarmenmarkt

geschritten war, versucht einzutreten, dann aber doch weiter gezogen war. Durchaus mochte er sich vorstellen, was die Kollwitz bewegte, als sie die Armut in den Arbeiterquartieren der Stadt kennen gelernt hatte. *„Verehrte Vorrednerinnen"*, gibt er zu Protokoll, *„da ich gesehen hatte, wie in Lateinamerika die ärmsten Menschen gekauft und verkauft wurden, habe ich mit meinen bescheidenen diplomatischen Mitteln nicht ganz ohne Wirkung protestiert. Aber geändert hat das nichts."*

Humboldt merkt schnell, dass Einige am Tisch nicht wissen, worüber er spricht oder andere Sätze von ihm erwarten. Deshalb wechselt er eilig die Bühne für seine Erinnerungen und fährt fort, wie es hier in Berlin seine Mission gewesen sei, Kultur und Zivilisation durch die Förderung der Wissenschaften voran zu bringen. Er malt aus, wie durch die Wissenschaft der Geist größer wird, weil er Distanz zu den Gegenständen schafft, die er erforscht. Was das politisch bedeute, sei doch naheliegend und vertrage keine untertänige Unterwerfung. Der Wissenschaftler komme nicht zur Freiheit durch Gefühl und Moral, sondern durch die Strenge seiner Arbeit, durch Disziplin. Und so erhebt er sein Glas zu einem Trinkspruch: *„Der wissenschaftliche Geist wird umso mächtiger, je genauer er nach klaren Regeln zu beobachten lernt und dabei alle die Menschheit hemmenden Vorurteile überwindet. Nur über diesen Weg finden wir den Weg zur Welt als Ganzes. Deshalb bin ich stolz, dass die Universität noch heute meinen Namen trägt, und dass eine große Forschungsgemeinschaft in meinem Namen den Geist der Wissenschaft vor allen Geistern in Ehren hält."*

Hier muss Alexander von Humboldt hüsteln, was einige Freunde als Ausdruck einer überzogenen Eitelkeit verstehen. Der schon etwas lallende E.T.A Hoffmann hatte ihn sowieso nicht verstanden und fühlt sich nun durch das Hüsteln veranlasst, das Wort weiter zu reichen an seinen Freund Theodor Fontane. Dessen Augen waren während der gesamten Zeit hellwach von einem zum anderen gewandert. Von Humboldts Preisung der Beobachtung war er überaus angetan und dachte bei sich, das sei ganz im Sinne auch seiner Literatur. Degustierend ist Fontane gerade dabei, zum goldenen kühlen Wein vom gebratenen Zander die Filets von den Gräten zu lösen. Immer wieder genießt er aufs Neue diesen Fisch mit gutem Appetit, ein köstliches Geschenk der märkischen Seen für die sich eher kärglich nährenden Menschen seiner Mark. Erinnerungen seiner jahrelangen Wanderungen ziehen dann an ihm vorbei, auf der er so Vieles über die Menschen und ihre Geschichten erfahren hat.

„Was nun die Präzision der genauen Beschreibung angeht, ist auch uns Literaten Alexander von Humboldt ein leuchtendes Vorbild und ein großer Meister geworden. Insgesamt ist er ja, wie wir sehen, ein ziemlich steifer Mensch geblieben, der nie seine Figur bei Hofe selbst im Urwald am Amazonas hat ganz ablegen wollen. Aber das ist auch zu sagen über ihn, und ich sage es euch aus tiefem Herzen recht republikanischer Gesinnung: In der Märzrevolution 1848 stand er zwar nicht auf den Barrikaden. Aber das Volk rief nach ihm und wollte ihn als Vermittler gegenüber dem König. Alexander von Humboldt war es, der sich ohne Worte vor den Aufständigen verbeugt hat, als die meisten Adeligen sich tief in ihren Gemächern versteckten. Einen Tag später zog der fast achtzig Jahre alte Mann mit dem langen Zug, der von hier, dem Gendarmenmarkt, raus zur Begräbnisstätte der Märzgefallenen in den Park Friedrichshain führte. Unser Freund Adolph Menzel, dessen Adelstitel ich mal schmunzelnd beiseite lasse, hat das in einem großen Gemälde dargestellt."

„Ja, Ja," übernahm der so Angesprochene eilig die Stafette, *„ich erinnere mich noch sehr genau an den großen Tag unsere Volkes. Wie bewegend war die Feier, und wie schnell musste ich die Skizzen machen."* Adolph Menzel liebt das kräftige Essen. Er hat keinen Blick in die Speisekarte werfen müssen. Eisbein mit Erbsenpüree und Sauerkraut sollte es auch dieses Mal wieder sein, dazu ein herz-

haftes kräftiges Bier, über das sein Gastgeber E.T.A. Hoffmann nur traurig lächeln konnte, war er doch fest überzeugt, dass dieses Getränk den Geist lähme. Menzels fast kahler Kopf mit dem mächtigen Backenbart gewinnt im Dämmerlicht noch einmal an kräftiger Wucht und es wundert beinahe, wie leise und nach innen gekehrt er spricht, unverkennbar mit grimmigen Gesicht.

„Das Bild habe ich nie zu Ende gemalt," sinniert er weiter mit seinem unverkennbaren schlesischen Akzent. *„Es ist unvollendet geblieben, wie ja auch die Revolution unvollendet geblieben ist. Ihr kennt mich vor allem als Maler des großen Friedrichs, den ich wahrhaftig verehrt habe. Ihr glaubt, ich sei Maler des preußischen Hofes gewesen. Doch glaubt mir, mir war der ganze höfische Kladderadatsch zutiefst zuwider. Ich wollte realistisch malen, die wirklichen Geschehnisse im aufkeimenden Industriezeitalter und die wirklichen Menschen in ihren realen Arbeitssituationen an den großen keuchenden Maschinen. So habe ich auch das Bild des Trauermarsches verstanden. Es gab ja noch keine Fotos und keinen Film. Ich wollte sie malen, wie sie da aufgebahrt waren, weil sie uns allen gehören. Doch ich habe es nicht geschafft. Und mir ist nie richtig klar geworden, für wen ich dieses Bild malen wollte. Als Künstler bin ich nie so frei geworden, wie ich als Mensch frei sein wollte. In dieser Tragik bin ich den Toten verbunden, die ich gemalt habe. Wir alle mussten in unseren Käfigen leben und waren nicht so frei, wie unser Geist hätte sein können."*

Es gibt Gemurmel an der Tafelrunde und man hört die kesse Stimme der Claire Waldorf, der alte Mann solle doch nicht so dicke auftragen. Doch schnell wird es zu Tische wieder ruhig, und bevor der Gastgeber wieder zu Worten findet, erhebt Rahel Varnhagen ihre wunderbare Stimme, der alle gerne verzückt lauschen. Ernsthaft und konzentriert sitzt sie aufrecht als vornehme Frau am Kopf der großen Tafel. Zu einem Salat mit Nüssen hat sie sich Krabben auftischen lassen, die mit Zitronensaft beträufelt waren.

In ihrem hochstieligen Glas perlt edler Champagner. *"Das ist irritierend, was der sich so quälende Menzel gesagt hat. Wir stammen halt alle aus einer andern Welt. Schon 1848 habe ich nur aus dem Grabe erlebt, und ich muss sagen, ich habe mich für den Hof und den Adel geschämt. Hannah Ahrend hat später über mich ein Buch geschrieben. Sie hatte gemeint, meine irdische Vergangenheit habe den Weg gewiesen, der zur Emanzipation der Frauen in einer aufgeklärten Gesellschaft führen musste. Ich bin mir nicht sicher, ob ihr Urteil standhält. Meinen Salon konnte ich nur führen, weil ich viel Geld hatte, schön war und eine tiefe Empathie für geistreiche Menschen hatte. Sehe ich heute die emanzipierten Damen mit Stöpseln in den Ohren, mit rasenden Daumen über die merkwürdigen Geräte flitzend, ständig im Gespräch, ständig durch diese kleinen Kästen vereinnahmt, dann sehe ich Menschen ganz einsam, sehe sie mit blöden Gesichtern durch die Stadt eilen ohne Blicke für das, was um sie ist. Dann weiß ich, wie tot ich bin. Von hier, dem Gendarmenmarkt, zu meinem Haus in der Mauerstraße sind es nur wenige Meter. Doch wie lebendig war dieser kleine Kosmos freier Gedanken konzentriert auf dieses winzige Stück der Stadt."*

Karl Friedrich Schinkels Augen leuchten vor Bewunderung vor dieser anmutigen Frau. Auch er irrt durch die Anschauungen der gegenwärtigen Zeit, von der er weiß, wie die Algorithmen einer digitalen Kommunikationswelt so viele Menschen beherrschen. In dieser Welt sind wir alle Fremde, sagt er sich und ist sich sicher, auch für die Heutigen werden die Vergangenen immer fremder. Mit Rahel Varnhagen verbindet er seine Idee: *"Unsere Stadt damals sollte neue Menschen hervor bringen, die in schönen Häusern leben, sich auf erhabenen Plätzen treffen, durch großartige Straßen gehen und die fröhlichen Anordnungen der Natur bis in ihre Herzen lassen."* *"Schwärmer,"* unterbricht ihn Varnhagen. *"So eine Welt hat es nur in unseren Salons gegeben. Saloniere hat man mich später abfällig genannt. Klingt wie ein Verstoß. Aber ich empfinde es nicht als ein Schimpfwort."* Hoffman will gerade wieder zu einer pointenreichen Moderation ansetzen, aber seine Stimme findet wegen des Weins nur schwer zu der Ordnung der Worte. Mit kräftigem Räuspern kommt ihm Andreas Schlüter zuvor, dessen lange, gewellte Haare bis über die kräftigen Schulter reichen und dessen hageres Gesicht mit den barocken Lippen sich sinnlich herrschaftlich und asketisch mönchisch von den Anderen unterscheidet. Eigentlich hatte er sich geschworen, nie wieder ein Wort über die Bauarbeiten am Schloss zu äußern, seit er nach dem Desaster mit dem 100 Meter hohen Münzturm 1706 beim König in Ungnade gefallen war. Als man ihm zum Bauen wieder anstellte, hatten bereits Intriganten das Sagen. Er hatte sich geschworen, sein geheimes Wissen auch um die Harmonien seiner Schlossbaukunst mit ins Grab zu nehmen. Das Schweigen sollte auch jetzt gelten, da sie sich gerade anschickten, das Schloss in Beton mit den alten Fassaden wieder aufzubauen, mit Höfen, die sich mit seinem Namen schmücken. Das wird nicht sein Schloss, das weiß er. Aber irgendwie fühlt er sich nun doch geschmeichelt.

„Ihr habt den Zugang zur Zeit heute verloren," beginnt er seine Rede. Schmunzelnd nickt Walter Gropius mit dem Kopf und schaut vergnügt, wie der alte Schlüter, dieser alchimistische Figurenbaumeister, beim Reden eine opulente gebratene Ente tranchiert. Das können die Barockaner einfach besser als wir, denkt er sich. Schlüter hingegen spricht versonnen weiter: *„Ja, ja, auf meine große Statue, das Reiterstandbild des Kurfürsten hoch zu Ross, sind sie noch immer stolz. Aber später haben sie mich in der Brüderstraße fast verhungern lassen. Vergessen haben sie, wonach ich strebte, welche Kräfte in mir zur Kunst drängten. Nur wir gemeinsam werden es mit unserem Geist schaffen, diese Kräfte in einem ewigen Fluss zu bändigen. Geist ist Energie, ist Kraft, ist Kunst. Lasst uns zusammenstehen in der Erforschung dieser Kraft und die große Maschine schaffen, mit der wir die Welt besser machen werden. Irgendwann*

wird sich unser Geist zum Baumeister eines Perpetuum Mobile aufschwingen, in dem Wissenschaft und Kunst verbunden sein werden als Fluss ewiger Energie. Das bleibt das einzige Bestreben unserer Unsterblichkeit, an die alle Nachfolgenden glauben müssen, solange die Lösung des Rätsels nicht gefunden ist."

Er will noch weiter sprechen, aber seine Stimme klingt, als werde den Worten der Resonanzboden entzogen. In merkwürdiger Trübung der Sinne fühlt sich jeder von ihnen verloren allein. Die zwölf Gestalten verblassen. Die Speisen lösen sich wie von Geisterhand von den Tischen, verschweben mit dem Wein. Die Gesichter verlieren ihre Konturen. Kreisen in einem Strudel, der sie von dannen zieht. Nur schemenhaft glaubt man gerade noch erkennen zu können, wie E.T.A. Hoffmann als letzter unter den unsichtbar im Nebel Versinkenden seine Hand zum Glase zu führen versucht, vergeblich. Auch diese Geste löst sich im Dunklen auf, lautlos, spukhaft. Plötzlich fließt helles Licht sprunghaft aus allen Beleuchtungsquellen durch die Gaststätte, die aus ihrem Schlaf erwacht. Die Saison des Abends mit ihrer eingespielten Geschäftigkeit beginnt am Gendarmenmarkt.

Der kleine Junge draußen mit der platt gedrückten Nase an dem großen Fenster löst sich aus seiner angestrengten Neugier, reibt sich die Augen und lächelt geheimnisvoll. Die Türen werden geöffnet. Es sind die leeren Tische in akkurater Ordnung zu sehen, eingedeckt mit weißen Tüchern, auf denen leere Gläser blinken und schön postierte Teller und Bestecke die Gäste zum nächtlichen Mahle laden.

IM
KREIS
DER
DICHTER

Der Bau und die Einrichtung des neuen Berliner Flughafens BER im Südosten der Stadt birgt eine Geschichte, die mit Kopfschütteln und Verzweifeln der Planungskompetenz in Deutschland in leider eindrucksvoller Weise ein starkes Denkmal gesetzt hat. Monatelang musste die Eröffnung immer wieder verzögert werden, stets neue Tatbestände wie auch alt bekannte erwiesen sich als nicht geregelt. Jahre immer neuer Anläufe und stetiger Kostensteigerungen sind ins Land gezogen. Je länger die Verzögerungen dauerten, desto mehr Stimmen mischten sich in die Heerscharen auf der Baustelle. Juristen nisteten sich ein, Demonstranten und aus allen Ecken gelehrte Experten. Trugen sie die gelben Helme, waren sie kaum von den Bauarbeitern zu unterscheiden, von denen keiner wusste, woran sie gerade werkelten. Millionen Euro häuften sich zu Milliarden, die in die Sanierung eines Flughafens gesteckt werden mussten, der bereits 2012 im vollen Betrieb sein sollte, aber keine einzige Maschine abfertigen konnte, bevor sein öffentliches Dilemma erst richtig begann. Nach der spektakulären Absage, den Flughafen im Juni 2012 zu eröffnen, wurden die Probleme immer größer. Auch für den Schallschutz der umliegenden Gemeinden und für den Naturschutz in den überflogenen Routen fing die ganze Geschichte noch einmal von vorne an.

Im Stress der Agonie verharrte nicht nur lange Zeit der Flugplatz. Stress kroch auch immer mehr in die Köpfe und Seelen der betroffenen Menschen, die gegen diesen Moloch kämpften. Es gibt Viele, sogar ganze Gemeinden, die ihre Existenz nur noch aus dem Leiden an diesem Flughafen erklären können und sich ausschließlich mit ihrem Kampf gegen dieses Ungeheuer identifizieren. Eine Gemeinde, in der besonders ausgeprägt die schleichenden Flughafen-Burnouts bei depressiv und aggressiv gewordenen Menschen zu studieren sind, ist der einst so ruhige Vorstadtflecken Friedrichshagen, am Nordufer des Müggelsees gelegen. Ruhig ist es eigentlich auch jetzt noch, fliegen doch noch keine Flugzeuge darüber. Aber seine Menschen sind von den Gedanken und Gefühlen durchdrungen, wie es wohl sein wird, wenn dereinst der Start doch noch gelingen sollte. So füllen sie ihr ganzes Leben auf mit dem Sinnen und Trachten, mit aktivem Tun, tatkräftigem Organisieren und schleppenden Prozessen, die alle nur eines kennen: WIR und BER.

Friedrichshagen hat rund 17.000 Einwohner, verwöhnt von viel Natur, dem großen See und weiten Wäldern, eine Perle der märkischen Stadtlandschaft. Gegründet wurde der Ort 1753 als eine Kolonie, in der Friedrich der Große Baumwollspinner aus Böhmen und Schlesien angesiedelt hatte. 1880 durfte sich das Städtchen vor den Toren Berlins offiziell mit der Auszeichnung KLIMATISCHER LUFTKURORT schmücken. Ausgerechnet hier entstand wenig später im Jahre 1890 der Friedrichshagener Dichterkreis, über den Wilhelm Bölsche das Buch geschrieben hat HINTER DER WELTSTADT (1901). Wilhelm Bölsche ist es denn auch, nach dem die lange gerade Hauptstraße benannt ist, die vom S-Bahnhof im Norden bis zum Müggelseedamm im Süden reicht.

Vom Flughafen sieht und merkt man in Friedrichshafen zunächst gar nichts. Die Verkehrsströme, die ihn mit der Stadt verbinden, umfließen den Ort weitläufig. Es gibt bevölkerungsreichere Teile von Berlin, die liegen sehr viel näher am BER. Gut zehn Kilometer trennen den BER von der Kirchturmspitze, die auf dem Marktplatz in der Bölschestraße 80 Meter in den Himmel reicht. Lange Zeit glaubte man sich durch die weite hügelige Müggelbergelandschaft geschützt vor allzu großen Belästigungen. Auch die Protestzüge gegen den Flughafen waren zunächst nicht durch Friedrichhagen gezogen. Doch dann kam 2011 die Schreckensnachricht, just in einer der geplanten Hauptschneisen für den Flugverkehr zu wohnen. Da gründeten die Friedrichshagener ihre Bürgerinitiative und reihten sich ein in die vielen Initiativen der Standortgeschädigten, die schon lange vor ihnen aktiv geworden waren. Der Schrecken war so groß, dass schon bald die Aktivisten aus Friedrichhagen an Lautstärke und Entschiedenheit von keinen anderen Flugplatzgegnern zu übertreffen waren. Am liebsten wünschte man sich das ganze Projekt von der Landkarte. Erst durch die schrillen Stimmen aus Friedrichhagen entdeckten viele Berliner diesen schönen Ort mit ansehnlichen Villen und Häusern im Grünen am Hirschgarten, rund um den Hirtenplatz, rechts und links der Bölschestraße oder am Müggelseedamm. Der Luftkurort hat nach der Wende viele Menschen aus der Ferne in dieses Kleinod aus Natur und Kultur gezogen, die in dieser Ruheoase am Rande der Großstadt ungestört und unspektakulär leben wollten.

Nun ist es hektisch und unruhig geworden. Der Lärm mit der neuen Bewegung geht vor allem an die Seelen der Menschen. Erfahrungen mit einer kämpferischen Bürgerinitiative gab es da noch nicht. Auch ohne irgendein Flugzeug im Himmel versetzt der BER den ruhigen Flecken in einen Dauererregungszustand. Keine Woche vergeht ohne Demonstrationen. Ständig neue Gerichtsverfahren, stressige Kommunikation untereinander zehren nicht nur an den Nerven der Aktivisten. Alle Menschen fühlen sich wie in Geiselhaft genommen zwischen dem BER und dem WIR. Der Ausstoß innerer Emissionen ist in der gesamten Bevölkerung erheblich. Man kämpft gegen Regierungen, gegen die Apparate gewaltiger Organisationen, fühlt sich wie David gegen Goliath.

Man hat sich auf einen mächtigen Feind als Symbol des Kampfes WIR gegen BER eingeschossen, gegen den regierenden Bürgermeister, der sich bei ihnen nicht mehr blicken lassen kann. In der Sache geht es um Lärmschutz, um die Nachtruhe, um den Schutz des Naturraums vor dem Überfliegen der Flugzeuge. Bürgerinitiativen kämpfen für brütende Enten am Schilfufer des Sees, rastende Möwen auf dem Wasser, lustige Drosselrohrsänger, seltene Rohrweihen und allerlei Vogelschwärme auf ihrer Durchreise. Die Fauna und Flora sind die Verbündeten, und auch die Qualität des Wassers wird ins Feld geführt, die unter dem Flugbetrieb leiden könnte. Berlins schönstes Wasserwerk im neugotischen Stil gezeigelt, der größte Prunkbau von Friedrichshagen, steht wie ein Mahnmal an dem Seeufer und versorgt über eine Million Berliner mit bisher sauberem Wasser.

Es geht um das Lebensrecht der erträglichen Ruhe in einer begnadeten Umgebung am Rande der Stadt. Die ist so nah am riesigen Flugplatz nicht uneingeschränkt zu gewähren. Das weiß man natürlich auch bei den Aktivisten. Das erklären auch die Gerichte mit ihren Urteilen und Auflagen. Um so drastischer müssen die Beeinträchtigungen beschrieben werden, um für die Rechtsansprüche bei den Gerichten Maßstäbe zu setzen. Viele Lärmgeprüfte außerhalb von Friedrichshagen reiben sich die Augen, wenn sie erfahren, dass es die Initiativen erreicht haben, gerichtlich die Akzeptanz des Fluglärms auf 55 Dezibel im Inneren der Wohnungen herunter gedrückt zu haben. Davon können viele Berliner bei dem üblichen Straßenlärm in der Stadt nur träumen. Friedrichshagener, so registriert man rund um den alten Flughafen in Tegel mit hunderttausend erheblich stärker belasteten Menschen, haben sich dort noch nie blicken lassen, wenn es um Lärm und Natur gegangen ist. Der Stress in Friedrichshagen hat auch durch das Urteil mit den scharfen Lärmschutzauflagen nicht abgenommen, im Gegenteil. Es hat zugelassen, dass die Betroffenen statt der sehr teuren Fenster auch finanzielle Entschädigungen für die Lärmbelästigung in Anspruch nehmen können. Geld gegen Fenster. Es sieht so aus, als wäre manchen das Geld näher als teure Fenster. Diese Einstellung macht das stürmische Eigenleben der Bürgerinitiative nicht einfacher. Im WIR gegen BER ist eine zweite Front WIR gegen WIR entstanden.

Als Stern hatte Friedrichhagen schon einmal über Berlin gestrahlt. *„Eine freie Bühne für das moderne Leben schlagen wir auf. Im Mittelpunkt unserer Bestrebungen soll die Kunst stehen, die neue Kunst, die die Wirklichkeit anschaut und das gegenwärtige Dasein."* Mit diesen programmatischen Sätzen beginnen 1890 Otto Brahm und Wilhelm Bölsche ihren kulturpolitischen Marsch von Friedrichhagen nach Berlin. Die Beiden hatten die Zeitschrift FREIE BÜHNE FÜR MODERNES LEBEN gegründet, das Zentralorgan der neuen Kunstrichtung, die sich Naturalismus nannte. Otto Brahm überließ schon bald die Zeitschrift seinem Freund Wilhelm Bölsche, zog zurück in die Stadt und wurde 1894 Leiter des Deutschen Theaters, der Bühne, auf der er zum Beispiel Gerhart Hauptmann Weltruhm verschaffte, jenen Dichter, den er in Friedrichhagen kennen gelernt hatte und der im benachbarten Erkner wohnte.

Bölsche gehörte von Anfang an zu dem harten Kern, aus dem sich 1890 der Friedrichhagener Kreis entwickelt hat. Für die neue Kunst sollte vor allem auch ein neuer Lebensstil stehen. Leben und Kunst waren für die Naturalisten nicht zu trennen. Besser demonstriert man diese Verbindung von Leben und Kunst in der Gemeinschaft als mutterseelenallein verstreut in der weiten Stadt. So entstand in der alten Kolonie eine neue Kolonie. Künstler kamen, Intellektuelle, Bohemiens, Avantgardisten und sicher auch manch schräger Vogel. Darüber gibt es viel zu lesen. In kurzer Zeit füllte sich die Kolonie. Friedrichhagen zog magnetisch an, weit bis ins deutsche Reich und darüber hinaus bis in die europäischen Länder. Es gab eine Bewegung des Aufbruchs zu neuen Ufern der Kunst, zum Leben in einer neuen Gesellschaft. Das Ufer lag am Müggelsee und hieß Friedrichhagen.

Besonders anschaulich kann diese Geschichte Ronald Vierock erzählen. Er ist Vorsitzender des Kulturhistorischen Vereins Friedrichhagen, der gleichsam vor Ort das Erbe des Eintritts

Deutschlands in die Moderne in einem abgeschiedenen Winkel „hinter der Weltstadt" pflegt. Bestens mit dem Ort und seinen historischen Gestalten vertraut ist es ein lehrreiches Vergnügen, sich von ihm auf einen Spaziergang an die Hand nehmen zu lassen, um auf die Spurensuche des Dichterkreises in den Friedrichshagener Straßen zu ziehen.

Als erstes lernt man, dass alle die berühmten Menschen aus jener Zeit keine gebürtigen Friedrichshagener waren. Das hatten sie mit den Zugezogenen aus Böhmen und Schlesien gemeinsam. Sie haben sich in der Blütezeit ihres Lebens am Müggelsee angesiedelt, ähnlich den vielen Menschen, die heute im Namen von Friedrichshagen die Bürgerinitiative füllen, um für eine andere Moderne lautstark und auf ihre Weise die Stimme zu erheben. Lautstark waren die Neuen von 1890 auch, und Manches hatten sie mit einer Bürgerinitiative von heute gemeinsam.

Wilhelm Bölsche, Sohn eines Journalisten, kam aus dem Riesengebirge und hatte in Bonn studiert. Als 25-Jähriger kam er 1890 nach Berlin. Da lernte er Otto Brahm kennen, der aus Hamburg gekommen war und eigentlich Otto Abrahamson hieß. Otto Brahm hatte Kontakte zu Samuel Fischer, ebenfalls noch ein ganz junger Mensch, der aus Ungarn nach Berlin gekommen war und gerade dabei war, seinen Verlag zu gründen. Bei ihm dockten die beiden Redakteure ihre Zeitschrift an. Wilhelm Bölsche interessierte sich vor allem für die rapiden Fortschritte in den Naturwissenschaften und hatte sich der Idee verschrieben, deren neue Erkenntnisse und Denkweise literarisch in die Breite zu tragen. Er schrieb Bücher über Darwins Evolutionstheorie, aber auch über DAS LIEBESLEBEN IN DER NATUR. Mit seinem Versuch, komplexe Wissenschaften Laien verständlich zu machen, ist Bölsche ein Pionier des modernen Sachbuchs gewesen. Noch nachhaltiger aber ist gewesen, dass aus seiner Gruppe in Friedrichshagen das Konzept für die erste Volkshochschule entstanden ist, und die Künstler eifrig daran arbeiteten, ihre freien Lebensformen in die Gesellschaft zu tragen.

Der Rundgang von Ronald Vierock beginnt am S-Bahnhof, wo die Bölschestraße ihren Anfang nimmt und als Hauptstraße von Friedrichshagen gen Süden noch einen langen Weg vor sich hat. Die Straße ist für ein 1753 gegründetes Dorf eigentlich viel zu breit. Eineinhalb Kilometer lang hat sie links und rechts die in den Berliner Vorstädten üblichen zwei-, drei- und vierstöckigen Häuser aus den älteren Zeiten bis in die Gründerzeit mit Lindenbäumen davor. Auf dem Mittelstreifen rattert die Straßenbahn. Auf mittlerer Höhe der Straße steht an einem Marktplatz eine im Laufe der Zeit ein wenig zerzauste neugotische Kirche. Viele kleinere und größere Läden gibt es, Cafés und Restaurants. Die Bölschestraße ist wie eine Magistrale in einer emsigen Kleinstadt. Am Ende der Straße, dann schon dicht am See, steht die 145 Jahre alte Lindenbrauerei. Zuletzt in bayerischem Familienbesitz wurden die mächtigen Fabrikanlagen mit ihren grandiosen dem See zugewandten Fassaden 2010 geschlossen.

Die Bölschestraße ist nicht gerade spektakulär, und nichts deutet darauf hin, dass auf ihr die Dichter flanierten. Aber Vierock kann ihre Geschichte eng mit den Lebensverhältnissen verbinden, die 1890 für die Neuankömmlinge in Friedrichshagen den äußeren Rahmen bestimmten. Gleich oben am Beginn der Straße nimmt Vierock die Spur zu den Dichtern auf. Die erste Spur gibt es im Haus gegenüber dem Bahnhof auf der rechten Seite am Fürstenwalder Damm, zweites Obergeschoss rechte Seite. Da wohnte mit seinem Bruder Heinrich von 1882 bis 1886 Julius Hart. Noch einige Jahre früher als Bölsche war Julius Hart von Münster nach Berlin gekommen und aus welchen Gründen auch immer weit draußen nach Friedrichshagen gezogen. Mit Arno Holz, Johannes Schlaf und Gerhard Hauptmann hatten Julius Hart und sein Bruder Heinrich in Friedrichshagen eine Gruppe gegründet. Die Gruppe propagierte ein neues Kunstprogramm, dem sie den Namen Naturalismus gaben. Bölsche und Brahm schlossen sich an und traten bald in ihren Kreis. Vor allem das Talent Gerhart Hauptmann war für sie ein großer Schatz. Die beiden Hartbrüder haben viel dazu beigetragen, dass dieser etwas lebensscheue Gerhart Hauptmann beim Theater reüssieren konnte. Hauptmann schrieb 1891 sein Theaterstück DIE WEBER. Mit diesem Stück wurde er zur Ikone des Naturalismus und zum gut gepflegten Star des Friedrichhagener Dichterkreises. Die großen sozialen Probleme der Industrialisierung und ihre Schatten auf dem Seelenleben der Bürger waren nun der Stoff für das moderne Theater.

Mit Ronald Vierock geht's ein paar Häuser weiter. Er biegt dann in die Ahornallee. Da stehen in schönen Gärten gut gepflegte zweistöckige Villen, deren Bewohner nun die Bürgerinitiative gegen die Beeinträchtigung ihrer ruhigen Bestände demonstrieren. Das Grundstück Nummer 52 ist nicht mehr bebaut. Eine Fernwärmeleitung führt darüber. Früher stand hier ein Haus, in dem Julius Hart mit seinem etwas älteren Bruder eine Zeit lang gelebt hatte, bevor sie rüber an den Fürstenwalder Damm zogen. Der ältere Bruder Heinrich, ebenfalls Literat wie sein jüngerer Bruder, der 1896 in die Stadt nach Wilmersdorf zog, blieb zurück in der Ahornallee, zog allerdings ein paar Häuser weiter in das noch heute schmucke Haus Nummer 24. Nach den Harts ist ebenfalls eine kleine Straße in Friedrichshagen benannt worden.

Die beiden waren jung, und vor allem waren sie begnadete Netzwerker in ihrer Naturalismusbewegung. Sie gewannen für sich Wilhelm Bölsche, Bruno Wille und Gerhart Hauptmann, der aus Schlesien gekommen war und mit seiner Frau, einer geborenen Tienemann von Hohenhaus aus Sachsen, verheiratet war und größere Schwierigkeiten als seine Freunde hatte, aus bürgerlichen Konventionen auszubrechen. Die Wohnung der Harts war der gesellige Mittelpunkt des Kreises. Sie hatten etwas Vermögen und ließen die anderen sehr offen daran teilhaben, für die der materielle Existenzkampf in jenen Jahren stets ein Teil ihres Alltags war. Die Zugewanderten waren in ihren Ideen ambitioniert und schrieben buchstäblich um ihr Leben und boten ihre Werke wie Sauerbier an. Doch die Honorare reichten selten aus, um die abendlichen Bierdeckel selber bezahlen zu können.

Die Zechen dürften oft genug von den Brüdern Hart beglichen worden sein. Fast 100 Namen tauchen im Verzeichnis des Dichterkreises auf. Alle waren sie zugezogen, überwiegend aus dem Westen Deutschlands, aber auch aus den skandinavischen Ländern. Sie einte bohemehafter Lebensstil und programmatischer Eifer für reformerische Ziele in der Organisation von Leben, Kultur und Gesellschaft. Der Kreis bestand also aus Intellektuellen, die eine eigene Subkultur pflegten. Sie lehnten die bürgerlichen Konventionen ab, die sich zur Aufrechterhaltung von starren Hierarchien und Machtstrukturen entwickelt hatten. Sie experimentierten mit sich und mit anderen Menschen, um neue Lebensformen zu finden. Selbstbestimmte Lebensweisen wollten sie offen demonstrieren und sich mit ihnen in eine genossenschaftliche Gemeinsamkeit einbringen. So glaubten sie, zum Kern einer neuen Gesellschaft werden zu können, in der Macht und Normen durch Toleranz und Freiräume überwunden werden. Ihre leidenschaftliche Hingabe zur Kunst sollte nicht ausgehungert werden durch Zwänge des Broterwerbs. Als Künstler waren sie vor allem auch Überlebenskünstler. Im Kreis der Überlebenskünstler mit ihrer Leidenschaft, für die Kunst zu leben, da waren sich die Hartbrüder mit ihren Freunden einig, wachse eine bessere Gemeinschaft als im zum Scheitern verurteilten Einzelleben des einsamen Künstlers.

„Wer schreibt, der bleibt" versicherte man sich gegenseitig im Kreis, und die gemeinsamen Ideen sickerten langsam aber sicher

in die deutschen Feuilletons und bereicherten die großen Kunstdiskurse in jener Zeit. Die FREIE BÜHNE mit den Redakteuren Brahm und Bölsche wird zur viel beachteten Zeitschrift, die das Theaterleben direkt erreicht. Bruno Wille wird Vorsitzender des neuen Theatervereins, der sich FREIE VOLKSBÜHNE nennt. Die Volkshochschule wird zur perspektivischen Idee für Bildungsreformen und zur Grundlage der Arbeiterbildungsvereine. Friedrichshagen fing also an, die Bretter der Welt zu bewegen. Wer sich da mitbewegen wollte, zog möglichst nach Friedrichhagen oder hatte doch zumindest seine Kontakte dorthin. Nur wenige Jahre hat dieser weltbewegende Kreis gehalten. Zu abgeschieden lebten seine Mitglieder von den Tatorten, in denen ihre Ideen Wirklichkeit wurden.

Ronald Vierock, der mit seinem kunsthistorischen Verein alles archiviert hat, was es aus dieser Zeit zu sammeln und zu bewahren gibt, kennt aber auch Geschichten mancher Dramatik aus dem Innenleben des Kreises. Nicht alle, die kamen, hatten einen Namen oder beschäftigten sich ernsthaft als Künstler oder Intellektuelle mit den Ansprüchen der Programme. Sie kamen, angezogen von den atemberaubenden Freiheiten, die sich die Mitglieder des Kreises für ihr Alltagsleben geschaffen hatten. Besonders im Haus der Hartbrüder kamen oft seltsame Menschen zusammen, die keiner richtig kannte, die aber unbedingt als Paradiesvögel die neue Erde bevölkern wollten. Vor allem waren sie auch völlig mittellos.

Von der offenen Gastfreundschaft bei den Freunden hatten sie Wundersames gehört. Sie ließen sich nieder, entschlossen, Manifeste zu formulieren und ebenso entschlossen, die Schlafzimmer zu belegen. Dann kam es vor, dass die Brüder Hart sehen mussten, wo sie in der Nacht in ihrer Wohnung bleiben konnten. Sie schliefen dann eben auf einem Teppich zu Füßen ihrer neuen Prinzen. Ständige Gäste fanden sich auch in den Wohnungen der Bölsches und Willes ein. Da herrschten allerdings energische Ehefrauen, die *„das Schlimmste zu verhindern"* verstanden.

Es war die Endzeit des Sozialistengesetzes im Deutschen Reich, das gegen *„die gemeingefährlichen Bestrebungen der Sozialdemokratie"* in 30 Paragraphen unter Strafe gestellt hatte, in sozialistischen Organisationen und mit entsprechenden eigenen Aktivitäten gegen die öffentliche Ordnung des Kaisers von Gottes Gnaden zu wirken. Das 1878 erlassene Gesetz hatte sich als nicht durchgreifend wirksam erwiesen und musste im September 1890 zurückgenommen werden. Es hatte zum Schrecken seiner Urheber im Gegenteil zahlreiche Bewegungen hervorgebracht, die als außerparlamentarische Oppositionsgruppen für die sozialen und sozialistischen Ideale wirkten. Überall waren die ersten effektiven Bürgerinitiativen entstanden, zu denen sich auch der Dichterkreis zählen konnte. Die ungewollte Förderung unkontrollierbarer Netzwerkkulturen war die stärkste Wirkung des Gesetzes gewesen.

Die Friedrichshagener Dichter waren keine Sozialisten im politischen Sinne. Aber sie zogen mit ihrer Gesinnung, Menschenfreundlichkeit und ihren Programmen auch Sozialisten an, gewährten ihnen Unterschlupf, trugen zu ihrem Überleben bei und beeinflussten mit ihrer Geisteshaltung die Denkrichtung ihrer neuen Freunde. In ihren Wohnungen und Häusern entstand 1891 das Zeitschriftenprojekt DER SOZIALIST. Ein großer Satz steht auch da am Anfang: *„Wir verwerfen alle Kompromisse mit den herrschenden Klassen und jedes Entgegenkommen der Arbeiter. Unterhaltungen mit der Bourgeoisie entsprechen einer proletarisch-revolutionären Bewegung nicht."*

Die Sozialisten von Friedrichhagen misstrauten den dogmatischen Theorien der Marxisten und standen in der Tradition von Pierre-Joseph Proudhon und Pjotr- Alexejewitsch Kropotkin. Der Anarchismus in Berlin wurde in Friedrichshagen geboren. In diesen friedvollen und ruhigen Ort kamen 1893 die jede Gewalt verurteilenden literarisierenden Anarchisten Gustav Landauer und Erich Mühsam, die später grausam für ihre Gesinnung ermordet wurden. Sie machten aus DER SOZIALIST ein „Organ für alle Revolutionäre" und wollten mit ihm für den Anarchismus und freien Sozialismus werben. Gustav Landauer hat die Zeitschrift mit einem großen Programm redigiert, das er mit folgenden Sätzen in seinem Zeitschriftenprojekt vorgestellt hat: *„Der Anarchismus ist vorangestellt als das Ziel, das erreicht werden soll: die Herrschaftslosigkeit, die Staatslosigkeit, das freie Ausleben der einzelnen Individuen. Und dann wird angegeben, durch welches Mittel wir diese Freiheit der Menschen erreichen und sicherstellen wollen: durch den Sozialismus, durch das solidarische Zusammenleben der Menschen in allem, was ihnen gemeinsam ist, und durch genossenschaftliche Arbeit."* War das nicht die treffende Beschreibung des Lebens im Dichterkreis, der sich damals bereits auflöste? Von Gewalt, Aufstand, Revolution und Kampf fand sich bei diesen Anarchisten keine Spur. Sie waren träumende, dichtende Pazifisten.

Die Redaktion FREIE BÜHNE gab es noch bis 1993. DER SOZIALIST konnte nur bis 1899 erscheinen, weil Landauer mit seiner Freundin nach London zog und Bruno Wille, ein langjähriger Mitarbeiter der Zeitschrift, die Arbeit der Redaktion nicht übernehmen wollte. Die Freie Volksbühne, in der Landauer ebenfalls aktiv beteiligt war, wurde nicht nur eine große Theatergemeinde landesweit. Sie erwirtschaftete auch genügend Mittel, um 1902 eine eigene Theaterbühne zu errichten, die Volksbühne am Rosa-Luxemburg-Platz.

Der Spaziergang von Ronald Vierock geht weiter durch die Peter-Hille-Straße. Peter Hille ist auch ein Berliner Literatenmythos, ein anarchischer Lebenskünstler, eng verwandt mit dem bunten Leben der Dichterin Else Lasker-Schüler. Auch Hille kam aus dem Westen, aus Paderborn. Er hauste in jener Zeit in Friedrichshagen, ohne je einen richtigen Wohnsitz zu haben. Sein Zuhause war die Welt, auch wenn diese oft nur aus einem Bauwagen oder Brückenunterstand bestand. Er war gerade da zuhause, wohin ihn die Muse geführt hatte.

In der Hille-Straße fällt das Fabrikgelände der Bronzegießerei Gladenbeck auf, in der heute eine evangelische Schule zuhause ist. Sie war einst eine der größten Einrichtungen ihrer Art in Preußen. Bronzen aus einer Kunstgießerei waren hoch begehrte Schmuckstücke für öffentliche und private Räume. Hermann Gladenbeck hatte sich auf den Guss von großen Plastiken spezialisiert und war mit seiner Fabrik 1888 aus der Mitte Berlins nach Friedrichhagen gezogen. In der Zeit des Dichterkreises ist es der Gießerei richtig gut gegangen und sie hat viel zum Wohlstand rund um ihr Gelände beigetragen. 1928 war die Zeit der Reiterstandbilder und der Bronzeverehrungen vorbei. Die Firma Gladenbeck ging pleite.

Die Hille-Straße mündet im Norden in die Lindenallee, eine Straße mit hohen Bäumen und niedrigen schönen Häusern, oft mit spätklassizistischen Fassaden. Gleich zur Linken liegt das Haus Nummer 21. Neben den Wohnungen der Harts, der Bölsches und Willes gab es ein weiteres Zentrum des Dichterkreises, ein richtiger Salon, wie Vierock betont. In diesem Salon hatten Schweden das Sagen, und viele skandinavischen Freunde kamen hierher. Ola Hansson wohnte mit seiner robusten Frau Laura Marhom in dem Haus. Laura Marhom war Schriftstellerin, die sich energisch für die Gleichstellung von Frauen stark machte. Sie lebte der männlichen Gemeinde sehr selbstbewusst vor, wie Emanzipation und Selbstbestimmung einer Frau die Fesseln männlicher Rollenzuordnung zu sprengen verstehen. Die Hanssons holten einen anderen Schweden nach Friedrichshagen, der in ihre Wohnung einzog, um seinen Analysen der Beziehungskrisen zwischen Menschen in Theorie und Praxis weitere Steine für seine Dramen hinzufügen zu können. Johan August Strindberg

BILD OBEN · Friedrichshagen am Müggelsee
BILD RECHTE SEITE OBEN · Markt in der Bölschestraße
BILD RECHTE SEITE UNTEN · Archiv in der Scharnweberstraße

— IM KREIS DER DICHTER —

lebte zwei Jahre lang von 1891 bis 1893 bei den Hanssons. Die Lindenstraße endet auf der Bölschestraße. Der Spaziergang führt noch einmal auf ihr ein paar Schritte runter bis zur Drachholzstraße, über die man in die Scharnweberstraße kommt. Gleich zur Linken findet man das Wirtshaus Rolandseck, das es bereits zur Zeit des Dichterkreises gab, damals allerdings versetzt um zwei Gebäude. Es gehört zu einer Reihe schöner alter Giebelhäuser, in denen es leicht fällt, sich mit den Einrichtungen und mit der gastronomischen Ausrichtung in alte Zeiten zu versetzen. Das fällt umso leichter, wenn man kurz vor der begehrten Adresse noch ein paar Schritte weiter das Antiquariat von Katrin Brendel besucht. In diesem Haus ist, eng verbunden mit dem Antiquariat, das kleine Museum über den Dichterkreis eingerichtet, und im gleichen Haus hat Vierock seinen Kunsthistorischen Verein, dessen Vorsitzender er ist. Hier lässt sich im Dreieck von Antiquariat, Museum und Verein erahnen, welcher Kulturschatz in ein paar Jahren in Friedrichshagen gewachsen ist. Das Wirtshaus Rolandeck frequentierten die Dichter gerne zum jährlichen Brauereianstich. Dazu gab es Bockwurst und Sauerkraut. Auch ist das *„Ausspielen von Gänsen am Billard"* dokumentiert. Morgens gab es schon ab acht Uhr frische Leber- und Blutwurst zu kaufen. Und zur Lieblingsküche der Gäste dann *„Rollmops mit Schläppe"*, was unter dem Name Remoulade bekannt geblieben ist.

Der Ausflug durch Ronald Vierocks Welt zu den Dichtern in Friedrichshagen endet aber nicht in der Nostalgie eines Wirtshauses. Der Flugplatz und die Bürgerinitiative holen einen auch hier wieder ein. Dann wird der Stress spürbar, in den die Menschen geraten sind, obgleich noch kein Fluglärm stört. Dann entlockt die bemerkenswerte Lokalgeschichte den Menschen in diesem liebenswerten Flecken Berlin tiefe Furchen des Empathieverlustes, der so häufig und überall in der Stadt zu finden ist. August Strindberg hat diese Furchen schon 120 Jahre früher gespürt und in seinen Theaterstücken und Romanen zum Drama gestaltet. Nach einer Demonstration der Bürgerinitiative vor den Absperrungen am Flughafen, hinter denen der Aufsichtsrat tagt, treffen sich viele Teilnehmer erschöpft und erregt im Gasthaus. Unter ihnen ist auch die 26 jährige Yvonne Drechsler, die von sich sagen kann, in ihrer Ahnentafel einen Urgroßvater aus dem Dichterkreis zu haben. In Friedrichhagen geboren und aufgewachsen will sie auch weiter möglichst ungestört in diesem Teil von Berlin leben. In der Bürgerinitiative hat sie von Anfang an aktiv mitgearbeitet. Aber im Gegensatz zu manchen anderen ihrer Mitstreiter ist sie auch überzeugt, lernen zu müssen, schließlich doch mit dem Flughafen leben zu müssen, weil es ohne Flugzeuge in Berlin wohl nicht gehen werde. *„Auch Friedrichshagener sind Berliner"* ist ihr Standpunkt. Also konzentriert sie sich auf die Forderungen, die Flughafenbetreiber zu erfüllen haben, wenn Recht und Ordnung gelten sollen.

Yvonne Drechsler hat ein Problem. Gerade hat sie mit einer spürbaren Erregung in der Stimme auf die aus ihrer Sicht viel zu vielen Mitstreiter in der Bürgerinitiative geschimpft, die auf Geldabfindungen schärfer sind als auf schallschluckende Fensterscheiben. *„Ihr redet ständig über die Zerstörung unserer Lebensqualität"* hat sie gesagt *„und habt eigentlich nur den Wert eurer Häuser im Kopf."* Nach diesem Vorwurf war es sehr betreten still in der Runde geworden und sie hat sich wieder an ihren Tisch gesetzt.

Freundliche Männer um sie herum haben versucht, sie sanftmütig zu beruhigen und haben väterlich auf sie eingesprochen. *„Sag mal, woher kommst du eigentlich?"* *„Aus Berlin."* *„Aber du bist hier nicht geboren?"* *„Doch, auch das."* *„Dann sind sicher deine Eltern hierher gezogen."* *„Nein, auch die kommen von hier. Wir haben keinerlei Migrationshintergrund."* Die Augen schauen verwundert über sie weg und die Gesichter um sie herum wollen ungläubig zum Ausdruck bringen, dass könne doch kaum wahr sein. Gibt's

BILD OBEN · Protest

das noch in Friedrichshagen, eine Eingeborene wie aus dem Museum? Noch immer und in jüngster Zeit verstärkt wird Friedrichshagen wie auch viele begehrte Kieze durch Zugezogene bevölkert, bleibt also Kolonie. Die Mieten und die Eigentumspreise steigen, und Altbewohner, die nicht mithalten können, müssen ihre angestammten Quartiere verlassen. In der Bürgerinitiative geht es auch um Wertbestände, um Immobilienwerte. Die Sorge um die gerade erworbenen und aufwändig sanierten Häuser treibt gerade die Neuberliner in die Bürgerinitiative, für die ein Eingeborener als Aushängeschild zwar willkommen, aber eher ein Fremder wird. Wenn man sich in der Stadt für etwas engagiert, redet man gerne im Interesse der Menschheit, bleibt aber bevorzugt in seiner Gruppe, die ein dankbares Publikum ist, weil einen gleiche Interessen und Lebensgeschichten einen.

Kommunikation in der Stadt ist in großen Teilen Rollenkommunikation, von der es faszinierend viele gibt. Landauers Traum vom solidarischen Zusammenleben und genossenschaftlichen Arbeiten freier Individuen in herrschaftslosen Räumen sah gnädig darüber weg, dass Menschen aus Status und Rolle gesellige Wesen sind, die sich an Herrschaft und Staat reiben, wenn ihre Lebenswelt berührt wird. Auch in Bürgerinitiativen bleiben die Menschen vorrangig in ihren Determinanten der Herkunft, der Interessen, der sozialen Abgrenzungen und kulturellen Gewohnheiten aktiv. Das macht es schwer, wollen Menschen jenseits von Gruppen etwas Gemeinsames auf die Beine stellen. Alle Dichter von Friedrichshagen kamen von außerhalb in die Stadt. Deswegen blieben sie eine Zeitlang ein geschlossener Kreis, bevor jeder wieder auf seiner Wanderschaft weiter zog.

Die Bürgerinitiative von Friedrichshagen tut sich leichter, als Zusammenschluss aller Bewohner dieses Stadtteils aufzutreten, weil sie gemeinsam den Kampf gegen den Senat von Berlin auf ihre Fahnen geschrieben haben. Doch hinter dieser Gemeinsamkeit gibt es die Macht von Rollen und Status, die Gräben zwischen die Menschen zieht. Ein Graben entsteht aus den Ansprüchen der neuen zugezogenen Hauseigentümer. Sie wollen als die Investoren für die Zukunft den Schutz der Werte ihrer Erwerbungen. Dafür ist ihnen jedes Bündnis recht. Vor ihnen wohnten in ihren Häusern die Alteingesessenen, die sie kaum mehr zu Gesicht bekommen haben und die als Opfer der Gentrifzierung zu zu beklagen sind. Sie bringen ihnen gerne emotionales Verständnis entgegen, solange ihnen diese mit eigenen Initiativen nicht in die Quere kommen. Das Staunen über Yvonne Drechslers Outing als Berlinerin ist nicht nur der Reflex auf etwas Exotisches. In ihm mischt sich auch der Argwohn, die Gemeinsamkeit gegen den Staat könne zerbrechen an Gruppendissonanzen in der Besetzung des gemeinsamen Raums.

Es läuft Einiges quer in der Stadt, wenn der Aufenthaltsraum des Lebens und die Herkunft der Lebendigen zu ökonomischen Koordinaten werden, wie sich Menschen in die Gestaltung ihrer Lebensräume einbringen. Mit der Zeit können auch Bürgerinitiativen an ihren inneren Widersprüchen zerbrechen. Vielleicht gibt es in der Friedrichshagener Bürgerinitiative einfach zu viele Hausbesitzer.

DIE WELTVERBESSERUNG UND DAS MUSEUM

— DIE WELTVERBESSERUNG UND DAS MUSEUM —

Es ist grau und unter den Regen mischen sich die Schneeflocken. Im März 1667 ist Berlin eine trostlose Stadt. Der große dreißig lange Jahre währende Krieg ist zwar schon, Gott sei es gedankt, einige Zeit vorbei. Aber dieser Krieg voller Teufel hat die Mark Brandenburg bis zur völligen Erschöpfung verwüstet. Mehr als die Hälfte der Bevölkerung hat er getötet. Der Rest ist ohne Lebensperspektiven, verarmt, lebt in Ruinen. Das Land ist zerstört, die Höfe sind nicht mehr zu bewirtschaften. Es fehlt an allem, das Land verkommt. Die zivilisatorische Katastrophe der ohnehin nicht hoch entwickelten und reich gesegneten Mark wirkt nachhaltig. Die Kultur des Zusammenlebens ist auf einen Tiefpunkt gesunken. Mord und Totschlag sind an der Tagesordnung. Raub und Plünderungen gehen auf andere Weise weiter als sie durch Krieg erlitten wurden. Eine Polizei gibt es kaum. Die öffentliche Ordnung besteht nur noch auf dem Papier. Als einzige Oase des Wohlstands und eines geregelten Lebens ist allerdings der Hof des Fürsten geblieben. Der Hof ist keine Einrichtung von Prunk und überschäumender Kunst wie andernorts in Europa, in Frankreich, Italien Spanien, in den Niederlanden, in Dresden oder im kaiserlichen Wien. Doch die Residenz in Berlin bezeugt trotzig und durchaus effektiv den Anspruch, die Macht des Herrscherhauses zu sichern. Der Fürst als Herrscher der hinterlassenen Kriegswüste nutzt jede Chance des Aufbruchs, sein Land wieder in Stellung zu bringen.

Die Ironie der langen Kriegsgeschichte wollte es, dass dieser Fürst nach dem europäischen Friedensschluss in Münster 1648 an Macht gestärkt mit seinem im besonderen Maße geschwächten Land ins neue Europa ziehen konnte, territorial um einige Landflecken erweitert und als Kurfürst im Reich mit wichtigen Brücken nach Westen und nach Osten ausgestattet. Kurfürst Friedrich-Wilhelm, in den Niederlanden aufgewachsen und erzogen, war sich seiner strategischen Macht bewusst, die ihm der Friede zugespielt hatte, und er verstand sie diplomatisch ebenso wie innenpolitisch zu nutzen. Sein großes Programm war eine effektive Einwanderungspolitik. Ihm war klar, dass er seine Stellung in Europa nur würde halten und nutzen können, wenn es ihm gelang, sein verwüstetes Lande wieder in Ordnung zu bringen und vor allem neue Menschen anzusiedeln. Er brauchte sie dringend für die Trockenlegung der vielen Sümpfe, für die Kultivierung der sandigen Böden, für die Nutzung der weiten Wälder und vielen Seen, für die Belebung der zerstörten Städte, für den Aufbau der herunter gekommenen Dörfer, vor allem aber für die Verwaltung seiner Residenzen und für die Füllung der leeren Kasernen in Berlin und in Potsdam. Er versprach den umworbenen Siedlern Vieles, und sie kamen vor allem aus Holland, Flandern und den niederdeutschen Provinzen, ausgestattet mit Steuerprivilegien und der Hoffnung, nun doch noch zu den Gewinnern des Krieges zu gehören.

Es kamen Bauern, Handwerker und Kaufleute, Ingenieure und Künstler, Architekten und Wissenschaftler. Sie waren die tatkräftigen Menschen, die Kanäle zogen, Straßen und Festungen bauten, Märkte und Geschäfte einrichteten und in den wenigen Städten neue Wohnquartiere schufen. Wirtschaftliche Erfolge waren zu verzeichnen. Auch der kulturelle Wiederaufbau begann dank der Zugezogenen.

Im März 1667 stand der schwedische Adelige, Wissenschaftler und Diplomat Bengt Skytte auf der Audienzliste des Kurfürsten in seiner Berliner Residenz. Eine umfangreiche Korrespondenz war diesem Treffen bereits voraus gegangen. Die Angelegenheit verlangte äußerste Vertraulichkeit. Skytte war in Europa ein legendärer und umworbener Star der Wissenschaft und der Künste, und er schöpfte – in seiner Zeit keine Seltenheit - auch aus okkulten Kräften. Gut 50 Jahre alt, war er einst hoch protegiert gewesen am mächtigen schwedischen Königshof, dann aber in Ungnade gefallen. In Europa zog er, von Geheimnissen umwoben, seine Bahnen von Herrscherhof zu Herrscherhof, um einen Förderer zu finden, um seine Idee von einer Weltverbesserungsmaschine in die Tat umsetzen zu können, den Bau von etwas ganz Großem mit riesigen Auswirkungen für die im Krieg so fürchterlich heimgesuchte Menschheit. Diese Idee bestand darin, alle Kunst und Wissenschaft in ihren hervorragendsten Ausprägungen wie in einer komplizierten Maschine so miteinander zu vernetzen, dass zwingend Schöpfungen entstehen würden, eine andere, eine bessere Welt hervor zu bringen. Diese Maschine würde notwendigerweise die Verbesserung der menschlichen Lebensverhältnisse überall in der Welt bewirken und ein neues Menschengeschlecht erzeugen. Seine Maschine war die gedankliche Konsequenz des Jahrzehnte langen zerstörerischen Krieges ebenso gewesen wie die der vielen Leistungen von Künstlern und Ingenieuren, die es in der gleichen Zeit außerhalb des Kriegsgeschehens zu bewundern gab. Die Maschine wäre vor allem nicht zerstörbar. Sie sollte das stärkste Gegengewicht der Menschheit zu ihrer Fähigkeit sein, sich in Kriegen vollständig zu vernichten.

Der Kurfürst ist begeistert von dieser Vision und wittert für sich eine Chance, sein Land zu einem Leuchtturm in der Entwicklung von Europa zu machen. Er will dieses Genie, als das er Skytte betrachtet, für seine Mark Brandenburg und bringt allen seinen Charme auf, um Skytte für sich zu gewinnen. Denn er weiß, dieser geschickte Diplomat verhandelt auch gerade mit dem strahlenden französischen Sonnenkönig in Versailles, mit den kaiserlichen Diplomaten in Wien, mit den Hansekaufleuten in Hamburg und selbst mit der Heiligen Pforte in Konstantinopel. Er macht seinem Gast die großzügigsten Versprechungen, die besten Gelehrten, Wissenschaftler und Künstler der ganzen Welt in sein Land des Sandes, der Wälder und der Seen zu holen. Als Gäste seines Landes soll Skytte ihre Zusammenarbeit wie eine

Maschine organisieren. Als Herrscher will der Kurfürst für die Welt eine Lichtgestalt werden, der die Menschheit aus der Dunkelheit in eine neue leuchtende Welt zu führen versteht.

Soviel begeisterte Kooperation hat Skytte an keinem Hof erfahren. Er ist überzeugt, in dem Kurfürsten den richtigen Partner gefunden zu haben. Sofort macht er sich an die Arbeit, korrespondiert mit dem Kurfürsten unter dem Siegel äußerster Verschwiegenheit. Die Denkschrift, die er dem Kurfürsten während der Audienz überreicht, wird schnell Bestandteil eines Vertrages zwischen beiden. Skytte lässt sich von der euphorischen Aufbruchsstimmung in dem armen Land der Mark mitreißen, er spürt den Ehrgeiz des Fürsten und verspricht blühende Landschaften. Der Bau der Weltverbesserungsmaschine, so lässt er seinem Gönner wissen, werde aus der Mark ein Land machen, *„was einstmals Ägypten für den Orient, Delphi für Griechenland und der Tempel Salomon für die Juden gewesen waren."* Ein „modernes Athen" soll entstehen, *„wo die berühmtesten Gelehrten und Künstler aller Nationen, die angesehensten und wohlhabendsten Männer Westeuropas zusammenströmen würden, um unter dem Schutz des brandenburgischen Kurfürsten durch Entdeckungen, Erfindungen, schriftstellerische und künstlerische Leistungen"* den Fortschritt der Zivilisation zu bewirken *„und den Ruhm des großherzigen Schützers in allen Weltteilen"* zu verbreiten, *„und seinen Landen unermessliche Reichtümer"* zu bescheren. Die Idee vom „Spreeathen" ist geboren, und der Kurfürst will allzu gerne daran glauben.

Skytte ist ein arbeitsbesessener Mensch, wie sein Förderer mit Genugtuung feststellt. Um vollständig vertraulich arbeiten zu können, werden die Dokumente, Modelle und Korrespondenzen in einer Geheimschrift angefertigt, die Linguisten durch Computerprogramme erst kürzlich aus den Archiven der Berlin-Brandenburgischen Akdademie der Wissenschaften entziffert haben. Das geheime Projekt ist der Bau der Berliner Weltverbesserungsmaschine, symbolisiert in einer Pyramide, die in tetraedischer Anordnung gleichschenkliger Dreiecke erreicht wird.

Seit der griechischen Antike gab es die mystische Formel *„eins ist alles und alles ist eins."* Die Vielfalt der Dinge seien nur in der Betrachtung, in der Anschauung von einander getrennt unabhängige Gegenstände, Zustände oder Ereignisse. Ihre innere Verbundenheit sei nicht den Sinnen sondern nur dem forschenden Geist erkennbar. In ihren Merkmalen sei die Welt zwar voller Unterschiede und die Dinge seien so unvergleichbar, dass den Menschen die Frage fern geblieben sei, was das Eine mit dem Anderen verbinde. Jetzt aber fange der fortschreitende wissenschaftliche Geist an, mit dem wachsenden Wissen über die Beschaffenheit des Einzelnen immer weitere Tiefen und Arten der Verkettungen mit dem anderen Einzelnen zu erkennen. Wie die Planeten, die Sonne und alle anderen Erscheinungen am Himmel durch Kräfte und Energien verbunden seien, so seien es auch die anorganischen und organischen Gebilde und Spezies, die ihre Offenbarungen in den Sinnen der Menschen haben – oder aber verborgen vor der wissenschaftlichen Entdeckung ihrer wahren Ordnung harren. So weiß Skytte dem Kurfürst zu erzählen und die Vorteile von so viel Kunst und Wissenschaft schmackhaft zu machen.

Auf dem Papier malt er allerlei Figuren und Zeichnungen, von denen er dem Fürsten zu berichten weiß, dass sie der neue Baustoff einer neuen Zeit sein werden. Er lehrt, dass in der Geometrie das Muster der Darstellung großer Ideen ausgedrückt werden kann, wie Alles als Eins wird und das Eine als Teil des Vielfältigen geordnet sei. Grundelement einer solchen idealen Darstellung sei das gleichseitige Dreieck. Füge man Dreiecke im steten Wechsel von Basis und Spitze aneinander, ergebe sich als nächste größere geschlossene Fläche wiederum ein Dreieck in der gleichen Grundform wie seine einzelnen Teile. Baue man auf gleiche Weise solche Flächen in der dritten Dimension und schließe sie zur Spitze, entstehe die Form des Tetraeders, der Pyramide, wie man sie als großes Zeugnis der Kunstgeschichte zu verehren kennen gelernt habe. Alle Kunst und Wissenschaft, so dozierte Skytte dem großen Herrn, sei dazu da, die Verbindungen der unterschiedlichen Dinge zu erkennen, in denen der Kosmos das Spiel der Vielfalt in Gang gesetzt habe.

Mit den größten Künstlern und Wissenschaftlern der Welt will Skytte eine solche Maschine bauen. Sie soll nach dem Formprinzip des Kosmos Gegenstände in ihren Verbindungen wie in einem Tetraeder als Einheit zur Anschauung rücken und dem Betrachter vorführen, dass die Welt in aller Vielfalt eine Einheit ist. Der Kurfürst ist nicht sicher, ob er wirklich verstanden hat, was ihm da vorgetragen wird. Aber er setzt auf das Versprechen, dass mit dem Prozess des Baus an dieser Maschine seinem Land unermessliche Quellen des Reichtums und Wohlstands erschlossen werden.

Die Ideengeschichte der Berliner Weltverbesserungsmaschine wurde 2013 im Hamburger Bahnhof, dem Museum für Gegenwart als Projekt ausgestellt. Vor der Auffahrt zum Museum wurde eine Pyramide aus Bauteilen für Fassadengerüste errichtet, malerisch durch Leuchtröhren verzaubert. Der Museumsbau für die gegenwärtige Kunst ist eine alte sanierte Bahnhofsanlage aus dem 19. Jahrhundert, ein spätklassizistisches schlichtes und schönes Gebäude, sorgfältig renoviert mit einem eierschalenfarbigen Anstrich am Kanal gleich westlich der Sandkrugbrücke gelegen, mit einem von zwei nach vorne reichenden Flügelanbauten umsäumten Innenhof. Es ist ein Schmuckstück an der Invalidenstraße unweit vom Hauptbahnhof, wo einst am Kanal entlang die Mauer verlief und auf der Brücke ein Grenzübergang eingerichtet war.

Das Hauptgebäude des Hamburger Bahnhofs stammt aus dem Jahr 1846. Die beiden Flügelbauten wurden erst 60 Jahre später angefügt, niedriger und schlichter als das eigentliche Bahnhofsgebäude. Sie rahmen die schöne Innenanlage ein, ein Garten mit wenigen Bäumen und großen Beeten, die vor der Auffahrt zum Eingang mit einem weiten Rosenrondell abgeschlossen werden. Im rechten Flügelbau ist das Gasthaus von Sarah Wiener untergebracht, das sich auf der Rückseite am Kanal in einem schmalen lang gestreckten Garten fortsetzt mit Beeten, in denen die Kochkünstlerin ihre Gewürze zieht. Den Mittelbau, die Bahnhofshalle, flankieren zwei mit Flaggen geschmückte Türme. Zwischen ihnen wölben sich zwei mächtige Bogenportale, über denen eine Reihe schlanker Pfeilerarkaden laufen. In ihnen hat der amerikanische Künstler Dan Flavin blaugrüne Neonröhren installiert, die vor allem nachts dem Bahnhof eine eigene Ausstrahlung verleihen. Die Kunst hat die Eisenbahn abgelöst. Zwischen den beiden Bogenportalen steht noch in Ornamenten eingebettet der 1906 eingelassene Stein: Verkehrs- und Baumuseum. Da war die Geschichte als Bahnhof schon vorbei. Auch die Geschichte des Verkehrs- und Baumuseums ist schon lange vorbei. In einem Museum der Moderne, untergebracht in einem Bahnhofsgebäude des Spätklassizismus, ist eine Ausstellung über die Träume vor fast 350 Jahren wie eine verschlüsselte Botschaft zu lesen, hinter der die Geschichte der Stadt wie eine beständige Woge im Werden und Vergehen, im Erbauen und Zerstören, im Überleben des Vergangenen und Umkleiden des Gegenwärtigen mit dem Vergangenen ein seltsames Spiel treibt. Wo Brüche den zeitlichen Lauf einer Stadt bestimmen, wird die Vorstellungswelt immer faszinierend sein, wie durchtränkt die Gegenwart von der Vergangenheit ist, wie aber auch die Gegenwart die Idee von Vergangenheit beleuchtet.

300 Jahre nach dem Dreißigjährigen Krieg war Berlin wieder verwüstet, total zerstört, ein Wrack einer Großstadt aus Trümmern und verstörten Menschen, hilflos, Geschlagene ihres vermessenen Lebens, ausgehungert, ohne Zukunft. Die Weltverbes-

serungsmaschine kannte 1945 keiner mehr. Ruinen, soweit die Augen reichten, bizarre Verhüllungen des totalen Scheiterns der Menschheit. Etwa 600.000 Wohnungen waren in Berlin zerstört. Der Bahnhof war mehrmals bombardiert worden und brannte fast völlig aus. Die Bestände waren überwiegend im Museum geblieben, überhäuft mit Geröll, Schutt, Asche und Staub. Noch in den letzten Kriegstagen gab es rund um den Bahnhof erbitterte Gefechte. Auf der Brücke über den Kanal hatten sich die Nazis mit kaum sechzehnjährigen Jungen verbarrikadiert und schossen auf alles, was sich bewegte. Im Kanal brannten Phosphorbomben wie im Spiel der Hölle. Die Rote Armee rückte von Westen an und stürmte die Widerstandsnester im Ring um das innere Berlin. Es gab noch einmal unzählige Verluste an Menschenleben, vor allem auch auf dem Gelände der benachbarten Charité. Viele Exponate des Verkehrsmuseums waren im Feuer verbrannt, geschmolzen oder zerstört. Manches, was noch brauchbar war, zog die sowjetische Militärregierung ein, sicher auch den Salonwagen seiner kaiserlichen Majestät von 1889, der nun nach Osten ein Reich weiter rollte. Durch die Ruinenlandschaft zogen Plünderer und Schrottsammler. Nach dem Krieg verschwanden aus dem Museum durch Plünderungen mehr Gegenstände als die Bomben vernichtet hatten. Was nicht niet- und nagelfest war, wanderte in die Zirkulation der Schwarzmärkte. Kupfer und Messing hatten Tauschwert, die Vorhänge aus den Waggons ersetzten die verbrannten Gardinen aus den zerborstenen Fenstern, und die Sitze aus den Abteilen wurden zu Stühlen oder Sesseln umfunktioniert. Die ausgebrannte Ruine fiel in einen Tiefschlaf.

1961 wurde ihr gegenüber am Spandauer Schifffahrtskanal die Mauer hoch gezogen. Auf der Brücke gab es anfangs noch keinen Kontrollpunkt. Die Rechtsverhältnisse waren kurios. Das Museum wurde wieder als Bahnhof zurück gestuft. Die Reichsbahndirektion mit Sitz im sowjetischen Sektor übernahm das gesamte

Bahngelände der Stadt mit allen Anlagen. Der Bahnverkehr wurde der neu gegründeten DDR überlassen. Dazu gehörte auch die Berliner S-Bahn. Obgleich der Hamburger Bahnhof schon lange kein Bahnhof mehr war und in ihm seit über 40 Jahren kein Zug mehr ein- oder ausgefahren war, kam er irrtümlicherweise ebenfalls in die Reichsbahnverwaltung der DDR in Ostberlin. Schlimmer noch: 1953 übernahmen die Westalliierten die Bahnhofsgebäude in Westberlin und unterstellten sie der Senatsverwaltung. Die Ruine des Hamburger Bahnhofs wurde schlichtweg vergessen und blieb weiter unter DDR-Verwaltung.

So kam es, dass der Senat von Westberlin mit der Ruine auf seinem Hoheitsgebiet nichts machen konnte, das Gelände von den Berlinern nicht betreten werden durfte. Der Hamburger Bahnhof lag auf dem Gebiet von Westberlin, und die DDR war sein Eigentümer. An die Mauerbefestigungen angelehnt lag er da wie ein Stück Niemandsland und dämmerte weitere Jahrzehnte vor sich hin. Erst 1984 fielen die Würfel für seine Wiederauferstehung. Da kam es zwischen der DDR und dem Berliner Senat zu weitreichenden Vereinbarungen im Bahnbereich und zu Grundstückstauschen. Der Westberliner S-Bahnbetrieb wurde an den Senat abgetreten, und für drei Millionen DM wechselten die Eigentümerrechte am Hamburger Bahnhof und wanderten zum Berliner Senat. Der beschloss die stufenweise Wiederherstellung der Gebäude. Die Nutzung blieb eine Zeitlang unklar. Aber mit dem Fall der Mauer stand fest, dass in der zentral gelegenen Einrichtung künftig ein Museum für die zeitgenössische Kunst entstehen sollte. Mit spektakulären Ausstellungen war der Weg vorgezeichnet. En miniature verkörpert der Hamburger Bahnhof die Absurditäten der Berliner Stadtgeschichte, die dem kaum in die Augen stechen, der sich heute diesem Kunsttempel nähert.

Wie schaffen es Häuser, wie schaffen es Ideen, sich über die Zeiten zu retten, sich jenseits ihrer augenblicklichen Verfassung

Sinn und Zweck ihrer Existenz immer wieder neu zu setzen, sich als alt und schützenswert zu präsentieren, sich der Zukunft zugewandt als notwendig für Hoffnung und Vision zu definieren? Der Hamburger Bahnhof und die Berliner Weltverbesserungsmaschine haben in ihrer Verortung und in ihrer Erscheinung zunächst nichts gemeinsam. Aber sie sind eingebettet in die Geschichte der Stadt, die sie erzählen können. Da ist es zwingend, dass sich ihre Wege in irgendeiner Weise irgendwann kreuzen mussten.

Aus Skyttes Maschine wurde nichts. Nirgends gibt es von ihr eine Ruine, und für sie hat es nie eine Baustelle gegeben, wenngleich ihre Geschichte voll von Bauplänen ist. Der Kurfürst hatte am Anfang viel Geld in sie gesteckt, war aber vordergründig mehr an der technischen, handwerklichen und wirtschaftlichen Modernisierung seines Staates interessiert als an der okkulten Verheißung, Menschen den Engeln anzunähern. Der Vorgang indessen war bemerkenswert: Wissenschaftler und Künstler brauchten Geld, um sich entfalten zu können. In großen Visionen behaupteten sie, wozu sie fähig wären, ließe man sie in Freiheit arbeiten und gebe ihnen das Geld dazu. Sie mussten lernen, ihre Visionen den Herrschern so schmackhaft zu machen, dass die Herrscher es als Vorteil betrachteten, ihre Macht im Tun und Lassen von Wissenschaft und Kunst zu spiegeln. Dafür schufen die Herrscher einen gesellschaftlichen Raum der Freiheit, den es für andere Bereiche in der Gesellschaft so nicht gab. Was heute als bürgerliche Freiheiten bezeichnet wird, hat seine Keimzelle in Kunst und in Wissenschaft.

Die Wissenschaftler und Künstler blieben zwar Untertanen der Fürsten, Könige und Kaiser, durften aber mit deren Geldern frei forschen und schaffen, wenn es ihnen gelang, ihre Geldgeber für ihre Ideen zu gewinnen. Immerhin schuf bereits damals der Kurfürst mit einer Akademie einen Raum, in dem Wissenschaftler und Künstler frei von Bevormundungen der fürstlichen Verwaltung Konzepte finden sollten, mit denen das Schöne und das Wissen vereint die Menschheit zu einem besseren Leben führen würde. Skyttes Vision hatte praktische Folgen in dem Aufbau der Akademien. Er selbst aber geriet mehr und mehr ins Abseits der fürstlichen Aufmerksamkeit. Spätestens mit dem Krieg gegen die Schweden, den der Kurfürst mit der Schlacht bei Fehrbellin 1675 siegreich begann, war die Brandenburger Zeit von Skytte besiegelt. Verbittert kehrte er nach Stockholm zurück, wo er 1683 starb.

Doch die Idee von der Maschine bleibt in vielen Köpfen und beseelt die Arbeit in der Akademie. Die Ambivalenzen zwischen Kunst, Wissenschaft und Macht sind nicht zu übersehen. Die Könige bleiben in der Folgezeit bemüht, für die eigene Verherrlichung als Förderer Pakte mit den Künsten zu schließen und die Wissenschaften in ihren Reichen als Innovationskraft für den technischen und zivilisatorischen Fortschritt in ihrem Herrschaftsreich durch freie Entfaltung finanziell zu fördern. Doch das soll in Bahnen geschehen, die mit dem Aufbau der Akademien die Klugheit und Weisheit der Majestäten demonstrieren. Ein Geschäft auf Gegenseitigkeit zwischen den Schlössern der Macht und den Schlössern des Geistes. Künstler und Wissenschaftler bleiben auf die Gunst der Herrscher angewiesen. Im Schatten dieser Gunst können sie sich die Freiräume schaffen, in denen ihre Kreativität gedeiht. In solchen Ambivalenzen driften die Menschenbilder der Macht, der Wissenschaft und Kunst zwangsläufig auseinander. Absolutismus und Bürgertum müssen sich immer fremder werden.

Die Weltverbesserungsmaschine bleibt als Idee und Projekt zunächst in der Kunst erhalten. Der große Baumeister Andreas Schlüter ist gleichsam der Gralshüter der Idee. Nach den Vorbildern in Rom und Paris gelingt es ihm, den zum ersten preußischen König avancierte Kurfürsten Friedrich III. zu überzeugen, auch in Berlin eine königliche Akademie der Künste zu errichten, in der das Vorbild der Antike durch ihre Erforschung und Nachahmung systematisch für die Verbesserung der Menschheit genutzt werden soll. Schlüter wird 1699 Direktor der Akademie und erhält den Auftrag, als bedeutendste Bauwerke diesseits der Alpen die Schlossresidenz in Berlin zu errichten und gleichzeitig den höchsten Turm der Menschheit als Wahrzeichen der neuen Zeit hoch zu ziehen. Kunst und mechanische Wissenschaft sollen mit dem Schloss und mit dem hundert Meter hohen Münzturm als Einheit jedem zeigen, wohin der Weg Preußens führen wird. Der Turm wird gebaut, aber er neigt sich wegen der nicht zu bewältigenden Fundamentprobleme. 1706 muss der „schiefe Turm von Berlin" abgetragen werden. Der König empfindet das als tiefe Schmach.

Schlüter fällt beim König in Ungnade und wird nach Freienwalde verbannt. Dort richtet er ein experimentelles Labor ein, in dem er nach geometrischen Systemen der Anordnung große Kunstwerke erforscht, um zwingende Wirkungen bei den Betrachtern zu erzeugen. In den Köpfen der Weltverbesserer spielt das Geheimnis der Zahlen und ihres Verhältnisses zueinander eine immer wichtigere Rolle. Sie glauben, dass Zahlen die Formen der Natur mit denen der Kunst verbinden und sind überzeugt, wer die optimalen Zusammenhänge zwischen den natürlichen und künstlich geschaffenen Lebensverhältnissen der Menschen kennt und beachtet, ist dem Bau einer Weltverbesserungsmaschine am nächsten. Der König lässt sich gerne zu dieser Ruhm versprechenden Welt der Geheimnisse verführen und ist überzeugt, es gibt kein größeres Projekt als sein Schloss, um dieses Wissen für seine Zwecke zu benutzen. Deshalb kann er den ungeliebten Schlüter nicht fallen lassen und muss sich dieses Genie für seine Herrschaftsmaschine noch eine Zeitlang erhalten.

Der Begriff Systemtheorie ist in jenen Zeiten noch vollständig unbekannt. Aber Andreas Schlüter arbeitet genau nach ihren Prämissen. Zahlenverhältnisse durchdringen viele große barocke Kunstwerke, in den Bauwerken, in der Malerei, in der Musik. Schlüter studiert sie genau, vergleicht sie mit Vorlagen aus der Antike und leitet aus seinen Studien Gesetzmäßigkeiten ab, wie die öffentlichen Räume gestaltet und mit Kunst ausgestattet werden müssen, damit sie die betrachtenden Menschen auf den Weg ihrer Veredelung führen. Er ist sich sicher, dass er systematisch dem Geheimnis auf der Spur ist, eine Maschine konstruieren zu können, welche die Welt nachhaltig durch die Verbesserung der Menschen verändern wird. Er arbeitet an einer Maschine, die sich aus eigener Kraft erhalten soll.

Den König interessieren Menschen und Maschine weniger als der Bau seines gigantischen Schlosses, das ihn in Europa schmücken soll und ihm den Respekt seiner Untertanen sichert. Es soll keine Kopie werden und seine Einzigartigkeit durch die Geheimnisse der Zahlen finden, von denen er sich eine magische Ausstrahlung seiner Macht verspricht. Er weiß, ohne Schlüter kommt er in der entscheidenden Bauphase nicht weiter und holt ihn zurück nach Berlin. Schlüter baut und baut und sorgt dafür, dass seine Konstruktionspläne geheim bleiben, indem er sie nach Erfüllung ihrer Zwecke vernichtet. Gegen ihn werden Anschuldigungen immer lauter. Viele verdächtigen ihn der Magie und spotten, insgeheim nur seinem Hobby nachzugehen, die Konstruktion einer Maschine namens Perpetuum Mobile fertig zu stellen. 1713 trennt sich der König endgültig von dem größten Genie in seiner Stadt. Schlüter verlässt Berlin und folgt einem Ruf des Zaren nach St. Petersburg. Die Konstruktionspläne für seine Weltverbesserungsmaschine nimmt er 1714 mit in sein Grab.

Die ehrgeizige Idee von der Maschine bleibt, auch beim König. Der holt sich den großen Gottfried Wilhelm Leibniz aus Hannover nach Berlin. Leibniz ist überzeugt, dass *„Gott, der große Baumeister"* eine Welt in Bewegung hält, die nach Gesetzen funktioniert, die Menschen nie vollständig enträtseln werden, denen Menschen aber immer näher kommen können, weil ihnen Vernunft und Wissenschaft als Schlüssel mitgegeben sind, um *„die beste aller denkbaren Welten"* als Schöpfung durchschauen zu können. Leibniz ist kein Freund dieses Königs und verzichtet darauf, dem König seine Philosophie überhaupt vorzustellen. Ihm geht es ausschließlich darum, vom König die Gelder zu erhalten, mit denen er sein Unternehmen Wissenschaft in Gang setzen kann, der Schöpfung auf die Spur zu kommen und nach den Beweisen zu suchen, wie Menschen in ihr die Verbesserungen schaffen können, wenn sie die Vorgaben des Schöpfers richtig beachten. Um die Gelder zu erhalten, verspricht Leibniz dem König Nutzen und Machtgewinn aus entsprechenden finanziellen Zuwendungen. Lasse der König ihn nur gewähren, mit seiner Wissenschaft die Maschine Gottes zu erforschen, dann werde der König aus dem Reich der Wissenschaften das Zigfache zurückerhalten, was er in seinen Aufbau vorstrecken müsse.

Anders als Schlüter, der an das System der Künste als Grundlage der Weltverbesserung glaubte, setzte Leibniz auf die Wissenschaften. Er war ein hoch gebildeter Mann und kannte sich in allen damals entwickelten Wissenschaften bestens aus. Theologie und Philologien waren ihm vertraut von Jugend auf. Als Mathematiker fand er neue Definitionen für Zahlen und ihrer Rechnungsarten. In der Medizin disputierte er genauso professionell wie in den Kunstwissenschaften. Er war ein Universalgelehrter, für den alle Wissenschaftszweige in einem System der Wissenschaft zusammen laufen müssen. Zum preußischen König war er in der Hoffnung gekommen, die finanziellen Mittel zu erhalten, um eine systematische Mitte für die Zusammenführung aller Wissenschaften zu erschaffen. Ihn beschäftigen die verborgenen Ideen, aus denen Mathematik, Theologie, Medizin, Physik, Chemie, Kunstwissenschaft, Magie, Philologie, Kultur- und Naturwissenschaften entstanden sind. Das sie Verbindende, nicht das sie Trennende fasziniert ihn. Hinter allem Wissen sucht er nach den Geheimnissen, die nach neuen Erkenntnissen streben, wie wohl die Blaupausen der göttlichen Schöpfung beschaffen sein mögen.

Um den großen Leibniz in sein Land ziehen zu können, verspricht der König viel. 1700 wird der 50 jährige Leibniz auf Lebenszeit der erste Präsident der vom König gestifteten Societät der Wissenschaften, aus der später die Akademie der Wissenschaft werden wird. Untergebracht wird sie gleich neben Schlüters Akademie der Künste in den Räumen des Marstalls. Die Weltverbesserungsmaschine in Schlüters Akademie ist schon räumlich auch in der neuen Akademie stets allgegenwärtig. Aber anders als Schlüter glaubt Leibniz nicht daran, dass sie in absehbarer Zeit gebaut werden kann. Ihre Errichtung wird Generationen und Jahrhunderte dauern, in denen die Wissenschaften fortschreiten müssen, immer mehr Formeln des großen Weltbaumeisters zu entziffern. Einstweilen beschäftigt Leibniz die grundlegende Frage, warum gibt es in einer Welt, von der man annehmen muss, sie sei die beste aller denkbaren Welten, soviel Elend und Übel? Er erkennt, dass die ethischen Werte gut und böse einer anderen Anschauung der Welt folgen als die wissenschaftliche Feststellung eines guten oder schlechten Ergebnisses. Ohne restlose Lösung aller Rätsel, wie die Welt funktioniert, ist es müßig, darüber nachzudenken, welche Mechanik einer Maschine die Welt verbessern könne. Ziel aller Freiräume des Menschen müsse es sein, die Prinzipien zu finden und festzulegen, nach denen Wissen und Erkenntnis gewonnen werden können. Wissen ist für ihn die höhere Stufe des Menschen, der Erkenntnis gewinnt, wo vorher Geheimnis oder Glaube war. Im Sinne von Maschine und System setzt Leibniz auf die Erforschung der Artefakte, die das Gebäude der Wissenschaften hervorbringen werden, in denen sich eines fernen Tages das Universum spiegeln wird. Leibniz legt dem König einen umfangreichen Forderungskatalog für seine Berufung nach Berlin vor. Es werden regelrecht Berufungsverhandlungen geführt, die der König mit seiner Unterschrift besiegelt. Erfüllen wird der König allerdings nur die wenigsten, denn sie wären ihm zu teuer geworden. Sein Geld fließt in erster Linie in sein Schloss und in die repräsentativen Verherrlichungen seines von Gottes Gnaden errichteten Königreichs.

Leibniz will stattdessen aber Bibliotheken, Ikonotheken, Kunst- und Raritäteneinrichtungen, einen Botanischen Garten, ein großes Tiergehege, über- und unterirdische Forschungslabore. Steine, Pflanzen, Tiere gehören zu seinem Universum der Anschaulichkeiten wie Bücher, Kunstgegenstände und Geräte, mit denen Menschen das Schöne, Nützliche und Gute schaffen, ohne ausreichend den Grund zu kennen, warum das für sie so gut und so schön ist.

Der Tetraeder, die Pyramide vor dem Hamburger Bahnhof ist das sichtbare Zeichen, mit dem sich in den Jahrhunderten verborgen oder demonstrativ die Gelehrten einander versicherten, eine Verbesserung der Zustände dieser Welt erreichen zu können. Ihre Sprache ist universal und mit Zeichen der universalen Gelehrsamkeit ausgestattet, die geometrische Verkleidung von Zahlen und Zahlenverhältnissen in den idealen Winkelfunktionen, die ein Dreieck ergeben oder einen Tetraeder. In der universalen Sprache, die hinter dem Gedanken der Maschine zur Verbesserung der Welt steht, findet der Wille seinen Ausdruck, Menschen könnten sich in der Anwendung ihrer Vernunft vereinigen. Der Glaube an die Kraft dieser Vereinigung ist das eigentliche Ziel der Berliner Weltverbesserungsmaschine bis weit ins 19. Jahrhundert gewesen. Ohne diese Maschine finden oder besichtigen zu können, wird im Museum der Gegenwart ihr Wirken bis heute als abstraktes Kunstwerk ausgestellt, indem Spuren gelegt wer-

— DIE WELTVERBESSERUNG UND DAS MUSEUM —

den, die wie auf einer Schnitzeljagd in die Weite und Tiefe der Berliner Museumslandschaft führen. Friedrich von Borries ist der Kurator der Ausstellung. Mit Jens-Uwe Fischer hat er ein spannendes Buch über diese Maschine mit dem Untertitel „Eine Geschichte des fortwährenden Scheiterns" geschrieben. Die Autoren sind überzeugt, dass ohne Kenntnis dieser 350 Jahre dauernden Geschichte eines Projekts zwischen Utopie und Realität die Gründungen der Akademie der Künste, der Akademie der Wissenschaft und später der großen Museen nicht zu verstehen sind. Ihre historische Erforschung der Maschine fassen sie in dem Satz zusammen: *„Die Akademien widmeten sich der wissenschaftlichen und künstlerischen Forschung an der Maschine, die Museen sammelten die in Frage kommenden Bauteile."*

Bahnhöfe sind Gehäuse für große Maschinen und, indem sie funktional für die Maschinen eingerichtet werden, sind sie selbst Teil einer Maschine, in der unterschiedliche Submaschinen gezielt und gelenkt zusammen wirken. Menschen bewegen sich in Bahnhöfen überwiegend den Vorgaben und Ansprüchen der Maschine entsprechend und die Konstrukte der Maschine sind ausgerichtet an Verhaltensweisen, die von Menschen bekannt sind. Ein Bahnhof funktioniert gut, wenn Menschen und Maschinen optimal aufeinander abgestimmt sind. Berlin liegt nicht an der Bahn. Früher fuhren die Fernzüge nicht durch die Stadt. Züge von und nach Berlin endeten an den Toren der damaligen Stadt. Wie in London und Paris wurden Kopfbahnhöfe gebaut. Sie wurden nach den Städten und Regionen benannt, zu denen die Gleise führten. Die Gebäude der Kopfbahnhöfe waren als Wahrzeichen wie neue große Stadttore, die in ihren reichhaltigen Ausstattungen und mit ihrer massiven Größe weit über ihre funktionale Bedeutung hinausreichten, reisende Menschen geordnet und mit möglichst geringen Reibungsverlusten zusammen zu führen. Als Stadttore waren ihre Anlagen Repräsentationsbauten der Macht und des Selbstbewusstseins, einer neuen Zeit Gesicht zu geben. Sie waren Vorzeigeanlagen, auf denen riesige Eisenkonstrukte eingebettet wurden in monumentale Kleider aus Stein, geschmückt mit vielen geschichtlichen Zitaten vergangener Baustile, die im harmonischen Zusammenspiel den Bogen von der Antike bis in alle Ewigkeit schlagen sollten. Die Ästhetik der Gegenwart, durchdrungen vom Lärm der schweren dampfenden, hupenden und kreischenden Lokomotiven, den unerbittlichen Stimmen der Ansagen, dem hallenden Rauschen vieler schreiender und redender Menschen, den unzähligen Bewegungen der Reisenden, geteilt in Stände und Klassen und der ununterbrochenen Betriebsamkeiten zwischen Abfahrenden und Ankommenden, schuf künstliche Harmonien zwischen der Statik Stein gewordener Größe der Vergangenheit und den quirligen Mischungen der Menschen als Gesellschaft in diesen lauten Hallen des Hier und Jetzt. Wer sich der neuen Welt an den Stadttoren mit Begeisterung hingab, empfand in den Bahnhöfen eine Weltverbesserungsmaschine mit unwiderstehlichen Anziehungskräften, sich den Gefühlen der Harmonien jenseits aller Zeiten und augenblicklichen Potenzialen von Macht, Politik und privaten Befindlichkeiten hinzugeben. Bewegung und Beschleunigung waren die neuen Lebenserfahrungen

Der Architekt Georg Ernst Friedrich Neuhaus schuf den Hamburger Bahnhof in einer sehr frühen Phase der Baugeschichte großer Bahnhöfe. Ab 1846 rollten die Züge über die 286 Kilometer lange Strecke zwischen den beiden Städten Hamburg und Berlin. Der Bahnbetrieb in Berlin war erst acht Jahre früher 1838 mit der Strecke Berlin – Potsdam aufgenommen worden. Neuhaus kennt sich in der Welt der Dampfeisenbahnen aus. Als Baumeister liebt er das Spiel mit den gewaltigen Materialanforderungen von Schienen, Signalen, Kohlen- und Wasserkesseln, von Lokomotiven, kreischenden und fauchenden Geräuschen in Hallen

— DIE WELTVERBESSERUNG UND DAS MUSEUM —

einlaufender und abfahrender Züge. Er beobachtet genau die zu Massen verdichteten Individuen mit zeigefreudigen standesgemäßen Garderoben und mit klotzigen Koffern oder unsicher umherhuschende Frauen mit Kopftüchern und Stoffbündel über dem Rücken oder die Arbeiter der Holzklassen mit Schiebermützen und stets in großen Gruppen unterwegs. Er berechnet die Wege zwischen den Fahrkartenschaltern und der Gepäckverwahrung, beachtet die großen und kleinen Bedürfnisse in dem hektischen Getümmel, um Dienstleistungen für die Reisenden als feste Einrichtungen zu schaffen, hält Räume für Zeitungsverkäufer, Gepäckträger und herumlaufende Kleinanbieter offen, richtet Salons für die Komfort verwöhnten oberen Klassen und Wartezonen mit Bänken für die ohne Geld in der Tasche Reisenden ein. Er hat klare Zahlenordnungen für unterschiedliche Bewegungen und Erwartungen der Bahnbevölkerung, die dem Anschein nach ein Chaos der Tempi, der Lautstärken und der Einzelschicksale in den Hallen und Bahnsteigen erzeugen. Er schafft die Voraussetzung dafür, dass die Anordnungen des Bahnhofpersonals in ihren schmucken Uniformen und in ihrer würdevollen Steifheit eingehalten werden. Er weiß, wie die Auf- und Abfahrten zum Bahnhof zu gestalten sind, auf denen sich die schwerfälligen Pferdedroschken bewegen, wo das Gepäck zu be- und entladen ist, wo Ankunft und Abschied zelebriert werden. Einen großen Stadtbahnhof zu bauen, ist für Neuhaus wie ein riesiges Puzzle, in dem die unterschiedlichen Teile optimal ineinander gefügt werden und einer unerbittlichen minutengenauen Gliederung zeitlicher Abläufe folgen, um jenen Rhythmus zu erzeugen, den die Reisenden als Dynamik der neuen Zeit erleben. Alles muss mit allem optimal zusammenspielen.

Neuhaus ist ein Architekt mit einem Weltbild. Er will die neue Tempowelt für Massen von Menschen in seinem Bahnhof so bauen, dass sein äußerer Anblick die erhabene Größe von Harmonie der Macht und durch Schönheit ewig währender Proportionen der Klassik die Gefühle von Geborgenheit und gültiger Ordnung stärkt. Durch die Portale soll die Stadt verlassen werden in eine Welt zunehmender Beschleunigung und aufreizender Mischungen, in der die Menschen aus ihren Lebensbegrenzungen in den Sog der Bewegungen gezogen werden. Der Architekt ist in seinen Visionen der Zeit schon weit voraus. Denn große Bahnhöfe gibt es zu seiner Zeit noch nicht, nicht einmal in London oder in Paris, wo er die Anlagen von Eisenbahnen studierte und die Notwendigkeiten erkannte, dass Platzbedarf und Dynamik des Bahnhofsverkehrs nur außerhalb der Kernstadt durch ein System der Kopfbahnhöfe zu berücksichtigen sei. Um 1840 ist die Bahn noch nicht in den Köpfen der Menschen angekommen. Die ersten Bahnhöfe an den Strecken sind eher unscheinbare Unterstellplätze nahe an den Gleisen. Die großen Kathedralen der Bahnhöfe in London, Paris, Hamburg, Frankfurt, Leipzig und überall in den großen Städten Europas entstehen erst zwanzig, dreißig Jahre später.

Für seine Vision braucht Neuhaus Geld, viel Geld. Das benötigt er von der preußischen Regierung ebenso wie von der Aktiengesellschaft, die das Kapital für die Strecke und ihren Betrieb zur Verfügung stellt. Der Architekt arbeitet mit einer Doppelstrategie. Dem Kapital verspricht er eine schnelle Verzinsung, wenn es mit dem Bahnhof gelingt, die Abfertigung von Personen und Gütern in immer kleineren Zeiteinheiten zu bewältigen. Die Regierung will er mit der Errichtung eines großen repräsentativen Gebäudes im Stil einer italienischen Villa für sich gewinnen, verspricht, den Bahnhof zum Kristallisationskern einer modernen Stadterweiterung mit viel Industrie und Gewerbe zu machen. Die Pläne für den großen Bahntempel überzeugen die Geldgeber, sie wissen, ihr Urheber argumentiert mit unschätzbaren Erfahrungen. In kaum drei Jahren davor hatte Neuhaus die 142 Kilometer lange Strecke von Berlin nach Stettin gebaut, die in Berlin am Stettiner

— DIE WELTVERBESSERUNG UND DAS MUSEUM —

Bahnhof endete, ebenfalls an der Invalidenstraße vor den damaligen Mauern der Stadt Berlin gelegen. Der Bahnhof wurde 1950 gesprengt. Heute gibt es an der Stelle nur noch die S-Bahnstation Nordbahnhof.

Neuhaus ist ein total begeisterter Eisenbahner. Sogar das Diplom als Lokomotivführer hat er erworben. Der Baumeister muss auf dem Bauplatz Hamburger Bahnhof ein Problem lösen, das in der Stadt so vielen Architekten bis in die Gegenwart zu schaffen macht. Wo sich die Bahnhofshalle in den Himmel wölben soll, fließt träge der „Alte Schönhauser Graben", den die Berliner als Mündungsgebiet der Panke in die Spree kennen. Der Morastboden in der feuchten Senke reicht 13 Meter tief. Neuhaus muss das Fließwasser umleiten. Das versetzte Bett wird die Trasse für den drei Jahre später gebauten Berlin-Spandauer Schifffahrtskanal, der dann noch einmal 10 Jahre später an der Einmündung in die Spree mit dem Humboldthafen erweitert wird. Für die Bahnhofsanlage werden tiefe Fundamente gebaut, die weiten Gleisanlagen nach Norden werden mit Aufschüttungen unterlegt, die bis in die Gegenwart einen festen Baugrund geschaffen haben, auf dem künftig die Eurocity errichtet werden soll.

Bis auf wenige Reste und gesicherte Erinnerungsruinen sind die frühen Gebäude der Berliner Kopfbahnhöfe nach dem Krieg gesprengt und beseitigt worden. Berlin als Bahnknotenpunkt war mit der Teilung Deutschlands Geschichte. Die Bahnhöfe und die Strecken wurden im geteilten Deutschland nicht mehr gebraucht. Die frühen großen Gebäude des Potsdamer Bahnhofs, des Anhalter Bahnhofs, des Stettiner Bahnhofs, des Görlitzer Bahnhofs, des Dresdener Bahnhofs gibt es nicht mehr. Lediglich der Schlesische Bahnhof blieb, wenngleich in seinen historischen Beständen stark umgebaut. Er überlebte an der durchgehenden Ost-West-Verbindung der Stadtbahn, an der später dann auch der Lehrter Bahnhof errichtet wurde. Aus dem Schlesischen Bahnhof wurde nach dem Krieg mit der Zeit der Hauptbahnhof von Berlin, Hauptstadt der DDR. Nach der Wiedervereinigung wurde aus dem Hauptbahnhof dann der Ostbahnhof. Der Lehrter Bahnhof ist ebenfalls verschwunden. An seiner Stelle steht nun der neue Hauptbahnhof, ein moderner Kreuzbahnhof, der erstmals in der Berliner Bahngeschichte alle wieder aktiven Fernverkehrsverbindungen zentral vereint.

Übrig geblieben aus der alten Zeit ist ausgerechnet der Hamburger Bahnhof mit der kürzesten Bahngeschichte aller Berliner Bahnhöfe. Das ist nicht der Weitsicht von Planern zu verdanken sondern einzig der Zeit und ihrer so skurrilen Umstände. Die längste Geschichte eines Berliner Bahnhofgebäudes ist verbunden mit der kürzesten Dauer seiner Betriebsgeschichte. Nur 37 Jahre lang rollten von hier aus die Züge.

Am 15. Oktober 1884 war Schluss. Der Bahnbetrieb wurde eingestellt. Die Hamburger Züge fuhren nun vom benachbarten Lehrter Bahnhof, mit dem ein weiteres Gleisgelände und eine einfachere Streckenführung realisiert werden konnte. Der Hamburger Bahnhof wurde nun 22 Jahre lang zu einer der ersten großen Bauruinen von Berlin. Erst Ende 1906 erwachte die Anlage zu neuem Leben, nun nicht mehr Bahnhof sondern Verkehrs- und Baumuseum. Da war alles zu bewundern, was die stürmische deutsche Industrie in den letzten Jahrzehnten an Lokomotiven, Waggonbau, Schiffshebewerken, Signalanlagen, Gleisbau und Reiseprunk der neuen Beweglichkeit hervorgebracht hatte. Reste dieser gigantischen Ausstellung schmücken heute noch das Technikmuseum in Kreuzberg, ein Publikumsmagnet wie früher das Vorgängermuseum, der Hamburger Bahnhof. Denn dieser Name blieb trotz offizieller Bemühungen, ihn aus der Topografie der Bezeichnungen von Baudenkmälern zu streichen. Warum sollte ein so weitläufiges Museum Bahnhof heißen, wenn die Bahnhofszeit schon Jahrzehnte zurücklag und sich immer mehr aus den

— DIE WELTVERBESSERUNG UND DAS MUSEUM —

Erinnerungen verflüchtete? Die Unklarheit, Bahnhof genannt zu werden und doch ein Museum zu sein, hat die Zeit mit einem listigen Spiel ausgenutzt. Als die Bomben im Krieg auf Berlin fielen, sorgte man sich so gut wie möglich, aber nur bedingt erfolgreich um die Museumsbestände. Auch das Museum wurde schwer getroffen. Die Ruine, die nach den Bombardierungen entstanden war, hieß nach wie vor Hamburger Bahnhof. Sie lag zudem noch in einem weiten Gebiet, in dem außer Bauruinen nur zerstörte Bahngleise und zerborstene Bahnanlagen zu besichtigen waren. Der gebäuderechtliche oder gebäudefunktionale Status der Ruine wurde von den Alliierten gar nicht erst diskutiert. Sie war ja nun mal ein Bahnhof und hieß ja auch Bahnhof. Also behandelte man sie wie einen Bahnhof, gehörte zu allem, was mit Bahn zu tun hatte, war Teil eines riesigen Bahngeländes, für die als Eigentümerin die Deutsche Reichsbahn zuständig war, eingelagert in der Viermächtestadt mit Sitz im sowjetischen Sektor und der Aufsicht der sowjetischen Besatzungsbehörde unterstellt.

Ein Zeitabschnitt für den Hamburger Bahnhof begann, den es in dieser absurden und kuriosen Form nur in Berlin geben konnte. Nach dem Krieg dämmerte die Ruine mit ihren verbliebenen Museumsbeständen dahin. Kein Besucher durfte sie betreten. Plünderer und Raritätensammler waren die einzigen illegalen Zeugen ihres Innenlebens. Das Problem, wer für das Museum rechtlich zuständig sein sollte, wurde von den vier Besatzungsmächten in Berlin übersehen. Also kam der „Bahnhof" zurück in die Verwaltung der Reichsbahn und auf dieses Weise später in die Verwaltung der DDR. Auch für die DDR war es eine absurde Situation. Sie verwaltete da ein Gebäude außerhalb ihres Hoheitsgebiets, das keinerlei Bedeutung und Funktion als Bahneinrichtung haben konnte. Sie hätte aber das ihr zugespielte Recht an der Ruine auf dem Gebiet des westlichen Berlin in dem Augenblick verwirkt, hätte sie in ihr in irgendeiner Weise wieder das

Museum belebt. Also blieb alles einfach so stehen und liegen, wie es der Krieg in der Stadt zurückgelassen hatte. Dann kam 1961 die Mauer, die hart entlang der östlichen Seite des Museums am Kanal hoch gezogen wurde. Von den Wachtürmen konnten die Grenzsoldaten auf die ihnen gehörende Ruine im Westen der Stadt schauen, die ihnen unterstand, die sie aber nicht betreten durften, da sie auf der Westberliner Seite der britischen Hoheitsgewalt unterlag. Die Sicherung der Ruine auf dem in Westberlin gelegenen Bahngeländen war ausschließlich den Mitarbeitern der Reichsbahn erlaubt. Neben diesen hatten nur die Angehörigen der vier Besatzungsmächte die Erlaubnis, die Ruine zu besuchen. Sie durften sich in ganz Berlin bewegen. So sahen es die Statuten der Alliierten vor. Der heutige Touristenmagnet Checkpoint Charlie war ihr Tor in der Mauer.

Wieder vergingen zwei Jahrzehnte, in denen das starre Bild der düsteren Ruine inmitten der Maueröde in einem vergessenen Winkel an der Invalidenstraße als Manifestation eines real existierenden Niemandslands zu besichtigen war. Dann 1981 tat sich auf einmal etwas hinter den Kulissen. Im Zuge der West-Ost-Verhandlungen zwischen dem Senat und der DDR-Regierung stand auch der Bahnbetrieb, vor allem die S-Bahn auf der Tagesordnung und es kam zu allerlei Tauschvereinbarungen. Zu den Tauschgegenständen gehörte auch der Hamburger Bahnhof. Die DDR konnte mit ihm eigentlich kaum etwas anfangen, aber er war für Verhandlungen lukrativ, ein Faustpfand jenseits der Mauer. Dieses Faustpfand wurde für ein paar Millionen DM-Devisen verkauft, die dringend für die klamme Staatskasse benötigt wurden. Offiziell einigte man sich darauf, den Bahnhof gegen die Fassadeelemente des Ephraim-Palais einzutauschen, die im Westen der Stadt lagerten. Für die Senatsseite hatte geduldig und mit viel Geschick der Senator für Stadtentwicklung Volker Hassemer verhandelt. Ihm zur Seite stand Holger Steinle, der dem Verein vorsaß, der sich um die Wiederbelebung des Hamburger Bahnhofs als Museum für Verkehr und Technik einsetzte. Ziel des Rückkaufs war also, das Gebäude in seiner alten Museumsfunktion zu nutzen. Die Übergabe erfolgte 1984, nun aber mit einer völlig neuen Weichenstellung.

Denn die Rückgabe des Museums war mit der Auflage verbunden, dass erhebliche Bestände aus dem alten Museum an das Verkehrsmuseum in Dresden abgetreten werden mussten. Zur gleichen Zeit bot der Bauunternehmer Erich Marx dem Senat an, seine kostbare Sammlung der Gegenwartskunst der Stadt zu überlassen, wenn sie dafür ein geeignetes repräsentatives Gebäude zur Verfügung stellen würde. So entstand die Idee, den Hamburger Bahnhof zu sanieren und in ihm ein Museum der Gegenwart einzurichten, in das auch die entsprechende Abteilung der Nationalgalerie einziehen sollte. Die Restbestände des alten Museums wanderten nach Kreuzberg und waren der Grundstock für das inzwischen mächtig gewachsene weitläufige DEUTSCHE TECHNIKMUSEUM BERLIN. Mit der Sammlung Marx wurde noch vor der Wiedervereinigung in dem aufwändig sanierten Bahnhof 1987 das MUSEUM FÜR GEGENWART eröffnet, das schnell zu den großen Museen für Gegenwartskunst aufschloss. 2004 kam mit der Friedrich Christian FLICK COLLECTION die zweite große Privatsammlung in das neue Museum. Der mit der Nazivergangenheit belastete Name Flick erzeugte heftige Turbulenzen in der Berliner Kulturszene.

Bald wird der Hamburger Bahnhof 170 Jahre alt sein. Nur 37 Jahre davon war er ein richtiger Bahnhof. Kaum länger konnten ihn die Besucher als Verkehrs- und Baumuseum nutzen. 40 Jahre lang stand er als schwarze Ruine eingezäunt in einem verlassenen und wüsten Winkel der Mauerstadt. Noch keine zwei Jahrzehnte dauert seine kurze Geschichte als Tempel der zeitgenössischen Kunst. Was auch immer auf diesem Flecken der Stadt mit ihm

— DIE WELTVERBESSERUNG UND DAS MUSEUM —

BILD LINKE SEITE · Der Hamburger Bahnhof
BILD OBEN · Das Museum von hinten
BILD UNTEN · Der Eingang zum Museum

— DIE WELTVERBESSERUNG UND DAS MUSEUM —

BILD LINKE SEITE OBEN · Berliner Medizinhistorische Museum der Charité
BILD LINKE SEITE UNTEN · Die Zeit der heißen Grenze
BILD OBEN · Humboldt Universität

geschehen würde, er bleibt in einer tief verwurzelten Ansicht der Menschen stets der Hamburger Bahnhof. Das deutet auf die Anordnung der Vorstellungswelt der Menschen wie eine Maschine hin. In ihrer Struktur und in ihren Funktionen ist diese Anordnung der Vorstellungswelt allerdings nur schwer zu beschreiben und als Maschine kann sie folglich nur unzureichend definiert werden.

Ähnlich verhält es sich mit der Berliner Weltverbesserungsmaschine. Sie überlebte bis weit in die zweite Hälfte des 19. Jahrhunderts in den Köpfen, vor allem der Mitglieder in den Akademien der Künste und der Wissenschaft. Sie bezeichnete etwas Konkretes, das es nicht gab, das aber viele zu Visionen und Versuchen anregte, ihr eigenes Tun mit den Zuständen der Allgemeinheit zu verbinden. Die Maschine war ein Spuk und trotzdem eine in der Geschichte begründete Realität der eigenen Existenz als Künstler oder Wissenschaftler, in der man die längste Zeit seines Lebens mit sich allein war, um das zu schaffen und zu erreichen, was der Menschheit zugute kommen sollte. In der Einsamkeit des Wissenschaftlers und Künstlers entstehen andere Bilder von der Welt als bei den Politikern und Geschäftsleuten, die stets von engen Terminen der fortlaufenden Kommunikation ihr Terrain von Macht und Einfluss abtasten müssen und in den Grenzen des Hier und Jetzt in Systemen des Notwendigen agieren. Die Idee, es könne gelingen, Wissenschaft und Kunst so zu organisieren, dass sie die Welt besser machen, beseelte die Flügel des Geistes. Es musste die Maschine nicht geben, wenn nur ihre Bezeichnung als Name, als Seele im suchenden Geist und in Formen seines Ausdrucks verankert bliebe.

Schräg gegenüber dem Hamburger Bahnhof auf der anderen Seite der Invalidenstraße beginnt das weitläufige Gelände der Charité mit ihren in großen Teilen alten Gebäuden und dem hohen Bettenturm an der Luisenstraße. Die Achse zwischen Invalidenstraße und dem Charitéplatz an der Schumannstraße heißt Virchowweg. Die rotgeziegelten Häuser mit den ausladenden Balkonen, auf denen die Kranken in ihren Betten ins Sonnenlicht geschoben werden konnten, sind in der Zeit entstanden, als Rudolf Virchow noch der große Arzt an der Charité war. Er war nicht nur ein großer Mediziner, ein weltberühmter Forscher der Pathologie. Er war nicht nur der Begründer der modernen Hygiene, ein Mann, der sein breites medizinisches Wissen in einer riesigen Krankenhausorganisation tatkräftig umzusetzen verstand. Er hatte auch eine Weltsicht, die der Vorstellung einer Maschine durchaus nahe kam. Er hat sie in die kurze, sein Leben und Wirken prägende Formel übersetzt: *„Die Medizin ist eine soziale Wissenschaft, und die Politik ist nichts weiter als Medizin im Großen."*

Diese Vorstellung war eine vollständige Umdeutung der alten ehrwürdigen Einrichtung mit dem Namen Charité. Die Charité hatte Virchow groß und berühmt gemacht, aber sie wurde unter ihm auch zu einer anderen Gesundheitseinrichtung. 1710 war sie vor den Toren der Stadt als Pesthaus errichtet worden. Die Pest kam Gott sei Dank nicht in die Stadt, und die Einrichtung wurde bis 1740 medizinisch ausschließlich als Entbindungshaus für Mütter von unehelichen Kindern genutzt. Ansonsten war sie ein Arbeitshaus für Bettler und Obdachlose und eine Sammelunterkunft für mittellose alte Menschen. Seinen rasanten medizinischen Aufstieg erfuhr die Charité erst als Lehrkrankenhaus für Militärärzte und als medizinische Versorgungseinrichtung für Soldaten und Invaliden. Die Förderung dieser Medizin ließen sich die Könige viel Geld kosten, denn die optimale Gesundheit des Militärs war finanziell gesehen ein hohes Ziel der Etatpolitik.

Die Karriere des 1821 geborenen Rudolf Virchow an der Charité verläuft steil und schnell, vor allem ab 1845, nachdem er die Leukämie „entdeckt" hatte. Aber 1848 steht er auf den Barrikaden der gegen den preußischen König revoltierenden Bevölkerung, was ihn untragbar in einer leitenden Position für diese große medizinische Einrichtung macht. Virchow muss Berlin verlassen, umworben von vielen medizinischen Fakultäten der Universitäten anderswo. Er geht an die Universitätsklinik nach Würzburg, bis er 1856 wieder an die Charité zurückkehrt und sie in den nächsten 42 Jahren zum modernsten großen Krankenhaus in Europa ausbaut. 1902 stirbt er als fast 80-Jähriger, bis zu seinem Lebensende hart arbeitend. In der Charité gibt es bis heute im Medizin-Museum seine 1899 aufgebaute pathologisch-anatomische Sammlung. Solche Sammlungen galten in der Geschichte der Berliner Weltverbesserungsmaschine als anschauliche Teile, wie der wissenschaftliche und künstlerische Geist die Grundlagen schafft, auf denen die Verbesserung des Lebens auf der Erde organisatorisch möglich werden soll.

Virchow ist nicht nur ein großer Wissenschaftler der Medizin. Er ist auch ein bemerkenswert fachkundiger und produktiver Archäologe und Ethnologe, bemüht, die Zusammenhänge zwischen so unterschiedlichen Wissenschaften in den Vordergrund zu rücken, um aus ihnen praktische Folgen für das Zusammenleben der Menschen abzuleiten. Deshalb geht er aktiv in die Politik. Er weiß, dass die Wissenschaftler aus ihren Erkenntnissen keine Veränderungen erzielen können, wenn sie nicht die Einsamkeit ihrer Labore verlassen und sich dort einmischen, wo über die Nutzung ihrer Erkenntnisse entschieden wird und wo entschieden wird, mit wie viel Geld und mit welcher Ausstattung der weitere Gang in der Forschung festgelegt wird. 1861 ist Rudolf Virchow Gründungsmitglied der Deutschen Fortschrittspartei und wird ihr Vorsitzender. Sein politisches Ziel ist *„Freiheit mit den Töchtern Bildung und Wohlstand"*. Die Akademie, das Krankenhaus, das Labor und das Parlament sind seine Bühnen. 40 Jahre lang ist er Mitglied im Preußischen Abgeordnetenhaus. Mit dem Stadtplaner James Hobrecht erreicht er nach seinem Modell den Aufbau des damals modernsten und weitsichtigsten Systems für die Kanalisation und Trinkwasserversorgung von Berlin. Wie die Konstruktion einer großen Maschine entwirft er zwölf von einander unabhängige Systeme, die das Abwasser in unterirdisch geziegelten Kanäle in Radialen nach außerhalb der Stadt auf große Rieselfelder pumpen. Auf diese Weise sollen die Menschen vor Seuchen geschützt werden, die der Mediziner so lebensnah und in ihrer Entstehung so genau kennt. Die Kanäle existieren in den größten Teilen noch heute und gehören zu der weiten Unterwelt der Stadt.

Der Politiker Virchow ist inzwischen weitgehend in Vergessenheit geraten. Dabei war er einer der lebhaftesten Gegenspieler des regierenden Reichskanzlers Otto von Bismarck. Dessen Machtdiplomatie stellt er sich ebenso entschieden entgegen wie der Gängelung der Wissenschaft und Kunst durch die Etatvorgaben, mit denen diese dem Staat zu dienen haben. Virchow setzt der Etatpolitik Bismarcks andere Maßstäbe entgegen. Die Finanzen des Staates seien nur für solche Investitionen zu vertreten, mit deren Hilfe Wissenschaftler die Voraussetzungen schaffen können, die Lebensverhältnisse der Menschen zu verbessern. Nicht der Staat sondern nur Wissenschaft und Kunst seien geeignet zu erkennen, welche Möglichkeiten es gibt und was zu tun ist, um der besten aller Weltschöpfungen näher zu kommen. Er entwirft Grundsätze für eine demokratisch legitimierte Wissenschaftspolitik, die sich in den jeweils vorgegebenen Entscheidungssituationen praktisch zu bewähren habe. Er setzt sich für eine strikte Beschränkung der Militärausgaben ein und empfiehlt für dieses Ziel Modelle für eine allgemeine Abrüstung in Europa. Sinken in Europa die Möglichkeiten und Anreize für Kriege, dann ist der Weg frei für die Schaffung eines Systems der Vereinigten Staaten von Europa, deren verbleibenden Streitigkeiten er auf den unterschiedlichen Feldern der Politik durch ein System von Schiedsgerichten in europäischen Gerichtshöfen ausgleichen will. Virchow rüttelt an der Machtfülle der Zentralregierungen und skizziert Modelle der gestärkten Selbstverwaltung und Selbstverantwortung von Kommunen und Regionen. Er bekämpft den Nationalismus und stellt ihm die systematische Zusammenführung von Menschenrechten und von Minderheitenrechten als höhere Rechtsgüter entgegen. Er wettert gegen die Kolonialpolitik und bekämpft lautstark den immer heftiger werdenden Antisemitismus in Wissenschaft, Politik und Gesellschaft.

In die Geschichte des Geistes der Berliner Weltverbesserungsmaschine einzusteigen, führt geraden Weges zum Naturwissenschaftler Alexander von Humboldt. Mit seinem geisteswissenschaftlichen Bruder Wilhelm von Humboldt ist er 1809 maßgebend an der Gründung der Berliner Universität beteiligt, die heute die Namen ihrer Gründer trägt. Die beiden Brüder sind überzeugt, dass es ein Prinzip geben muss, einen Wirkungsmechanismus zu entwickeln, Kunst und Wissenschaft ohne Bevormundung aus sich heraus zur Verbesserung der Welt zu führen. Die Humboldtschen Formeln von der *„Einheit Forschen und Lehren"* und vom *„Zusammenspiel der Fakultäten in sich selbst verwaltenden Universitäten"* verstehen sie als wesentliche Bauanleitungen zur Weltverbesserung.

Vor der Gründungsarbeit der Berliner Universität bricht der 1769 geborene Alexander von Humboldt mit 30 Jahren zu einer fünfjährigen Exkursion auf, um in Mittel- und Südamerika die unentdeckten Welten zu erforschen, ihre Gegenstände zu sammeln, zu klassifizieren und in ihren Lebensumständen zu definieren. Mit riesigen Sammlungen und Bergen von Aufzeichnungen kehrt er nach Berlin zurück und wird sie im Laufe einer langen Zeit in 30 Bänden zusammenfassen, die ihn in der gebildeten Welt überall bekannt machen werden. Zur Arbeit zieht er sich immer wieder über lange Zeit nach Paris zurück, wo er sich den großen Geistern seiner Zeit am nächsten fühlt. Detailversessen zeichnet und beschreibt er die einzelnen Dinge, die er gefunden, gesehen und vermessen hat und ist doch nicht nur einfach ein pedantischer Archivar. Er ist überzeugt, dass alles in der Welt gleichermaßen wichtig und notwendig ist, und dass jeder Gegenstand in der richtigen Reihe seiner Entstehung, Form und Funktion eine Antwort auf die Entwicklung von Lebensräumen geben kann, die eine bestimmte Form der menschlichen Kultur möglich machen. Kunstgegenstände sind ihm auf diese Weise ebenso wie Pflanzen oder Tiere, Landschaften, Höhe der Berge und Lage der Flüsse Zeichen für die Entwicklung – die Evolution. Wissenschaft ist die Fähigkeit, diese Zeichensprache zu lernen und mit ihr Erkenntnisse zu finden, wie aus allen Zeiten und Räumen Artefakte entstanden sind, die im Lebensraum und in der Lebenszeit von Menschen die Bedingungen ihrer Kultivierung setzen. Die Wissenschaft ist für Humboldt die Folge der Fähigkeit, genau zu betrachten und das Betrachtete zu klassifizieren. Auf diese Weise will er sich den gesamten Kosmos wissenschaftlich aneignen und in seinen Artefakten ausstellen.

Die Weltverbesserungsmaschine war zu Alexander von Humboldts Zeiten längst aus ihrem naiven Stadium herausgewachsen, in dem Bengt Skytte noch träumen konnte, die Besten aus Wissenschaft und Kunst könnten eine mechanische Maschine konstruieren, die in die Welt gesetzt die Veränderung der Welt zu einer besseren bewirken würde. Auch die Vorstellung von Leibniz, Wissenschaft und Kunst seien als Krone der Schöpfung in der Lage, eine Evolution von Veränderungen auszulösen, mit denen die Genialität der göttlichen Schöpfung ihren wunderbaren Ausdruck in den Schöpfungen der Menschheit findet, bot keinen Anreiz mehr, Wissenschaft und Kunst wie eine Maschine zu konstruieren und zu organisieren. Humboldts Kosmos der unendlichen Vielfalt der Dinge in der Einheit der Anschauung konnte nur mit dem langen Atem der Unendlichkeit der Zeit vollständig erschlossen werden. Er setzt deshalb Einrichtungen voraus, die unabhängig sein müssen von den Launen und Begehrlichkeiten der jeweiligen Zeit, ihren Regierungen und Machtverhältnissen. Diese Einrichtungen sind für ihn die Universitäten und die Museen. Sie sollen sich in eigenständigen Organisationsformen entwickeln, die das Prinzip der Selbständigkeit, der Unabhängigkeit der Kunst und Wissenschaft gewährleisten und die ihre Angehörigen zwingen, sich als eine Gemeinschaft zu entwickeln, in der alle zusammenwirken müssen, wollen sie als Einzelne in ihrer Einheit bestehen bleiben.

Die Vorstellung von der Verbesserung der Welt wird nun auch sprachlich verwandelt. Das neue Zauberwort heißt nun Bildung. Den Prinzipien der Wissenschaften und ihrer Organisation folgend werden die Menschen den Weg der Bildung einschlagen. Die Wissenschaft als einzelne hingegen ist ein Tätigkeitsfeld, das aus sich heraus nicht zur Anschauung bringen kann, wie sie verbunden ist mit den anderen Teilen der Wissenschaften. Solche Verbindungen sind die eigentlichen Grundlagen der Bildung. In der Universität ist Bildung die Folge der notwendigen Kommunikation innerhalb der Einrichtung, ohne die es keine Existenzsicherung ihrer einzelnen Teile gibt.

Doch die Universität ist ein abgehobener, der Öffentlichkeit entrückter Raum. Ihr zur Seite müssen deshalb die Museen gestellt werden, die das Wissen der Zeit mit den Schöpfungen der Vergangenheit in systematischen Zusammenstellungen anschaulich machen und vermitteln. Wissenschaft und Kunst werden in den Augen von Humboldt zu den großen ergänzenden Einrichtungen, die Bildung erzeugen. Sie sind die eigentlichen Maschinen der Moderne. Mit dieser Vorstellung entwirft Alexander von Humboldt, der akribische Sammler, Beschreiber und Klassifizierer, eine neue Vision von der Welt der Gebildeten. Im Sinne des kosmischen „Alles ist Eines" werden Universitäten und Museen politische und ethnische Grenzen zunehmend durchbrechen, mit der Zeit ganz einreißen. Denn ihre Praxis für die notwendige Entwicklung ist Kommunikation und Begegnung. Keine Nation, kein Volk, keine Kultur könne, so glaubt von Humboldt, in diesem Austauschprozess den Ton angeben. Sie werden zwar keine einheitlichen Ergebnisse präsentieren, werden heftig streiten und sich ereifern, und sie werden sich wechselseitig nicht unbedingt lieben. Aber sie werden sich gegenseitig dulden, miteinander um die besten Köpfe werben und lernen, die eigene Existenz umso besser behaupten zu können, je gesicherter die institutionelle Existenz der Wissenschaft woanders ist. Humboldt verspricht sich von dem System unabhängiger Universitäten und Museen eine neue kulturelle Weltordnung, in der die Bildung der Menschheit gedeiht, die schließlich auch zu einer neuen politischen Weltordnung führen muss. Am Ende der Zeit, in der die Berliner Weltverbesserungsmaschine noch in einigen Köpfen war, steht ein universales Strukturmodell für das Verhältnis zwischen dem Besonderen und dem Allgemeinen. Die Formel „Alles ist Eins", mit der die Einheit aller Verschiedenheiten behauptet wird, treibt von Humboldt an, seine von Menschen betriebenen Einrichtungen nach diesem Wirkungsprinzip auszubauen.

Nach dem kometenhaften Aufstieg seiner Universität binnen weniger Jahrzehnte liegen ihm vor allem die Museen am Herzen. Sie sind nach seiner Vorstellung noch weit entfernt, auf der Höhe der Zeit zu sein und mit den Universitäten Schritt halten zu können. Das Museum als ein Ort für Ausstellungen des Kosmos von Schöpfungen der Natur und der Menschheitskulturen soll der Raum werden, in dem das Gewusste in seiner Gesamtheit als Baustein des Kosmos anschaulich wird. Erst die Aneignung des Kosmos durch Wissenschaft kann systematisch die Bildungsprozesse in Gang setzen, die Menschen in ihren Bestrebungen und Tun besser zu machen. In der Welt der Museen stehen zwar die Artefakte, wie sie in den Begrenzungen der Zeit und des Raumes entstanden sind. Aber in ihrem Zusammenspiel führen sie zu der Anschauung der Entgrenzungen. Durch die Bildung wird aus den Anschauungen der Kulturen eine alle Menschen einende Kultur. In dem Dreieck von Wissenschaft, Museum und Bildung befindet sich die Essenz, die mit der Kraft einer Maschine zur Weltverbesserung und zu anderen Sichtweisen auf die Welt beitragen wird. Sichtweisen also, die nicht durch die Konzentration der politischen Herrschaftssysteme vorgegeben werden. Wenn es nach der Vorstellung Humboldts ginge, wäre der eigentliche Ort der Weltverbesserungsmaschine das Museum. Mit dem Museum ist der irreführende Schleier einer geheimen Mechanik gelüftet.

1840 stürzt sich Alexander von Humboldt in die Planung des Neuen Museums, das Friedrich August Stüler neben dem Alten Museum von Schinkel bauen soll. Seine Vorstellungen reichen weit über die tatsächliche Einrichtung des Neuen Museums hinaus. Mit dem Museum möchte er eine *„Freistätte der Kunst und der Wissenschaft aller Länder und Zeiten"* schaffen, eine Idee, die erst jetzt mit dem Humboldt-Forum in dem wieder aufzubauenden Schloss in der Mitte von Berlin eine neue Gestalt zu gewinnen beginnt. Humboldts Umformung einer Weltverbesserungsmaschine ist dann auch die beste Erklärung, warum die Ausstellung dieser Maschine im Museum für Gegenwart ihren Platz gefunden hat. Das Sammeln nach den hochgesteckten Vorgaben der Humboldtschen Bildungsideale wird zu einer der ausgeprägtesten Leidenschaften in den folgenden Jahrzehnten. Es werden immer weitere Museen gebaut und eingerichtet. Nicht nur der Staat wetteifert mit anderen Staaten in großen Ausgrabungen und Expeditionen. Auch im Bürgertum verbinden viele reich gewordene Menschen ihr Vermögen mit Sammlerleidenschaften, verstehen sich als Mäzene der Förderung von Kunst und Wissenschaft und teilen mit ihren Leidenschaften die großen Bildungshoffnungen der Menschheit. Die Kultur wird zum Nebenreich des Bürgertums, neben dem Reich der Macht und des Kapitals. Doch die Grenzen sind nicht eindeutig. Kultur bleibt im hohen Maße abhängig vom Geld. Viele Karrieren in der Kunst und in den Wissenschaften sind nur möglich, indem Wissen und Können in den Dienst der Mächtigen gestellt wird. Die Freiheit der schöpferischen Einsamkeit erweist sich als eine traumhaft schöne Illusion, und Großes in Kunst und Wissenschaften zu schaffen wird leichter, wenn man sich den Spielregeln ihrer Förderung beugt. Diesen Erfolge versprechenden Weg sind auch die Einrichtungen der Wissenschaft und der Kunst gegangen.

Die Idee, an dem Mechanismus zu bauen, wie aus systematischem Wissen Bildung entsteht, und wie aus Bildung eine bessere Welt wächst, flüchtet in die Museen, in die Literatur, ins Theater und später in den Film, wird zur anregenden Unterhaltung. Und selbst diese Illusionsmaschinen werden schließlich gründlich zerstört, als alles dem Krieg, Morden und Überleben ausgesetzt ist. Die Einrichtungen der Wissenschaft und Kunst sind an den Ursachen genauso beteiligt wie sie von den Folgen betroffen werden. In den Trümmern der Kriege ist nach der Maschine auch der Glaube an eine Weltverbesserung begraben worden. Die Museen werden wieder aufgebaut und sind prall gefüllt. Schön ist es und erhaben, in ihnen durch die Zeiten und Räume zu wandeln und zu staunen, welche Artenvielfalt Kunst und Wissenschaft hervorgebracht haben. Doch seine Museen hat das Bürgertum nicht wirklich emanzipiert. Die größte und dichteste Museenlandschaft in Deutschland hat Berlin nicht davor bewahrt, in zwölf Jahren des 20. Jahrhunderts aus seiner Mitte heraus die größte Maschine der Weltzerstörung zu errichten und mit brutaler Gewalt in Gang zu setzen. Die dialektische Umkehrung der Berliner Weltverbesserungsmaschine ist der Hamburger Bahnhof gewesen. Das ist der Sinn, ihr Symbol als Pyramide vor den Eingang ins Museum zu stellen. Von hier aus kann die Spurensuche ins Gebäude und zurück in die Vergangenheit der Stadt mit ihren Artefakten in den vielen anderen Museen beginnen. Der bittere Ernst, der dem Scheitern in der Dialektik der Gegenwart innewohnt, kann aber durchbrochen werden durch Komik und Ironie, mit der sich über das Scheitern in der Dialektik als Geschichte erzählen lässt. Denn für eine solche Geschichte ist der Hamburger Bahnhof ein idealer Ort.

1981 beschließen der Vereinsvorsitzende MUSEUM FÜR VERKEHR UND TECHNIK, Holger Steinle und der WDR-Journalist Maksut Kleemann, einen Film, ein Fernsehfeature für den Sender Freies Berlin (SFB) zu drehen. Da laufen gerade die Verhandlungen über Grundstück und Ruine an. Die beiden wissen das und wittern die Chance, sich der Anlage mit der Kamera nähern zu können, weil vielleicht die zuständigen Stellen entgegenkommender gestimmt sind. Aber mit einem Entgegenkommen ist nicht zu rechnen, die Verhältnisse vor Ort sind noch betoniert wie alle Zeit zuvor. Der Zugang bleibt streng verboten. Maksut Kleemann hat über die Dreharbeit an dem Fernsehfilm, der im April 1982 vom SFB ausgestrahlt wurde, eine abenteuerliche Geschichte aufgeschrieben. Sie beginnt: *„Anfragen bei den britischen zuständigen Stellen waren erfolglos und das, obwohl ich wusste, dass hin und wieder englische Offiziere das Museum betraten und besichtigten."* Wie also kann es gelingen, da hinein zu gelangen und mit der Kamera zu zeigen, wie die verstaubten Ausstellungsstücke in ihrem Dornröschenschlaf überlebt hatten?

Eine Drehgenehmigung gibt es nicht, weder von der DDR noch von der Reichsbahn. Der SFB will den Film, aber kann eine illegale Aktion nicht offiziell decken. Das Risiko liegt ausschließlich bei den Autoren und ihrem Kamerateam. Die gehen aufs Ganze und klettern eines trüben Vormittags über die Einzäunung, die sie Tage vorher bereits an einer Stelle für den Einbruch präpariert hatten. Mit dem Kameramann ist verabredet, er solle so schnell wie möglich in die Ruine gehen und *„drehen, was das Zeug hält."* Das restliche Team spaziert auffallend sichtbar aber ruhig um das Gebäude bis zur Rückseite, wo sich das Wachpersonal der Reichsbahn aufhält.

Die perplexen Wächter verwickeln die dreisten aber naiv erscheinenden Gäste in belanglose Gespräche, um Zeit zu gewinnen. *„Was wir nicht wussten war, dass uns die DDR-Wachposten auf der gegenüberliegenden Seite der Sandkrugbrücke mit ihren Ferngläsern ins Visier genommen hatten. Sie benachrichtigten die DDR-Reichsbahner per Funktelefon, dass in ihrem Rücken etwas Ungeheuerliches passierte: nicht genehmigte Aufnahmen aus dem Inneren des zwar auf Westberliner Gebiet liegenden, aber zum DDR-Reichsbahnvermögen gehörenden Museums."*

Die Ereignisse überschlagen sich schnell. Die Reichsbahner verscheuchen die Herren unter Androhung von allen möglichen Maßnahmen vom Gelände. Sie sind sicher, dass wegen des düsteren Tages noch nicht ausreichend Licht für Aufnahmen im dunklen Inneren vorhanden sein würde. Was die Reichsbahner aber nicht wissen können ist, dass die mit Restlichtverstärker gedrehten Filmkassetten längst abgedreht und gesichert in den Taschen untergebracht worden sind. Die Kamera kann also lächelnd zur Kontrolle geöffnet werden. Mit wackeligen Knien schlottert das Team wieder zurück auf die Straße. *„Ein bisschen irritiert waren wir schon, denn wir wussten ja, dass es nicht ganz legal war, was wir da machten. Aber wir hatten insofern Gottvertrauen, weil wir uns auf Westberliner Hoheitsgebiet wussten. Wir sind dann auf das Dach des benachbarten Gebäudes, des Landessozialgerichts geklettert und haben von oben den DDR-Grenzern, die uns bei den Filmaufnahmen entdeckt hatten, freundlich zugewinkt. Ich habe das in meinen Film eingebaut."* So erfuhren die Berliner nach fast 40 Jahren, wie es in der Ruine, in ihrem Hamburger Bahnhof aussah und welche Schätze dort noch lagerten. Zugleich sahen sie diese Schätze zum letzten Mal an diesem Ort. Denn kurze Zeit später begannen die Auslagerungen und die Bauarbeiten, mit denen das Museum der Gegenwart eingerichtet wurde. Als dann der Hamburger Bahnhof 1984 an den Senat von Berlin abgetreten und zur Besichtigung frei gegeben wurde, waren seine Bestände bereits entfernt.

Ohne die Vorstellungskraft von etwas Konkretem, das zwar nicht anschaulich existiert, aber den Zuständen innewohnt und den Glauben stärkt, dass der Wille zu Veränderungen der Zustände beseelt, ist die Wiedervereinigung der Stadt als ganzes Berlin nicht zu verstehen. 1989 und 1990 ist die Berliner Weltverbesserungsmaschine voll in Betrieb. Alle Welt kann sie bestaunen. Als Teil ihrer geheimnisvollen Konstruktion ist der Hamburger Bahnhof mit seiner Geschichte zu besichtigen.

Friedrich von Borries und Jens-Uwe Fischer schließen ihr Buch über die Berliner Weltverbesserungsmaschine: Ihre Geschichte *„ist eine des verzweifelten Suchens, des irrlichtenden Experimentierens und letztlich auch eine des Scheiterns. Den Künsten und Wissenschaften wird heute nicht mehr die Kraft zugesprochen, die Welt zu verbessern. Das große Projekt ist völlig in Vergessenheit geraten. Aber die Zeit ist reif für eine erneute Betrachtung…"*.

BILD OBEN · In Sarah Wieners Gewürzgarten

BILD AUF SEITE 378 · Die Bahnhofshalle im Hamburger Bahnhof

UNTERSTÜTZERINNEN UND UNTERSTÜTZER DES BUCHPROJEKTS „BERLIN – GESCHICHTE IN GESCHICHTEN"

NIHAT SORGEC

STEFFEN GRIMBERG

BERND KNOPF

CHRISTINE MEDITZ

MAURICE SIEGFRIED

MARTINA PLUM

JÖRG LAWRENZ

MAKSUT KLEEMANN

JULIA WALSER

GISELA GOTTSCHLING-GRÜNER

HEIKE KOTILGE

BIRGITTA KOCH

GISA HAUSMANN

JANINE MARTINI

ELISABETH & MAHER AL-NEMRI

KATHARINA PÄTZOLD

NORA SINEMILOGLU

LEONARD HOBOHM

UTE BERNHARDT

ELENA BONDERENKO

BORIS GURADZE

SIRWAN REHIM

ANNA LISA GIEHL

FRANK EBENBECK

GABI & CHRISTOPH EBNER

HILDEGARD & HORST PÄTZOLD

JUDITH STROHM

JUTTA & WILHELM BIERMANN

RONALD & MARIA BAILEY

ANHANG

— DER AUTOR —

Ulrich Pätzold, Dr. phil., Prof., geb. 1943 in Bielefeld

1963 – 1969 Studium an der FU Berlin in den Fächern Publizistik, Philosophie und Theaterwissenschaft, Musik- und Literaturwissenschaften.

1966 – 1970 journalistische und redaktionelle Tätigkeiten im RIAS Berlin und in der Weltwoche Zürich. Danach freie journalistische Arbeiten für viele Medien.

1972 Promotion *(Harry Pross)*, wissenschaftliche und journalistische Arbeiten.

1973 – 1979 Assistenzprofessor am Institut für Publizistik der FU Berlin.

1978 Berufung zum ordentlichen Professor nach Dortmund. Aufbau des Studiengangs Journalistik, Aufbau des FORMATT-Instituts in Dortmund.

Seit August 2008 Emeritus der TU Dortmund.

2008 Umzug nach Berlin, Aufbau des Projekts Bikultureller Journalismus für Migranten. Einrichtung eines eigenen Web-Blog *www.uli-paetzold.de*, Buchveröffentlichung „8und60".

— LITERATUR —

LITERATUR, DIE MICH BEIM SCHREIBEN BEGLEITET HAT:

Berliner Lindenblatt, die Zeitung für Berliner Geschichte
www.berliner-lindenblatt.de

Der Beauftragte des Senats für Integration und Migration
(Hrsg.): *Stadt ist Migration. Die Berliner Route der Migration – Grundlagen, Kommentare, Skizzen.*
Berlin 2011

Blankenburg, Gudrun: *Das Bayerische Viertel in Berlin-Schöneberg. Leben in einem Geschichtsbuch.*
Berlin 2010

Blumensath Christel und Heinz:
Das andere Friedenau. Spaziergänge durch Kunst- und Literatur- und Baugeschichte.
Berlin 1996

Von Borries, Friedrich und Fischer, Jens-Uwe: *Die Berliner Weltverbesserungsmaschine. Eine Geschichte des fortwährenden Scheiterns.*
Berlin 2013

Bosetzky, Horst: *Küsse am Kartoffelfeuer.*
München 2007

Fortsetzung >>>

DEUTSCHKRON, INGE: *Ich trug den gelben Stern.*
München 1992

GESCHICHTSWERKSTATT BERLIN (HRSG.)
Vom Oberbaum zum Unterbaum. Stadtgeschichte an der Spree.
Berlin 2012

HUGUES, PASCALE: *Ruhige Straße in guter Wohnlage.*
Die Geschichte meiner Nachbarn.
Reinbek bei Hamburg 2013

ILLIES, FLORIAN: *1913 – Der Sommer des Jahrhunderts.*
Frankfurt a. M. 2012

KLEEMANN, MAKSUT: *Hamburger Bahnhof. SFB-Fernsehfeature*
(unveröffentlichtes Manuskript 05. April 1982)

PÄTZOLD, ULRICH: *68 – Notizen im Alter.*
Berlin 2012

SAVOY, BENEDICTE: *Nofretete: Eine deutsch-französische Affäre 1912 – 1931.*
Berlin 2011

EKKEHARD SCHWERK: *Die Meisterdiebe von Berlin.*
Die goldenen Zwanziger der Gebrüder Sass.
Berlin 1987

VON SELDENECK, LUCIA JAY: *111 Orte on Berlin, die Geschichte erzählen.*
Köln 2012

STEINMANN, CARL-PETER: *Sonntagsspaziergänge 2.*
Berlin 2013

VIEROCK, RONALD: *Auf den Spuren der Dichter.*
Hoppegarten 2005
Berlin 1999

HESSEL, FRANZ: *Spazieren in Berlin.*
Berlin 2012

— BILDNACHWEISE —

© Hanefi Yeter, Zuzugsperre *(1978, Mischtechnick, Leinwand)*
© Hanefi Yeter, Zurück zur Heimat II *(1979, Mischtechnik, Leinwand)*

© Gisa Hausmann, Holocaust – Abtransport *(Radierung 19)*
© Gisa Hausmann, Das Große Treffen *(Hpix-Set-Technik 2013)*
© Gisa Hausmann, Psyche *(Hpix-Set-Technik 2013)*
© Gisa Hausmann, Franz Hessel *(Radierung 1982)*

© Jurino Reetz, jung-multi-kulti-fröhlich *(Foto 2013)*
© Jurino Reetz, Fliegen durch die Welt *(Foto 2013)*

© Daniela Incoronato, Schönheit in Bewegung *(Foto 2013)*
© Daniela Incoronato, Am Strßenrand *(Foto 2013)*

© Polizeihistorische Sammlung, Gebrüder Sass
© Polizeihistorische Sammlung, Einbruchtunnel, Bei der Arbeit, Tresor
© Polizeihistorische Sammlung, Es ist vollbracht
© Polizeihistorische Sammlung, Fahndungsplakat

© Ulrich Pätzold, sonstiges Bildmaterial

„Es reicht nicht mehr, einfach nur Bücher zu machen"
Deshalb bauen wir auf drei Prinzipien:

CROWDPUBLISHING

Wir treffen die Entscheidung über ein Manuskript nicht allein, sondern legen sie in die Hände der Leserschaft. Die Leserinnen und Leser können durch ihre Unterstützung aktiv die Literaturlandschaft mitgestalten und an unseren Büchern teilhaben.

FAIRPUBLISHING

Neben umweltorientierter Produktion und fairen Autorenhonoraren, fordern unsere Bücher den regionalen, unabhängigen und inhabergeführten Buchhandel, damit die Vielfalt der Literatur gesichert bleibt.

LIFYSTLEPUBLISHING

Durch die Auswahl der besten Papiere bekannter Manufakturen, eine hervorragende Typografie und eine einheitliche, reduzierte Gestaltungen zelebrieren unsere Bücher den literarischen Lebensstil.

Willkommen in Berlin